"十二五"高职高专会计专业工学结合规划教材

预算会计与非营利组织会计实务

主 编 狐爱民 龚 静 王 岩

中国物资出版社

图书在版编目（CIP）数据

预算会计与非营利组织会计实务/狐爱民，龚静，王岩主编．—北京：中国物资出版社，2012.1

（"十二五"高职高专会计专业工学结合规划教材）

ISBN 978-7-5047-4071-7

Ⅰ.①预…　Ⅱ.①狐…②龚…③王…　Ⅲ.①预算会计—中国②社会团体—会计制度—中国　Ⅳ.①F812.3②F233.2

中国版本图书馆 CIP 数据核字（2011）第 266276 号

| 策划编辑 | 左卫霞 | 责任印制 | 方朋远 |
| 责任编辑 | 柏小娥 | 责任校对 | 孙会香　梁　凡 |

出版发行　中国物资出版社

社　　址　北京市丰台区南四环西路 188 号 5 区 20 楼　　邮政编码　100070

电　　话　010-52227568（发行部）　　　　010-52227588 转 307（总编室）

　　　　　010-68589540（读者服务部）　　010-52227588 转 305（质检部）

网　　址　http://www.clph.cn

经　　销　新华书店

印　　刷　中国农业出版社印刷厂

书　　号　ISBN 978-7-5047-4071-7/F·1640

开　　本　787mm×1092mm　1/16

印　　张　16.5　　　　　　　　　　　版　　次　2012 年 1 月第 1 版

字　　数　418 千字　　　　　　　　　　印　　次　2012 年 1 月第 1 次印刷

印　　数　0001—3000 册　　　　　　　　定　　价　29.80 元

"十二五"高职高专会计专业工学结合
规划教材编审委员会

顾　　问	丛学年	江苏洋河集团财务总监
	孙永占	中航技进出口有限公司财务总监
主任委员	黄蓝辉	广东省电子商务技师学院院长
	周　波	浙江商业技师学院副院长

主要委员　（按姓氏音序排列）

陈海红	崔学贤	邓建敏	高玉梅	龚　静
顾美君	韩加国	何伟奇	何义山	狐爱民
李桂兰	李舜萱	李文宁	李占卿	刘　婧
刘秋玲	刘智宏	路兴中	宁建辉	欧运娟
孙俊东	孙永飞	谭清风	田钊平	汪小华
王　岩	张小军	张晓燕	周雪瑛	周玉鸿

总 策 划　左卫霞

出版说明

财会行业一直是传统行业里的常青树。随着我国经济环境的发展变化，会计行业有了新的发展趋势和职业亮点。国家经济发展与企业发展的需求，催生了对大量新生力量以及优质专业教材的需求。在此背景下，我们组织人员，编写了本套"'十二五'高职高专会计专业工学结合规划教材"系列丛书。

本套丛书具有以下几个特点：

1. 体现了最新的高职高专教育理念。按照"工学结合"人才培养模式的要求，采用"基于工作过程导向"的设计方法，以工作过程为导向，以项目和工作任务为载体进行应知应会内容的整合，符合教学规律。

2. 定位准确。准确体现财会专业培养方案及课程大纲的要求，内容紧贴财会专业的教学、就业实际，以"必需、够用"为标准进行取舍；充分考虑高职高专院校学生认知特点，语言简练、形式新颖、整体风格活泼，符合现代教学授受规律。

3. 内容新颖。根据最新《企业会计准则》、修订后的《中华人民共和国增值税暂行条例》和《中华人民共和国消费税暂行条例》等编写。内容上突出了会计和税法的新变化，反映了对企业会计业务的最新要求。

4. 校企合作开发教材。本套丛书由企业人员与学校一线教师共同开发完成。教师和企业相关人员共同研究教材内容，企业人员提供一线工作资料，教师执笔写作，编写完成后请企业专家审定，保证了教材内容更贴近会计工作实际。

5. 配有电子教学资料包。教师可以登录中国物资出版社网站（http：//www.clph.cn)"下载中心"下载教学资料包，该资料包包括教学指南、电子教案、习题答案，为教师教学提供完整服务支持。

本套丛书在编写过程中，得到了众多编写教师、企业人员的大力支持和帮助，他们对教、学、研一体化教学进行了艰辛而有益的探索，为本套丛书的完成奉献了大量的精力和宝贵的时间，在此表示衷心感谢！并恳请各位专家、同行对本套丛书存在的不足之处给予批评和指正。

前　言

　　预算会计与非营利组织会计课程是教育部经济管理类专业的主要课程，是会计专业知识结构中的主体部分，是一门集专业性、应用性于一体的课程，重在让学生更熟练掌握预算和非营利组织会计的相关规定和操作的基本技能。

　　我国现行的预算会计制度主要是 1998 年 1 月 1 日正式实施的《财政总预算会计制度》、《行政单位会计制度》、《事业单位会计准则（试行）》和《事业单位会计制度》等一系列预算会计制度。近年来，随着政府采购、部门预算、财政国库单一账户等管理制度的改革，预算会计的相应改革也同步进行。预算会计知识的更新和实务操作的重要性越来越突出。

　　我国现行的民间非营利组织会计制度是 2005 年 1 月 1 日起实施的。近年来，我国的民间非营利组织得到了很大的发展，出现了不少新的情况。对于《民间非营利组织会计制度》的规定及其实务核算的理解和掌握越来越重要。

　　《预算会计与非营利组织会计实务》一书顺应这些需求应运而生。本教材由具有十几年一线教学经验的高校教师反复研讨，几经修改完善而成。在总结高职高专教学改革的基础上，结合高职高专经济管理类专业特色，以学生的就业需要为导向，以培养高素质应用型、技能型人才为目的，以"必需、够用"为原则，兼收新实施的相关规定精选教材内容。并对教材的体例、大纲、内容等方面作了较大的创新，有利于增加教师教授和学生学习的积极性。

　　本教材特色主要体现在以下几个方面：

　　1. 内容新。依据国家最新预算会计的相关规定，增加了新的预算会计知识和会计科目的内容，删减了旧的预算会计知识。

　　2. 体例新。本教材设置以下栏目，这些栏目前后呼应，使整个教材体例生动完整。

　　（1）"任务目标"和"项目小结"。

　　每个任务的前面设置"任务目标"，对本任务的学习提出知识和技能的要求。每个项目的最后设置"项目小结"，对于本项目进行简单总结，可供同学们自我反思，检验对于所学内容的掌握程度。

　　（2）"情境设置"和"情境回放"。

　　本教材每个任务的学习都以"情境设置"开始，选取与下文知识相关的实际工作作为学习情境，引领本任务的学习，激发同学们学习的积极性，体现教师引导作用和学生主动学习的有机结合。并以"情境回放"结束，对于文前"情境设置"的问题给予回答，构成一个完整的任务体系。

(3)"知识链接"和"练中学"。

文中穿插"知识链接"栏目，拓展学生的思维领域，锻炼学生分析与解决问题的能力。在实务操作部分加入"练中学"栏目，锻炼学生的实务操作能力，强化动手能力的训练，促进师生之间、学生之间的互动交流。

(4)"任务检测"和"电子包"。

每个任务的最后有"任务检测"栏目，有大量可供练习的作业和实训题，能有效地检验同学们的学习效果，增强实务经验和动手操作能力。"电子包"包括教学指南，任务检测、实训项目答案和教学课件，有利于教师教学效果的提升。

3. 应用性强。本教材有大量典型实务操作性内容，能够在教师的引导下边学习边练习，在学习理论的同时加强实务操作动手能力的训练。在实务训练的同时增强理论水平的提高，充分体现了教、学、做一体化的教学思想。

4. 知识全面。本教材在全面详尽的讲解预算会计的同时，全面深入地编写了民间非营利组织的会计知识，清晰明了地讲解该领域中不同于预算会计和企业会计的内容，该部分的实务资料大多出自民间非营利组织真实的财务数据，知识结构全面完整。

本教材可作为高职高专经济管理类专业教材使用，亦可作为高等院校相关专业专科、本科教学参考书和自学考试的学习参考书，还可作为从事经济管理工作人士的重要参考资料及相关职称考试参考教材。

本教材由狐爱民、龚静、王岩担任主编；刘艳萍、段雪香担任副主编。编写分工如下：狐爱民执笔任务十一、任务十二、任务十三、任务十四；龚静执笔任务二、任务三、任务四；王岩执笔任务一、任务八、任务九；刘艳萍执笔任务五、任务六、任务七；段雪香执笔任务十。全书由狐爱民负责总纂、修改和定稿。电子教学资料包由段雪香负责整理、编订。

本教材在编写过程中，参考、借鉴了大量文献资料（详见参考文献），在此向作者致以诚挚的谢意。

由于编者水平有限，加之时间仓促，本教材难免存在疏漏和不当之处，恳请各位专家和读者批评指正。

编 者

2011 年 10 月

目　录

项目一 总 论

任务一 预算会计概述

任务目标

知识目标

● 了解预算会计的体系。

● 理解预算会计的目标和任务。

● 理解预算会计的会计要素、会计平衡式和记账方法。

● 掌握预算会计的概念及其特点。

● 掌握预算会计的基本前提和一般原则。

技能目标

● 能够初步认识预算会计各会计要素及其包括的会计科目。

情境设置

高宇同学大学学习财会，还有一个学期就要大学毕业了，最近正在找工作。幸运的是他参加当地的公务员考试已经顺利地通过了初试，而且还有一家医院通知他去面试，他的父母天天督促他复习好专业知识，以便在复试和面试中脱颖而出。高宇同学也想好好复习专业知识。在众多的大学专业课教材中，高宇同学翻出一本《预算会计》，如饥似渴地读了起来。

请思考：《预算会计》中有高宇同学需要的专业会计知识吗？

知识准备

一、预算会计的概念和特点

1. 预算会计的概念

预算会计是以货币为主要计量单位，连续、系统、完整地核算和监督各级政府、各级行政单位和各类事业单位的预算资金运动过程及其结果的，与企业会计并列的一门专业会计，是以预算管理为中心的宏观管理信息系统和管理活动。

上述定义包括以下几方面的含义：

(1) 预算会计的基本职能是核算和监督。

(2) 预算会计的主体是各级政府、行政单位和各类事业单位。

(3) 预算会计的客体或者对象是财政资金、单位预算资金的运动过程及其结果。

(4) 预算会计与企业会计共同构成我国的两大会计体系。

(5) 预算会计是以会计学原理为基础的一门专业会计，同其他会计一样，也以货币为主要计量单位，要采用一系列专门的会计方法。

(6) 预算会计以政府预算管理为中心，为预算管理服务。预算会计的名称也由此而来。

2. 预算会计的体系

预算会计为预算管理服务，因此预算管理的组成体系决定着预算会计的组成体系。我国国家预算组成体系与国家政权结构和行政区划相一致，一级政府设置一级预算。国家预算按预算收支管理范围分为总预算和单位预算两类。各级总预算由各级政府财政部门负责组织执行，各级单位预算则由各行政事业单位负责执行。

预算会计组成体系如下：

(1) 财政总预算会计，包括中央财政总预算会计和地方财政总预算会计。

(2) 事业单位会计，指各类事业单位的会计。

(3) 行政单位会计，指各级政府各主管部门所属行政单位的会计。

(4) 参与预算执行的国库会计、收入征解会计（包括税务会计、关税会计）和基本建设拨款会计等。

上述预算会计体系中，财政总预算会计居主导地位。事业单位会计、行政单位会计以及参与预算执行的国库会计、收入征解会计和基本建设拨款会计等在财政总预算会计的业务指导下开展核算工作，并向财政总预算会计报送会计报表。本书预算会计部分主要介绍事业单位会计、行政单位会计和财政总预算会计。

3. 预算会计的特点

预算会计的特点是相对于企业会计而言的。企业会计是核算和监督社会再生产过程中生产及流通领域企业经营资金的运动及其结果，企业经营的目标在于获得经济效益。预算会计则是核算和监督社会再生产过程中分配领域里的国家预算资金的运动及其结果，预算执行的目标在于谋求广泛的社会效益。由于各级政府和行政、事业单位的性质、任务、资金运动方式等方面与企业相比都有显著不同，因而预算会计与企业会计不仅在核算对象、任务方面有着不同之处，而且核算的内容、方法也有很大差别。

具体来说，预算会计与企业会计的不同之处或者说特点主要表现为以下几个方面：

(1) 适用范围不同。预算会计适用于各级政府财政、各级行政单位和各类事业单位，会计主体具有明显的非营利性。而企业会计适用于以营利为目的的从事生产经营活动的各类企业。

(2) 会计要素构成不同。预算会计要素分为五大类，即资产、负债、净资产、收入和支出。企业会计要素分为六大类，即资产、负债、所有者权益、收入、费用和利润。即使相同名称的会计要素，其内容在预算会计与企业会计中也存在较大差异。

(3) 会计等式不同。预算会计的恒等式为：资产＝负债＋净资产，收入－支出＝结余；企业会计的恒等式为：资产＝负债＋所有者权益，收入－费用＝利润。

（4）会计核算基础不同。预算会计中，财政总预算会计核算以收付实现制为主，但中央财政总预算会计的个别事项和地方财政实施国库管理制度改革试点的个别事项可以采用权责发生制；事业单位会计根据单位实际情况，分别采用收付实现制和权责发生制；行政单位会计以收付实现制为会计核算基础。企业会计则均以权责发生制为会计核算基础。

知识链接

《财政总预算会计制度》暂行补充规定（2001 年）

根据《财政总预算会计制度》暂行补充规定，中央财政总预算会计采用权责发生制的事项有：

1. 预算已经安排，由于政策性因素，当年未能实现的支出；
2. 预算已经安排，由于用款进度等原因，当年未能实现的支出；
3. 动支中央预备费安排，因国务院审批较晚，当年未能及时拨付的支出；
4. 为平衡预算需要，当年未能实现的支出；
5. 其他。

财政总预算会计采用权责发生制对上述事项进行会计核算时，平时不作账务处理。待年终结账，经确认当年确实无法实现财政拨款，需结转下一年度支出时，应借记"一般预算支出"等科目，贷记"暂存款"科目；下年度实际支付时，借记"暂存款"科目，贷记"国库存款"等科目。

（5）会计核算内容及方法有其特殊性。在预算会计中，固定资产一般应与固定基金相对应，固定资产不计提折旧；一般不实行成本核算，即使有成本核算，也是内部成本核算；对专用基金实行专款专用；一般没有损益的核算。这些均与企业会计有明显差异。

> 通过以上内容的学习，你了解预算会计与企业会计的不同了吗？

二、预算会计的目标和任务

1. 预算会计的目标

预算会计是预算管理的重要工具和手段，其主要目标是为预算管理部门和单位提供预算财务收支活动过程及其结果的有关财务会计信息。预算会计主要提供以下财务会计信息：

（1）国家预算和单位财务收支情况。通过全面反映国家预算和单位财务收支情况，为加强预算管理提供可靠的信息。同时通过反映预算收支执行进度，为调节预算资金供求提供有效信息。

（2）预算执行和资金使用情况。通过全面反映预算资金活动过程，提供资金使用效果的有关信息。为实现国家预算收支任务、提高资金使用效果提供信息保证。

（3）国家财经方针、政策执行情况。预算会计具有很强的政策性，它在反映和监督资金活动过程的一收一支中，都体现着国家财经方针、政策的执行情况。

2. 预算会计的任务

根据预算管理和会计目标的要求，预算会计的基本任务归纳如下：

（1）核算和监督预算财务收支情况，确保国家预算收支任务的顺利实现。加强预算管理，确保国家预算收支任务的实现，是管好国家预算的重要任务。要完成这一任务，必须及时了解和掌握预算财务收支的执行情况。预算会计能够及时、完整、准确地提供预算财务收支活动的有关信息，并利用这些信息，有效监督预算和财务收支计划的执行，参与预算管理，协助国库按时收纳、划分和报解各项预算收入，检查各项支出和资金的使用情况，以确保国家预算收支任务的圆满完成。

（2）监督预算执行，检查资金使用情况，提高资金使用效率。正确执行国家预算，提高资金使用效率是预算会计的重要任务。要完成这一任务，必须借助于预算会计提供的财务信息，以便及时了解和掌握预算的执行情况和资金的使用情况。预算会计对预算资金活动的核算过程，同时也是对预算执行和资金使用的监督和检查过程。通过会计监督和检查，有助于正确执行国家预算，提高资金使用效率。

（3）分析预算执行进度，确保预算资金供求。经常保持预算资金供求协调和平衡，是保证预算顺利执行的必要条件。根据预算会计提供的预算执行情况的信息，可以分析预算执行中存在的问题，及时揭示预算资金的供求矛盾，提出措施，调整供求关系。

（4）检查预算收支活动，正确执行国家财经方针、政策。执行国家财经方针、政策是保证实现预算收支任务的根本途径。在预算执行过程中，依据预算会计提供的信息，可以及时了解和检查财经方针、政策的执行情况，以便发现不符合政策和不合法的收支行为，从而采取措施，进行纠正。

三、预算会计的会计要素、科目和记账方法

1. 预算会计的会计要素、科目

预算会计的会计要素由资产、负债、收入、支出和净资产构成，预算会计体系中各部分会计的会计要素和会计科目所包括的内容如下：

（1）财政总预算会计的会计要素。

①资产。财政总预算会计的资产是指一级财政掌管或控制的、能以货币计量的经济资源。其包括的会计科目有国库存款、其他财政存款、财政零余额账户存款、有价证券、在途款、暂付款、与下级往来、预拨经费、基建拨款、财政周转金放款、借出财政周转金、待处理财政周转金。

②负债。财政总预算会计的负债是指一级财政所承担的，以货币计量的，需以资产偿付的债务。其包括的会计科目有暂存款、与上级往来、已报结支出、借入款、借入财政周转金。

③收入。财政总预算会计的收入是指一级财政为实现其职能，根据法令、法规取得的非偿还性资金，它是一级财政的资金来源。其包括的会计科目有一般预算收入、基金预算

收入、国有资本经营预算收入、专用基金收入、补助收入、上解收入、调入资金、财政专户管理资金收入、财政周转金收入。

④支出。财政总预算会计的支出是指一级财政为实现其职能，对财政资金的再分配。其包括的会计科目有一般预算支出、基金预算支出、国有资本经营预算支出、专用基金支出、补助支出、上解支出、调出资金、国有资本经营预算调出资金、财政专户管理资金支出、财政周转金支出。

⑤净资产。财政总预算会计的净资产是指一级财政所拥有并可支配的，具有特定用途的资金来源。财政总预算会计的结余也属于净资产，其是指政府财政部门在一定期间各项财政收入与支出相抵后的余额。财政总预算会计的净资产包括的会计科目有预算结余、基金预算结余、国有资本经营预算结余、专用基金结余、预算周转金、财政周转基金、财政专户管理资金结余。

政府与行政事业单位的出资人不要求投资回报和投资回收，所投入的资金不具有权益的性质，但要按规定用途使用，所以，不设"所有者权益"要素，而设"净资产"要素。政府与行政事业单位不以赢利为目的，其收支差额不具有经营成果的性质，只表示收入在使用后的结存情况，所以不设"利润"要素。

（2）事业单位会计的会计要素。

①资产。事业单位会计的资产是指事业单位拥有或者控制的、能以货币计量的经济资源。其包括的会计科目有现金、银行存款、零余额账户用款额度、应收票据、应收账款、预付账款、其他应收款、材料、产成品、对外投资、固定资产、无形资产、财政应返还额度。

②负债。事业单位会计的负债是指事业单位所承担的能以货币计量，需以资产或劳务偿付的债务。其包括的会计科目有借入款项、应付票据、应付账款、预收账款、其他应付款、应缴预算款、应缴财政专户款、应缴税金、应付工资（离退休费）、应付地方（部门）津贴补贴、应付其他个人收入。

③收入。事业单位会计的收入是指事业单位在业务活动中取得的非偿还性资金。其包括的会计科目有财政补助收入、上级补助收入、拨入专款、事业收入、财政专户返还收入、经营收入、附属单位缴款、其他收入。

④支出。事业单位会计的支出是指事业单位在业务活动中发生的各项资产耗费及损失。其包括的会计科目有拨出经费、拨出专款、专款支出、事业支出、经营支出、成本费用、销售税金、上缴上级支出、对附属单位补助、结转自筹基建。

⑤净资产。事业单位会计的净资产是指事业单位的资产减负债后的差额。事业单位会计的结余也属于净资产，其是指事业单位在一定期间各项收入与支出相抵后的余额。事业单位会计的净资产包括的会计科目有事业基金、固定基金、专用基金、财政拨款结转、财政拨款结余、事业结余、经营结余和结余分配。

（3）行政单位会计的会计要素。

①资产。行政单位会计的资产是指行政单位拥有的能以货币计量的经济资源。其包括的会计科目有现金、银行存款、有价证券、暂付款、借出款、库存材料、固定资产、零余额账户用款额度、财政应返还额度。

②负债。行政单位会计的负债是指行政单位承担的能以货币计量、需以各项资产偿付的债务。其包括的会计科目有应缴预算款、应缴财政专户款、暂存款、应付工资（离退休费）、应付地方（部门）津贴补贴、应付其他个人收入。

③收入。行政单位会计的收入是指行政单位为了完成公务活动，从财政部门或上级单位取得的各项拨款，以及按规定取得的收入。其包括的会计科目有拨入经费、预算外资金收入、其他收入。

④支出。行政单位会计的支出是指行政单位为完成公务活动所发生的各项资产的实际耗费和支出。其包括的会计科目有经费支出、拨出经费、结转自筹基建。

⑤净资产。行政单位会计的净资产是指行政单位拥有的具有特定用途的资金来源。它体现国家对行政单位的资产所有权。行政单位会计的结余也属于净资产，其是指行政单位在公务活动过程中经费收支相抵后的余额。行政单位会计的净资产包括的会计科目有固定基金、结余。

> 通过以上内容的学习，你了解预算会计净资产与结余的不同了吗？

2. 预算会计的会计平衡式

预算会计平衡式，是指资产、负债和净资产之间的关系。一个单位所拥有的资产与负债和净资产明显的表现为同一资金的两个方面。从数学角度看，一个单位所拥有的资产总额与负债和净资产的总额必然是相等的。我们将资产与负债和净资产之间的这种客观存在的恒等关系称为会计平衡式。用公式表示为：

资产＝负债＋净资产（1）

单位在业务运作过程中会取得一定数额的收入，同时也会发生一定数额的支出。收入和支出相抵后的余额为结余。这三者之间的关系可以用公式表示为：

收入－支出＝结余（2）

而单位一定会计期间的结余可以增加（或减少）净资产。因此我们可以将以上两个等式用公式连接起来表示为：

资产＝负债＋净资产＋收入－支出

这一公式可以进一步变形为：

资产＋支出＝负债＋净资产＋收入（3）

上述三个关系式，（1）式为静态等式，它反映单位在特定时点的资产、负债和净资产的恒等关系；（2）式和（3）式为动态等式，它们反映单位在业务运营过程中收支结余情况及净资产的增值情况。

3. 预算会计的记账方法

目前，我国预算会计采用借贷复式记账法。

（1）记账符号。借贷记账法以"借"和"贷"作为记账符号。"借"、"贷"二字，只是借贷记账法中使用的专门术语，与其本身含义（借入、借出、贷入、贷出）并不相干。

（2）账户结构。在借贷记账法下，账户的左方为借方，右方为贷方。在账户的借贷两方，究竟哪一方登记增加数，哪一方登记减少数，要取决于账户的性质。账户的基本结构如下表所示。

账户的基本结构

账户类别	账户借方	账户贷方	账户期末余额
资产	增加	减少	在借方
负债	减少	增加	在贷方
收入	减少	增加	在贷方或无余额
支出	增加	减少	在借方或无余额
净资产	减少	增加	在贷方

（3）记账规则。简言之，借贷记账法的记账规则就是：有借必有贷，借贷必相等。

（4）试算平衡。在使用借贷记账法的情况下，试算平衡可以采用余额平衡或发生额平衡，其公式分别为：

全部账户期末（期初）借方余额合计＝全部账户期末（期初）贷方余额合计

全部账户本期借方发生额合计＝全部账户本期贷方发生额合计

> 通过以上内容的学习，你认为预算会计的记账方法与企业会计相同吗？

四、预算会计的基本前提和一般原则

1. 预算会计的基本前提

预算会计的基本前提，亦称预算会计的基本假设，是指组织预算会计工作必须具备的前提条件。预算会计的基本前提有如下几项：

（1）会计主体。这是指预算会计工作特定的空间范围。政府财政总预算会计的主体是各级政府，而不是各级政府的财政部门。因为财政总预算各项收支的收取和分配，是各级政府的职权范围，财政部门只能代表政府执行预算，充当经办人的角色。行政事业单位会计的主体即是各级各类行政事业单位。

（2）持续运行。这是指预算会计主体的业务活动能够持续不断地运行下去。预算会计应以各级政府及各类事业单位能够持续不断地运行下去，作为组织正常会计核算的基本前提。

（3）会计分期。这是指将预算会计主体持续运行的时间人为地划分成时间阶段，以便分阶段结算账目，编制会计报表。预算会计期间分为年度、季度和月份。会计年度、季度和月份采用公历日期。

（4）货币计量。这是指预算会计核算以人民币作为记账本位币。如果发生外币收支，应当按照中国人民银行公布的当日人民币外汇汇率折算为人民币核算。对于业务收支以外币为主的行政事业单位，也可以选定某种外币作为记账本位币。但在编制会计报表时，应当按照编报日期的人民币外汇汇率折算为人民币反映。

通过以上内容的学习，你了解预算会计的基本前提与企业会计有什么不同吗？

2. 预算会计的一般原则

预算会计的一般原则是用以指导预算会计核算的基本原则，主要有如下内容：

（1）可靠性原则。这是指会计核算应当以实际发生的经济业务为依据，客观的记录、反映各项业务活动的实际情况和结果，保证会计信息真实可靠、内容完整。

（2）相关性原则。这是指会计信息应当符合国家宏观经济管理的要求，满足预算管理和有关方面了解单位财务状况及收支情况的需要，并有利于单位加强内部管理。

（3）可理解性原则。这是指会计记录和会计报告应当清晰明了，便于理解和运用。

（4）可比性原则。这是指会计核算应当按规定的方法进行，以利于同一单位前后各期以及不同单位之间的比较分析。

（5）重要性原则。这是指会计报表应当全面反映财务状况、收支情况及其结果，对于重要的业务，应当单独反映。

（6）及时性原则。这是指会计核算应当及时进行。

（7）历史成本原则。这是指各项财产物资应当按取得时的实际成本计价，除国家另有规定外，不得自行调整其账面价值。

（8）专款专用原则。这是指对于指定用途的资金，应当按规定的用途使用，不能擅自改变用途，挪作他用。

情境回放

预算会计包括财政总预算会计、事业单位会计和行政单位会计，高宇同学如果去各级政府的财政部门做会计工作，那么他从事的就是财政总预算会计；如果在其他行政部门做会计工作，那么他从事的就是行政单位会计；如果去医院做会计工作，那么他从事的就是事业单位会计。

任务检测

一、单项选择题

1. 在下列会计核算的一般原则中，事业单位与企业单位会计核算不同的是（　　）。

A. 及时性原则　　　　　　　　　　　B. 权责发生制原则

C. 历史成本原则　　　　　　　　　　D. 专款专用原则

2. 财政总预算会计核算进行会计分期的目的是（　　）。

A. 为了贯彻收入实现原则

B. 为了贯彻权责发生制原则

C. 为了贯彻配比原则

D. 为了定期反映财政资金运动及其结果的情况，提供有关经济活动的信息

3. 我国财政总预算会计管理体系设置的原则为（　　）。

A. 按管理权限设置　　　　　　　B. 按经济区域设置

C. 一级政府，一级总预算会计　　D. 统一领导，统一管理

4. 预算会计的基本会计平衡式为（　　）。

A. 资产＝权益　　　　　　　　　B. 资产＝负债＋所有者权益

C. 资产＝负债＋净权益　　　　　D. 资产＝负债＋净资产

5. 预算会计的核算基础以（　　）为主。

A. 收付实现制　　　B. 权责发生制　　　C. 应收应付制　　　D. 应计制

二、多项选择题

1. 预算会计的会计主体包括（　　）。

A. 各级财政部门　　　　　　　　B. 各级政府

C. 各级行政单位　　　　　　　　D. 各类事业单位

2. 预算会计的组成体系主要包括（　　）。

A. 财政总预算会计　　　　　　　B. 事业单位会计

C. 行政单位会计　　　　　　　　D. 工业企业会计

3. 预算会计区别于企业会计的会计要素名称包括（　　）。

A. 净资产　　　B. 收入　　　C. 支出　　　D. 负债

4. 预算会计的基本前提包括（　　）。

A. 会计主体　　　B. 持续运行　　　C. 会计分期　　　D. 货币计量

5. 我国总预算会计的原则包括（　　）。

A. 可靠性原则　　　B. 相关性原则　　　C. 可理解性原则　　　D. 重要性原则

三、判断题（正确的画"√"，错误的画"×"）

1. 在社会主义市场经济条件下，预算会计既是掌握预算执行情况、实行宏观调控的重要信息系统，又是强化预算约束、维护财经秩序的监督手段。（　　）

2. 财政总预算会计的资金进入单位后，即由单位支配使用，不受预算管理制度的制约。（　　）

3. 事业单位以收付实现制为会计核算基础，经营性收支业务也不得采用权责发生制。（　　）

4. 行政单位业务活动的目的是为了满足社会公共需要，具有明显的非市场性。（　　）

5. 专款专用原则是指对国家预算拨款和其他指定用途的资金，应按规定的用途使用，不得擅自改变用途，挪作他用。（　　）

项目小结

本项目为预算会计概述，主要讲述了预算会计的概念和特点，预算会计的目标和任务，预算会计的会计要素、科目和记账方法以及预算会计的基本前提和一般原则等内容，是预算会计的纲领性知识。在学习中要注意：①了解预算会计的知识体系。②理解预算会计的会计要素、会计平衡式和记账方法。③掌握预算会计的概念和特点及会计核算的基本前提和一般原则。④注意预算会计与企业会计的差别。

项目二 事业单位会计

任务二 事业单位资产和负债的核算

任务目标

知识目标

● 熟悉事业单位资产、负债的概念及分类。

● 掌握事业单位会计资产的核算。

● 掌握事业单位会计负债的核算。

技能目标

● 能够熟练对事业单位的资产、负债等业务进行账务处理。

情境设置

李青是一名即将毕业的大学生，现在正在一所大学的校财务处实习。适逢学校改善教学条件，购进大量的教学设备，看到采购人员交来的购货发票、运费单据，李青回忆起自己的学习内容。记得事业单位会计在购置固定资产时的核算与企业会计不同，应该有两笔分录来记录业务的发生，科目的设置也不同。具体怎样处理呢，李青在努力思索……

请思考：事业单位资产核算与企业资产核算有何区别？

知识准备

一、事业单位资产的核算

事业单位的资产是事业单位占有或者使用的，能以货币计量的经济资源，包括流动资产、对外投资、固定资产和无形资产等。流动资产是可以在一年内变现或者耗用的资产，包括现金、银行存款、应收及预付款项、存货等。事业单位的对外投资、固定资产和无形资产由于不能随时变现或耗用，与流动资产相比而称为非流动资产。

1. 现金的核算

"现金"账户用于核算事业单位库存现金的收支和结存情况。该账户借方登记库存现金的增加，贷方登记库存现金的减少，月末借方余额反映月末库存现金的余额。

事业单位收到现金时，借记"现金"账户，贷记"银行存款"、"事业收入"等有关账户。支付现金时，借记"银行存款"、"事业支出"等有关账户，贷记"现金"账户。

【练中学 2-1】 某事业单位行政部门购买办公用品 600 元，以现金支付。工作人员赵红出差回来报销差旅费 800 元，退回现金 200 元。请根据上述业务，进行账务处理。

借：事业支出		600
贷：现金		600
借：事业支出		800
现金		200
贷：其他应收款——赵红		1 000

为了确保账实相符，必须做好现金清查工作，现金清查的基本方法是实地清点库存现金数额。对于盘亏现金，应先借记"其他应收款——现金短款"，贷记"现金"。查明原因并报经领导审批后，如应由责任人或保险公司赔偿并收回现金时，借记"现金"，贷记"其他应收款——现金短款"；如属正常误差或无法查明原因的，应借记"事业支出——其他费用"，贷记"其他应收款——现金短款"。

对于盘盈现金，应先借记"现金"，贷记"其他应付款——现金长款"。查明原因并报经领导审批后，如属错收，应退回，借记"其他应付款——现金长款"，贷记"现金"；如属无主款，应作应缴预算款，借记"其他应付款——现金长款"，贷记"应缴预算款"。

2. 银行存款的核算

"银行存款"账户用于核算事业单位银行存款的收支和结存情况。该账户借方登记银行存款的增加，贷方登记银行存款的减少，月末借方余额反映月末银行存款的余额。

事业单位收到银行存款时，根据银行存款收款凭证及有关单据，借记"银行存款"账户，贷记有关账户。事业单位支出银行存款时，借记有关账户，贷记"银行存款"账户。

【练中学 2-2】 某事业单位发生下列银行存款业务：①收到上级拨入事业经费 200 000 元。②开出转账支票支付购买办公用品款 4 000 元。③销售产品收到销货款 40 000 元，增值税额 6 800 元，款项已存入银行。④开出转账支票拨付所属单位本月经费 100 000 元。请根据上述业务，进行账务处理。

借：银行存款		200 000
贷：财政补助收入		200 000
借：事业支出		4 000
贷：银行存款		4 000
借：银行存款		46 800
贷：经营收入		40 000
应缴税金——应缴增值税（销项税额）		6 800
借：拨出经费		100 000
贷：银行存款		100 000

事业单位应按期与银行对账，至少每月核对一次。将银行存款日记账的记录同银行的对账单进行核对时，如发现双方余额不一致，其原因可能有：一是记账有错漏；二是存在未达账项。若发现未达账项，应编制"银行存款余额调节表"进行调节。

知识链接

外币存款核算的账务处理

有外币存款的事业单位，应在"银行存款"账户下分别按人民币和各种外币设置"银行存款日记账"进行明细核算。按照《事业单位会计制度》规定，事业单位外币存款业务，发生时按当日中国人民银行的人民币外汇汇率，将外币金额折合为人民币记账，并登记外币金额和折合率。年度终了（外币业务量大的单位可按季或月结算），应将外币银行存款账户的余额，按照期末中国人民银行的人民币外汇汇率折合成人民币，作为外币账户期末人民币余额。调整后各外币账户人民币余额与原账户余额的差额作为汇兑损益列入"事业支出"账户。

【练中学 2-3】 某事业单位向国外订购一专用设备，支付 10 000 美元，当日汇率为 USD100＝CNY682.63。

借：事业支出　　　　　　　　　　　　　　　68 263
　　贷：银行存款——美元户　　　　　　　　　　　　68 263
同时，
借：固定资产　　　　　　　　　　　　　　　68 263
　　贷：固定基金　　　　　　　　　　　　　　　　68 263

【练中学 2-4】 某事业单位从美元户提取 10 000 美元，兑换成人民币，当日美元买入价为 USD100＝CNY681.21，卖出价为 USD100＝CNY683.95。

借：银行存款——人民币户　　　　　　　　　68 121
　　　事业支出　　　　　　　　　　　　　　　274
　　贷：银行存款——美元户　　　　　　　　　　　68 395

3. 零余额账户用款额度的核算

"零余额账户用款额度"科目用于核算预算单位在财政下达授权支付额度内办理授权支付业务。该账户借方登记收到财政下达的授权支付额度，贷方登记授权支付的支出数，期末余额在借方表示已收到财政下达的但尚未支用的授权支付额度，此额度在年度内可以累加使用。

收到"授权支付到账通知书"后，根据通知书所列数额，借记"零余额账户用款额度"账户，贷记"拨入经费"账户或"财政补助收入"账户。事业单位购买物品、服务等支用额度时，借记"经费支出"或"事业支出"、"材料"等账户，贷记"零余额账户用款额度"账户；属于购入固定资产的，同时，应借记"固定资产"账户，贷记"固定基金"账户。事业单位从零余额账户提取现金时，借记"现金"账户，贷记"零余额账户用款额度"账户。

年度终了，零余额用款额度必须清零。事业单位依据代理银行提供的对账单注销额度时，借记"财政应返还额度——财政授权支付"账户，贷记"零余额账户用款额度"账户；如果单位本年度财政授权支付预算指标数大于零余额账户用款额度下达数，根据两者的差额，借记"财政应返还额度——财政授权支付"账户，贷记"拨入经费"或"财政补助收入"账户。

4. 应收账款的核算

知识链接

计算应收账款入账金额应考虑折扣因素

商业折扣，是指单位可以从价目单上规定的价格扣减一定百分比数额的折扣方式，如5%、10%等。

现金折扣，是指单位为了鼓励客户在一定时期内早日付款而给予的一种折扣优待，这种折扣的条件，通常写成"2/10, 1/20，n/30"。在存在现金折扣的情况下，应收账款入账金额的确定有两种方法。一种是总价法，另一种是净价法。我国会计实务中，一般采用总价法。

"应收账款"账户用于核算事业单位因销售产品、商品、提供劳务，开展有偿服务等业务而应收取的款项。该账户借方登记事业单位应收的款项，贷方登记已收回的款项，期末余额在借方反映尚未收回的各种应收账款。

发生应收账款时，借记本账户，贷记"经营收入"、"事业收入"、"应缴税金——应缴增值税"等账户；收到款项时，借记"银行存款"，贷记本账户。

【练中学 2-5】 某向外提供劳务和产品的科研事业单位（一般纳税人），发生以下经济业务：①向甲公司提供劳务获得收入 50 000 元，款未收。②收到甲公司货款存入银行。③向乙公司销售产品一批，价值 20 000 元，适用的增值税税率为 17%，用现金代购货单位垫付运杂费 600 元，办委委托银行收款手续。④8 月 20 日，向丁公司销售产品一批，价值 20 000 元，适用的增值税税率为 17%，规定的现金折扣条件为 2/10, 1/20，n/30，款未收到，采用总价法进行核算。请根据上述业务，进行账务处理。

①借：应收账款　　　　　　　　　　　　50 000
　　贷：经营收入　　　　　　　　　　　　　　50 000
②借：银行存款　　　　　　　　　　　　50 000
　　贷：应收账款　　　　　　　　　　　　　　50 000
③借：应收账款　　　　　　　　　　　　24 000
　　贷：经营收入　　　　　　　　　　　　　　20 000
　　　　应缴税金——应缴增值税（销项税额）　　 3 400
　　　　现金　　　　　　　　　　　　　　　　　 600
④借：应收账款　　　　　　　　　　　　23 400
　　贷：经营收入　　　　　　　　　　　　　　20 000
　　　　应缴税金——应缴增值税（销项税额）　　 3 400

该客户如在 8 月 30 日之前付款，则享受 2% 现金折扣，收到款项时的会计分录为：

借：银行存款	23 000
经营支出	400
贷：应收账款	23 400

该客户如在 9 月 9 日之前付款，则享受 1% 现金折扣，收到款项时的会计分录为：

借：银行存款	23 200
经营支出	200
贷：应收账款	23 400

该客户如在 9 月 9 日之后付款，则不享受现金折扣，需付全款，会计分录为：

借：银行存款	23 400
贷：应收账款	23 400

坏账是指单位无法收回的应收账款。由于发生坏账而产生的损失，称为坏账损失。其核算方法一般有两种，即直接转销法和备抵法。事业单位发生坏账损失的账务处理类似企业的坏账损失的账务处理。这里仅以"直接转销法"为例说明坏账损失的账务处理过程。

【练中学 2-6】 某研究所一笔 8 000 元的应收账款已超过 3 年，多次催收无果，经确认已属坏账，则对该笔应收账款作坏账处理如下：

借：经营支出——坏账损失	8 000
贷：应收账款	8 000

如果已冲销的应收账款以后又收回，则应编制以下分录：

借：应收账款	8 000
贷：经营支出——坏账损失	8 000

同时，应增加银行存款，减少应收账款，分录如下：

借：银行存款	8 000
贷：应收账款	8 000

5. 应收票据的核算

"应收票据"账户用于核算收到商业汇票及到期收回票面金额和结存情况。该账户借方登记收到并经承兑的商业汇票的金额，贷方登记商业汇票到期或已办理贴现或已背书转让的商业汇票金额，余额在借方，表示尚未收回、尚未贴现或尚未背书转让的商业汇票金额。

事业单位收到应收票据，借记"应收票据"账户，贷记"经营收入"、"应缴税金——应缴增值税"等有关账户。票据到期如果收回款项，按应收票据到期收回的票面金额，借记"银行存款"账户，贷记"应收票据"账户。如果承兑人违约拒付或无力偿还票款，则应借记"应收账款"账户，贷记"应收票据"账户。

【练中学 2-7】 某事业单位销售一批产品给乙公司，货已发出，价款为 10 000 元，增值税税率为 17%，收到该公司签发并承兑的期限为三个月、面值为 11 700 元无息商业承兑汇票一张。

借：应收票据	11 700
贷：经营收入	10 000
应缴税金——应缴增值税（销项税额）	1 700

若该票据在三个月后到期，收回款项 11 700 元，存入银行，会计分录为：

借：银行存款   11 700

  贷：应收票据   11 700

若该票据到期后乙公司无力偿还票款，会计分录为：

借：应收账款   11 700

  贷：应收票据   11 700

6. 预付账款的核算

"预付账款"账户用于核算事业单位因按照购货、劳务合同规定而预付给供应单位的款项。预付账款是按照购货、劳务合同预付给供应单位的款项。预付账款与应收账款虽然都属于事业单位的流动资产，但两者性质不同。应收账款是事业单位应收客户的账款，预付账款是事业单位预付给商品供应单位的账款，所以，应分别设置账户进行核算。预付账款按实际发生额入账。

该账户借方登记本单位向供应单位预付的货款，贷方登记本单位收到所购物品或接受了劳务供应时应结转的预付款项，期末余额一般在借方，反映本单位向供应单位已预付尚未结算的款项。"预付账款"账户按供应单位名称设置明细账。

事业单位预付货款时，借记"预付账款"账户，贷记"银行存款"账户；收到预订的货物时，根据发票账单等标明的金额，借记"材料"、"应缴税金——应缴增值税"等账户，贷记"预付账款"账户；补付货款时，借记"预付账款"账户，贷记"银行存款"账户。

【练中学 2-8】 某事业单位向甲公司订购非自用的 A 材料，货款 20 000 元，按合同规定需要预付价款的 50%，即 10 000 元定金。所订 A 材料到货，发票账单同时到达，价款为 20 000 元，增值税税款为 3 400 元，材料已验收入库。用银行存款补付货款 13 400 元。请根据上述业务，进行账务处理。

借：预付账款   10 000

  贷：银行存款   10 000

借：材料   20 000

  应缴税金——应缴增值税（进项税额）   3 400

  贷：预付账款   23 400

借：预付账款   13 400

  贷：银行存款   13 400

7. 存货的核算

（1）存货概述。存货是指事业单位在专业业务及其他经营活动中为耗用或者为销售而存储的各种资产，主要包括材料、产成品等。存货的盘存制度是指正确确定某一会计期间存货发出和结存数量的方法，通常有实地盘存制和永续盘存制两种。各个单位应根据自己的实际情况，选用不同的盘存制度，应注意，不论采用何种方法，前后各期应保持一致。

（2）材料的核算。"材料"账户用于核算事业单位材料增减变化情况。该账户借方登记材料的增加数，贷方登记材料的减少数，余额在借方，表示材料的实存数。该账户应按材料的保管地点、材料的种类和规格设置明细账。

①材料购入的账务处理。购入材料时，若属于小规模纳税人的事业单位，无论购入自用还是非自用材料并已验收入库，按含税价格，借记"材料"账户，贷记"银行存款"等账户；若属于一般纳税人的事业单位购入自用材料并已验收入库，按含税价格，借记"材料"账户，贷记"银行存款"等账户；若属于一般纳税人的事业单位购入非自用材料并已验收入库，按采购材料专用发票上注明的增值税额，借记"应缴税金——应缴增值税（进项税额）"账户，按专用发票上记载的应记入采购成本的金额，借记"材料"账户，按实际支付的金额，贷记"银行存款"、"应付账款"等账户。

【练中学 2 - 9】 某科研单位（一般纳税人）2011 年 10 月购入非自用 C 材料 1 000 千克，单价 20 元/千克，增值税款为 3 400 元，款项已通过银行付讫，材料已验收入库。请根据上述业务，进行账务处理。

借：材料——C 材料　　　　　　　　　　　　　20 000

　　应缴税金——应缴增值税（进项税额）　　　3 400

　贷：银行存款　　　　　　　　　　　　　　　　　　23 400

②材料发出的账务处理。事业单位在发出材料时，可采用先进先出法、移动加权平均法、全月一次加权平均法确定其实际成本。其发出材料实际成本的确定方法同企业发出材料实际成本的确定方法的区别，请参考相关书籍。

知识链接

事业单位发出材料计价——先进先出法

先进先出法是以先购入的存货先发出这样一种存货实物流转假设为前提，对发出存货进行计价的一种方法，采用此种方法，先购入的存货成本在后购入的存货成本之前转出，并依此确定发出存货成本和期末存货的成本。

采用先进先出法发出的存货按最先购入的计价，库存存货按最近购货的价格计价。其优点是便于分批控制材料的价格，缺点是核算工作比较麻烦。当物价上涨时，会高估当期结余和库存存货价值。

【练中学 2 - 10】 某事业单位发出材料共计 20 000 元，其中，为不从事产品生产的部门修缮房屋领用材料 5 000 元，为经营活动领用材料 1 000 元，为从事产品生产领用材料 12 000 元，为该单位甲专用项目领用材料 2 000 元。请根据上述业务，进行账务处理。

借：事业支出　　　　　　　　　　　　　5 000

　　经营支出　　　　　　　　　　　　　1 000

　　成本费用　　　　　　　　　　　　12 000

　　专款支出　　　　　　　　　　　　　2 000

　贷：材料　　　　　　　　　　　　　　　　　20 000

（3）产成品的核算。产成品，是指从事产品生产的事业单位生产的、已经通过全部生产工序并已验收入库的产品。事业单位应设置"产成品"账户，用来核算事业单位生产的并已验收入库的产品的实际成本。该账户借方登记产成品入库的成本，贷方登记按先进先出法或加权平均法计算的发出产品的实际成本，余额在借方，表示库存产品的实际成本。该账户应按产成品的种类、品种和规格设置明细账。

生产完工验收入库产成品时，借记"产成品"账户，贷记"成本费用"账户；产品出库销售时，可按先进先出法、加权平均法计算产成品成本，借记"事业支出"、"经营支出"等账户，贷记"产成品"账户。

【练中学 2－11】 某事业单位 2011 年 10 月 1 日产成品存货 1 000 件，单位成本 10 元。10 月 8 日完工验收入库产成品 2 000 件，单位成本 12 元；10 月 12 日销售 1 500 件，单位成本按先进先出法计算。请根据上述业务，进行账务处理。

①验收入库时，会计分录为：

借：产成品　　　　　　　　　　　　　　　　24 000

　　贷：成本费用　　　　　　　　　　　　　　24 000

②10 月 12 日销售 1 500 件，结转其销售成本，按先进先出法结转其销售成本，成本应为 16 000（1 000×10＋500×12）元，会计分录为：

借：经营支出　　　　　　　　　　　　　　　16 000

　　贷：产成品　　　　　　　　　　　　　　　16 000

8. 对外投资的核算

对外投资是指事业单位利用货币资金、实物或无形资产等方式向其他单位的投资。事业单位对外投资按投资方式分为债券投资和其他投资两种。债券投资是指事业单位以购买各种债券的形式而进行的对外投资，包括认购国库券和其他各种债券；其他投资是指事业单位以货币资金、实物或无形资产等方式与其他单位共同出资组成合资或者联营实体的对外投资。

"对外投资"账户用于核算各类对外投资的形成以及投资的收回。该账户借方登记对外投资的实际成本，贷方登记到期收回的本金或出售时的成本，期末余额在借方表示实有的投资额。该账户应设"债券投资"和"其他投资"两个明细账户，进行明细核算。

对外投资取得的收益和发生的损失应作为投资收益，通过"其他收入"账户核算。事业单位进行的对外投资形成的产权及进行材料投资、固定资产投资、无形资产投资发生的评估确认价高于或低于原账面价值而增加或减少的净资产，通过"事业基金——投资基金"进行核算。

（1）债券投资的账务处理。事业单位购入债券形成的对外投资，应按实际支付的价款，借记"对外投资"账户，贷记"银行存款"账户；同时，借记"事业基金——一般基金"账户，贷记"事业基金——投资基金"账户。实际支付的款项是包括买价、经纪人佣金、手续费等在内的各项有关费用。

事业单位转让债券以及到期兑付本金，按实际收到的金额，借记"银行存款"账户；按实际成本，贷记本账户，实际收到金额与对外投资的账面成本的差额，借记或贷记"其他收入"账户。同时，借记"事业基金——投资基金"账户，贷记"事业基金——一般基金"账户。

【练中学 2－12】 某事业单位购入 2011 年 1 月 1 日发行的面值 200 000 元国债，还本期为 3 年，年利率为 9%，一次还本付息，购入价格为 201 000 元，以银行存款支付。该债券于 2012 年 1 月 1 日转让，实际取得价款 208 000 元，款项已存入银行。请根据上述业务，进行账务处理。

①购入时，会计分录为：

借：对外投资——债券投资　　　　　　　　　201 000
　　贷：银行存款　　　　　　　　　　　　　　201 000

同时，

借：事业基金——一般基金　　　　　　　　　201 000
　　贷：事业基金——投资基金　　　　　　　　201 000

②转让时，会计分录为：

借：银行存款　　　　　　　　　　　　　　　208 000
　　贷：对外投资——债券投资　　　　　　　　201 000
　　　　其他收入——投资收益　　　　　　　　　7 000

同时，

借：事业基金——投资基金　　　　　　　　　201 000
　　贷：事业基金——一般基金　　　　　　　　201 000

（2）其他投资的账务处理。

①事业单位以货币对外投资，应按实际支付金额计价，借记"对外投资"账户，贷记"银行存款"账户；同时借记"事业基金——一般基金"账户，贷记"事业基金——投资基金"账户。

【练中学 2 - 13】　某事业单位 2011 年 11 月以银行存款 200 000 元向外单位进行联营投资。请根据上述业务，进行账务处理。

借：对外投资——其他投资　　　　　　　　　200 000
　　贷：银行存款　　　　　　　　　　　　　　200 000

同时，

借：事业基金——一般基金　　　　　　　　　200 000
　　贷：事业基金——投资基金　　　　　　　　200 000

②事业单位以材料向其他单位投资，其账务处理分以下两种情况：

一是属于一般纳税人的事业单位以材料对外投资时，应按合同协议确定的价值作为确定的投资额，借记"对外投资"账户，按材料账面价值（为不含税价），贷记"材料"账户，按合同协议确定的价值乘以增值税税率作为该材料的销项税额，贷记"应缴税金——应缴增值税（销项税额）"，按合同协议确定的价值与材料账面价值及销项税额的差额，借记或贷记"事业基金——投资基金"，同时，按材料的账面价值与销项税额之和，借记"事业基金——一般基金"账户，贷记"事业基金——投资基金"账户。

二是属于小规模纳税人的事业单位以材料对外投资时，按合同协议确定的价值，借记"对外投资"账户，按材料账面价值（含税），贷记"材料"账户，按合同协议确定的价值与材料账面价值（含税）的差额，借记或贷记"事业基金——投资基金"；同时，按材料账面价值，借记"事业基金——一般基金"账户，贷记"事业基金——投资基金"账户。

通过上述内容的学习，你能比较一般纳税人与小规模纳税人的事业单位以材料对外投资的账务处理的不同了吗？

③事业单位以固定资产向其他单位投资时，应按评估或合同、协议确认的价值，借记"对外投资——其他投资"账户，贷记"事业基金——投资基金"账户；按固定资产账面原价，借记"固定基金"账户，贷记"固定资产"账户。

④事业单位以无形资产向其他单位投资时，按双方协议确定的价值，借记"对外投资"账户；按账面原价，贷记"无形资产"账户；按其差额，借记或贷记"事业基金——投资基金"账户。同时，按无形资产账面价值，借记"事业基金——一般基金"账户，贷记"事业基金——投资基金"账户。

（3）对外投资收益的账务处理。事业单位对外投资时取得的投资收益，如债券的利息、股票的股利、其他投资分得的利润，均通过"其他收入——投资收益"账户进行核算。投资收益以实际收到的数额予以确认，取得收益时，借记"银行存款"等账户，贷记"其他收入——投资收益"账户。

9. 固定资产的核算

（1）固定资产概述。事业单位的固定资产，是指使用年限在一年以上，单位价值在规定标准以上，并在使用过程中保持原有物质形态的资产。事业单位确认固定资产时，必须同时具备两个条件：第一，单位价值在规定标准以上。根据《事业单位财务规则》规定，事业单位的固定资产，一般设备单位价值在 500 元以上，专用设备单位价值在 800 元以上。单位价值虽未达到规定标准，但使用时间在一年以上的大批同类物资，也应作为固定资产管理，如事业单位图书馆储藏的大批书籍等。第二，使用年限在一年以上。

知识链接

事业单位固定资产的分类

事业单位固定资产按其性质和使用情况，分为六类：

①事业单位拥有所有权和使用权的房屋、建筑物及其附属设备。

②专用设备，如学校的教学仪器、科研单位的科研仪器等。

③一般设备，如办公用家具、交通工具等。

④文物和陈列品，如古物、字画、纪念物品等。

⑤图书，如单位图书馆（室）、阅览室的图书等。

⑥其他固定资产，指以上各类未包括的固定资产。

（2）固定资产取得的计价。固定资产应当按取得的实际成本计价。具体来说，事业单位固定资产按下列规定计价入账：

①购入、调入的固定资产，按照实际支付的买价或调拨价、运杂费、安装费等记账。购置车辆按规定支付的车辆购置附加费计入购价之内。

②自制的固定资产，按开支的料、工、费记账。

③在原有固定资产基础上进行改扩建的固定资产，应按改扩建发生的支出减去改建、扩建过程中的变价收入后的净增加值，增记固定资产。

④融资租入的固定资产，按租赁协议确定的设备价款、运费、安装费等记账。

⑤接受捐赠的固定资产，按照同类固定资产的市场价格或根据所提供的有关凭据记账。接受固定资产时发生的相关费用，应当计入固定资产价值。

⑥盘盈的固定资产，按重置完全价值入账。

⑦已投入使用但尚未办理移交手续的固定资产，可先按估计价值入账，待确定实际价值后，再进行调整。

（3）账务处理。"固定资产"账户用于核算固定资产增减变动的各种业务。该账户借方登记事业单位以各种方式取得的固定资产原价，贷方登记减少的固定资产原价，期末余额在借方，表示事业单位现有固定资产的原价。

事业单位应设置"固定基金"账户，用来核算事业单位在固定资产上投入的资金数额。该账户属于净资产类账户，贷方登记固定基金的增加；借方登记固定基金的减少；贷方余额表示对现有固定资产的原始投资。就单纯的事业单位来说，固定资产是不应该计提折旧的。"固定资产的变价收入应当转入专用基金的修购基金；但是，国家另有规定的除外"。

①固定资产增加的账务处理。事业单位购置固定资产时，应按资金来源分别进行核算：借记"事业支出"、"经营支出"、"专用基金——修购基金"、"专款支出"、"专用基金——职工福利基金"账户，贷记"银行存款"账户。同时，借记"固定资产"账户，贷记"固定基金"账户。

【练中学 2－14】 某事业单位用经费拨款购入事业用设备一台，含税价格为 117 000 元，以银行存款支付。请根据上述业务，进行账务处理。

借：事业支出　　　　　　　　　　　　　117 000
　　贷：银行存款　　　　　　　　　　　　　　　117 000
同时，
借：固定资产　　　　　　　　　　　　　117 000
　　贷：固定基金　　　　　　　　　　　　　　　117 000

改扩建过程中的变价收入作为修购基金，借记"银行存款"账户，贷记"专用基金——修购基金"账户。改扩建的支出，按不同的资金来源，借记有关支出账户，贷记"银行存款"账户。改建扩建后，应按净增加值调整固定资产价值，借记"固定资产"账户，贷记"固定基金"账户。

【练中学 2－15】 某事业单位用专用基金对一房屋进行改建扩建，在改建扩建过程中发生支出 158 000 元，改建扩建中取得变价收入 200 元。请根据上述业务，进行账务处理。

借：专用基金——修购基金　　　　　　　157 800
　　贷：银行存款　　　　　　　　　　　　　　　157 800

同时，

　　借：固定资产　　　　　　　　　　　　　　　　　157 800

　　　　贷：固定基金　　　　　　　　　　　　　　　　　157 800

事业单位收到调入、捐赠固定资产时，根据捐赠者提供的有关单据或按同类固定资产的市场价格确定入账价值，借记"固定资产"账户，贷记"固定基金"账户。但对于有偿调入、接受捐赠时支付了运杂费的，应借记相关支出，贷记"银行存款"账户，同时将运杂费计入固定资产价值中。

【练中学 2-16】　某事业单位接受 M 公司捐赠设备一台，该类设备的市场价格为 80 000 元，用修购基金支付安装等费用 1 000 元。请根据上述业务，进行账务处理。

　　借：专用基金——修购基金　　　　　　　　　　　　1 000

　　　　贷：银行存款　　　　　　　　　　　　　　　　　1 000

　　借：固定资产　　　　　　　　　　　　　　　　　　81 000

　　　　贷：固定基金　　　　　　　　　　　　　　　　　81 000

融资租入固定资产时，借记"固定资产——融资租入"账户，贷记"其他应付款"账户；支付租金时，按不同资金来源借记有关支出账户，贷记"固定基金"账户；同时，借记"其他应付款"账户，贷记"银行存款"账户。

【练中学 2-17】　某事业单位以融资租赁方式租入设备一台，按租赁协议规定，设备的价格为 200 000 元，以银行存款支付运输费和安装调试费共计 2 500 元。安装调试完毕并交付使用。按租赁合同，分 5 期平均支付。请根据上述业务，进行账务处理。

　　①租入设备时，会计分录为：

　　借：固定资产——融资租入　　　　　　　　　　　200 000

　　　　贷：其他应付款　　　　　　　　　　　　　　　200 000

　　②支付运输费和安装调试费，会计分录为：

　　借：事业支出　　　　　　　　　　　　　　　　　　2 500

　　　　贷：银行存款　　　　　　　　　　　　　　　　　2 500

同时，

　　借：固定资产——融资租入　　　　　　　　　　　　2 500

　　　　贷：固定基金　　　　　　　　　　　　　　　　　2 500

　　③每期支付租金（共 5 期，分录相同）时，会计分录为：

　　借：事业支出　　　　　　　　　　　　　　　　　　40 000

　　　　贷：固定基金　　　　　　　　　　　　　　　　　40 000

　　借：其他应付款　　　　　　　　　　　　　　　　　40 000

　　　　贷：银行存款　　　　　　　　　　　　　　　　　40 000

　　④付清租金转移所有权时，会计分录为：

　　借：固定资产——专用设备　　　　　　　　　　　202 500

　　　　贷：固定资产——融资租入　　　　　　　　　　202 500

　　②固定资产减少的账务处理。事业单位转让固定资产时，按实际收到的价款，借记"银行存款"等账户，贷记"专用基金——修购基金"账户；同时，按固定资产原价，借

记"固定基金"账户，贷记"固定资产"账户，以注销该项固定资产账户。

报废、毁损固定资产，应注销该项固定资产账面价值，借记"固定基金"账户，贷记"固定资产"账户；报废及毁损的固定资产发生的清理费用，应借记"专用基金——修购基金"账户，贷记"银行存款"等账户；取得的残值变价收入应借记"银行存款"等账户，贷记"专用基金——修购基金"账户。毁损的固定资产如取得保险公司或责任人的赔款，应借记"其他应收款"等账户，贷记"专用基金——修购基金"账户。

【练中学 2 - 18】　某事业单位报废旧设备一台，原账面价值为 25 000 元。收回残值收入 1 000 元存入银行，以现金支付清理费 200 元。请根据上述业务，进行账务处理。

①报废时，会计分录为：

借：固定基金　　　　　　　　　　　　　　　　　25 000

　　贷：固定资产　　　　　　　　　　　　　　　　　　25 000

②收到残值收入时，会计分录为：

借：银行存款　　　　　　　　　　　　　　　　　1 000

　　贷：专用基金——修购基金　　　　　　　　　　　1 000

③支付清理费时，会计分录为：

借：专用基金——修购基金　　　　　　　　　　　200

　　贷：现金　　　　　　　　　　　　　　　　　　　200

③固定资产清查的账务处理。事业单位盘盈的固定资产，按重置价值，借记"固定资产"账户，贷记"固定基金"账户。盘亏减少的固定资产，按固定资产的原值，借记"固定基金"账户，贷记"固定资产"账户。

10. 无形资产的核算

无形资产是事业单位拥有的，没有物质形态，但在未来能给单位带来一定利益的经济资源，如专利权、非专利技术、土地使用权、商标权、著作权、商誉等。

"无形资产"账户用于核算事业单位无形资产的形成、摊销及转让等情况。该账户借方登记取得无形资产的成本，贷方登记无形资产的摊销和转出成本，余额在借方，反映尚未摊销的无形资产价值。该账户按无形资产的类别设置明细账户进行明细核算。事业单位取得无形资产时，借记"无形资产"账户，贷记"银行存款"等账户。

事业单位的无形资产应当予以合理摊销。不实行内部成本核算的事业单位，应当在取得无形资产时，将其成本一次性摊销，减少无形资产的账面余额并计入当期支出。一次性摊销时，借记"事业支出"账户，贷记"无形资产"账户；实行内部成本核算的事业单位，应当在无形资产的受益期内分期平均摊销，按照摊销额减少无形资产的账面余额并计入当期支出。摊销时，借记"经营支出"账户，贷记"无形资产"账户。

事业单位拥有的无形资产可以依法转让。单位取得转让收入时，借记"银行存款"账户，贷记"事业收入"账户；结转转让成本时，借记"事业支出"账户，贷记"无形资产"账户。

【练中学 2 - 19】　某不实行内部成本核算的事业单位，从市场购入一项非专利技术，计 50 000 元，以银行存款支付。请根据上述业务，进行账务处理。

①购入时，会计分录为：

借：无形资产——非专利技术　　　　　　　50 000

　　贷：银行存款　　　　　　　　　　　　　　　　50 000

②摊销时，会计分录为：

借：事业支出　　　　　　　　　　　　　　50 000

　　贷：无形资产——非专利技术　　　　　　　　50 000

11. 财政应返还额度的核算

（1）财政应返还额度概述。财政应返还额度主要核算财政国库管理制度改革单位年终结余资金的账务处理，具体账务处理应以主管财政机关核定结果为依据。

（2）账务处理。

①财政直接支付。实行财政直接支付，年终结余资金账务处理时，借方登记单位本年度财政直接支付预算指标数与财政直接支付实际支出数的差额，贷方登记下年度实际支出的冲减数。

年终注销财政直接支付额度时，单位根据本年度财政直接支付预算指标数与当年财政直接支付实际支出数的差额，借记"财政应返还额度——财政直接支付"账户，贷记"财政补助收入——财政直接支付"或"事业收入——财政直接支付"账户。

下年度恢复财政直接支付额度后，单位发生实际支出时，借记支出类账户，贷记"财政应返还额度——财政直接支付"账户。

②财政授权支付。实行财政授权支付，年终结余资金账务处理时，借方登记单位零余额账户注销额度数，贷方登记下年度恢复额度数。

年终，单位依据代理银行提供的对账单，做相关注销额度的会计账务处理时，借记"财政应返还额度——财政授权支付"账户，贷记"零余额账户用款额度"账户。

如单位本年度财政授权支付预算指标数大于零余额账户用款额度下达数，借方需同时登记两者差额，借记"财政应返还额度——财政授权支付"账户，贷记"财政补助收入——财政授权支付"或"事业收入——财政授权支付"账户。

下年度恢复额度时，单位依据下年度年初代理银行提供的额度恢复到账通知书做相关账务处理，借记"零余额账户用款额度"账户，贷记"财政应返还额度——财政授权支付"账户。

如下年度单位收到财政部门批复的上年未下达零余额账户用款额度，借记"零余额账户用款额度"账户，贷记"财政应返还额度——财政授权支付"账户。

二、事业单位负债的核算

负债是指事业单位所承担的、能以货币计量、需要以资产或劳务偿付的债务，包括借入款项、应付账款、预收账款、其他应付款、应缴预算款、应缴财政专户款等。

1. 借入款项的核算

（1）借入款项概述。事业单位的借入款项是指事业单位从财政部门、上级主管部门、金融机构及其他单位借入的有偿使用的各种款项。事业单位借入款项的内容主要包括：从财政部门借入的利息较低的事业周转金；从金融机构、信用社借入的款项；根据协议、合同向外单位借入的款项。

（2）账务处理。"借入款项"账户用于核算借入款项的增减变动及其结存情况。该账户贷方登记事业单位借入款的本金，借方登记偿还借入款的本金，余额在贷方，反映尚未偿还的借入款的本金。"借入款项"账户应按债权人设置明细账。

事业单位发生借入款项时，借记"银行存款"账户，贷记"借入款项"账户；归还本金时，借记"借入款项"账户，贷记"银行存款"账户；支付借款利息时，借记"事业支出"、"经营支出"等账户，贷记"银行存款"账户。

【练中学 2-20】 2009 年 7 月 1 日，A 事业单位为开展经营活动的需要，向银行借入款项 200 000 元，期限 1 年，年利率 6%，到期一次还本付息。2011 年 6 月 30 日，A 事业单位按期归还借款本息。请根据上述业务，进行账务处理。

①2009 年 7 月 1 日借入款项时，会计分录为：

| 借：银行存款 | 200 000 | |
| 　贷：借入款项 | | 200 000 |

②2011 年 6 月 30 日还本付息时，会计分录为：

借：事业支出	200 000	
经营支出	12 000	
贷：银行存款		212 000

2. 应付及预收款项的核算

应付及预收款项是指事业单位在进行日常的经济业务活动中发生的应付未付的款项以及其他一些应付、暂收的款项。它是事业单位负债的主要内容，主要包括：应付账款、应付票据、预收账款和其他应付账款。

（1）应付账款的核算。

①应付账款概述。应付账款是事业单位因购买材料、物资或接受劳务供应等而发生的应付给供应单位的款项。所购的商品、材料等验收入库后，按到期的应付金额，即发票金额登记入账。如果购货时有现金折扣，入账金额还应考虑现金折扣。通常有两种核算方法，一是总价法，一是净价法。我国一般采用总价法。

②账务处理。"应付账款"账户用于核算事业单位因购买材料、物资或接受劳务供应等而产生的应付账款及偿还、结存情况。该账户贷方登记应付未付的款项，借方登记已付或已转销的款项，余额在贷方，表示尚欠供货单位的款项。

事业单位购入材料等验收入库，但货款尚未支付时，应根据有关凭证，借记"材料"等有关账户，贷记"应付账款"账户。对于期末尚未收到发票账单的收料凭证，应分别材料、商品科目抄列清单，并按暂估价入账，借记"材料"等账户，贷记"应付账款——暂估应付账款"账户，下月初用红字做同样的记录，予以冲回，下月付款按正常程序进行处理。

【练中学 2-21】 某非一般纳税人事业单位购入材料一批，其含税货款 58 500 元，付款条件为"2/10，1/20，n/30"，货已验收入库。请根据上述业务，进行账务处理。

①按照发票上记载的全部金额记账，会计分录为：

| 借：材料 | 58 500 | |
| 　贷：应付账款 | | 58 500 |

②如果在折扣期（10天）内支付货款，会计分录为：

借：应付账款　　　　　　　　　　　　　　　　58 500

　　贷：银行存款　　　　　　　　　　　　　　　　57 330

　　　　经营支出　　　　　　　　　　　　　　　　　170

③如果超过折扣期（10天以后）支付贷款，会计分录为：

借：应付账款　　　　　　　　　　　　　　　　58 500

　　贷：银行存款　　　　　　　　　　　　　　　　58 500

通过以上内容的学习，你能比较事业单位发生的应付账款业务的账务处理与企业的应付账款的业务处理有哪些不同了吗？

（2）应付票据的核算。

①应付票据概述。应付票据是由出票人出票，由承兑人允诺在一定时期内支付一定款项的书面证明。应付票据按承兑人不同可分为商业承兑汇票和银行承兑汇票，按是否带有利息分为带息票据和不带息票据。

②账务处理。"应付票据"账户用于核算商品交易时签发并承兑的商业票据的实际情况。该账户贷方登记事业单位签发并承兑的商业汇票面值，借方登记商业汇票到期实际支付的票款，余额在贷方，表示事业单位开出的尚未到期的商业票据额。应付票据应按债权单位设置明细账。

事业单位开出商业票据以抵付货款时，借记"材料"、"应付账款"等有关账户，贷记"应付票据"账户。支付银行承兑汇票的手续费，借记"经营支出"账户（实行成本核算单位）、"事业支出"账户（不实行成本核算单位），贷记"银行存款"账户。

商业票据到期，收到银行支付本息通知时，借记"应付票据"账户和"经营支出"账户（实行成本核算单位）、"事业支出"账户（不实行成本核算单位），贷记"银行存款"账户。

商业承兑汇票如果不能如期支付时，该怎样进行账务处理？

【练中学 2－22】　某事业单位（不实行成本核算单位）采用商业承兑汇票购入一批材料，获得一般发票，其含税货款 200 000 元，票据期限 6 个月。请根据上述业务，进行账务处理。

①购入材料时，会计分录为：

借：材料　　　　　　　　　　　　　　　　　200 000

　　贷：应付票据　　　　　　　　　　　　　　　200 000

②假设该票据为不带息票据，到期以银行存款支付票款时，会计分录为：

借：应付票据　　　　　　　　　　　　　　　200 000

　　贷：银行存款　　　　　　　　　　　　　　　200 000

③假设该票据到期时，事业单位暂无款支付，与对方协商后，同意在近期付款，将其转入"应付账款"账户时，会计分录为：

借：应付票据   200 000

  贷：应付账款   200 000

④假设该票据为有息票据，年利率为6%，到期支付本金和利息时，会计分录为：

利息=200 000×6‰×6/12=6 000（元）

借：应付票据   200 000

  事业支出   6 000

  贷：银行存款   206 000

（3）预收账款的核算。

①预收账款概述。预收账款，是指事业单位按照合同向购货单位或接受劳务单位预收的款项。预收账款需要事业单位在一定时间内以交付货物或提供劳务来予以偿付。这对销货方来说是负债，对购货方来说是债权。

②账务处理。"预收账款"账户用于核算购货单位或劳务单位预收的款项。该账户贷方登记预收的货款和补付的货款，借方登记销售实现或劳务兑现预收账款的转销数及多收货款的退回数，余额在贷方，反映尚未结清的预收款项。该账户一般按购货单位设置明细账。

单位收到预收货款时，应借记"银行存款"或"现金"账户，贷记"预收账款"账户；发出货物（劳务兑现）时，按售价（劳务价格）借记"预收账款"账户，贷记有关账户。付款单位补付的款项，借记"银行存款"账户，贷记"预收账款"账户；退回多付的款项，做相反的会计分录。预收账款不多的单位，也可将预收的账款直接记入"应收账款"账户的贷方。

（4）其他应付账款的核算。

①其他应付账款概述。其他应付账款是指事业单位除应付票据、应付账款外还会发生一些应付、暂收其他单位或个人的款项，比如应付租入固定资产的租金、存入保证金等。

②账务处理。"其他应付账款"账户用于核算事业单位其他应付、暂收款的收支情况。该账户贷方登记应付、暂收其他单位或个人的款项，借方登记偿还给其他单位或个人的款项，余额在贷方，表示尚未偿还的应付、暂收款。该账户应按应付、暂收款项的单位、个人设置明细账进行明细分类核算。

事业单位发生的各种应付、暂收款项，借记"银行存款"、"事业支出"、"经营支出"等账户，贷记"其他应付款"账户；支付时，借记"其他应付款"账户，贷记"银行存款"账户。

3. 应缴预算款的核算

（1）应缴预算款概述。应缴预算款，是指事业单位按规定取得的应上缴国家预算的款项。它主要包括：事业单位代收的纳入预算管理的基金、行政性收费收入、罚没收入、无主财物变价收入、其他按预算管理规定应上缴预算的款项。上述各项收入是按规定取得的应上缴国家预算的款项，不属于事业单位的收入。

（2）账务处理。"应缴预算款"账户用于核算按规定应缴入国家预算的各种收入。该账户贷方登记取得应缴预算收入的数额，借方登记实际上缴的应缴预算收入的数额，余额在贷方，反映应缴未缴数。年终清算后，该账户应无余额。

事业单位取得应缴预算的各项收入时，借记"银行存款"账户，贷记"应缴预算款"账户；上缴时，借记"应缴预算款"账户，贷记"银行存款"账户。

【练中学 2 - 23】   某事业单位 2011 年 9 月初取得行政性收费收入 8 000 元、无主财物变卖收入 5 000 元，款项全部存入银行。月末全部以存款上缴，共计 13 000 元。请根据上述业务，进行账务处理。

①取得行政性收费收入与无主财物变卖收入时，会计分录为：

借：银行存款   13 000

　　贷：应缴预算款   13 000

②月末全部以存款上缴时，会计分录为：

借：应缴预算款   13 000

　　贷：银行存款   13 000

4. 应缴财政专户款的核算

(1) 应缴财政专户款概述。应缴财政专户款是事业单位按规定代收的应上缴财政专户的预算外资金。预算外资金是指事业单位依据国家法律、法规和具有法律效力的规章而收取、提留和安排使用的未纳入国家预算管理的各种财政性资金。事业单位的预算外资金主要包括：根据法律、法规规定收取、提取行政性收费、基金和凭借政府权利筹集的资金；国务院或省级人民政府及其财政、计划、物价部门审批的行政性收费；国务院以及财政部审批建立的基金、附加收入等；主管部门从所属单位集中的上缴资金；用于乡镇政府开支的乡镇自筹资金和统筹资金；其他纳入财政预算管理的财政性资金。

知识链接

事业单位预算外资金上缴方式

事业单位预算外资金上缴同级财政专户的方式有以下三种：

①全额上缴。事业单位收到预算外资金时，应全额上缴同级财政专户，而支出由财政另行核拨的办法。

②比例上缴。事业单位收到预算外资金时，按财政部门核定的比例将预算外资金上缴财政专户的办法。

③结余上缴。事业单位按财政部门核定的预算外资金收支结余数额，将预算外资金上缴财政专户的办法。

(2) 账务处理。"应缴财政专户款"账户用于核算按规定代收的应上缴财政专户的预算外资金。该账户贷方登记应上缴财政专户的各种预算外资金收入数额，借方登记实际上缴财政专户的数额，余额在贷方，表示事业单位应缴未缴的财政专户款。年终应全部上缴后，本账户无余额。本账户按预算外资金的类别设置明细账。

①实行全额上缴财政专户方式的,收到预算外资金收入时,借记"银行存款"账户,贷记"应缴财政专户款"账户;上缴财政专户时,作相反的分录。收到财政部拨回的预算外资金收入,借记"银行存款"账户,贷记"事业收入"账户。

②实行比例上缴财政专户方式的,收到预算外资金收入时,按财政部门核定的上缴比例,借记"银行存款"账户,贷记"应缴财政专户款"账户,按财政部门核定的留用比例,贷记"事业收入"账户;将计入应缴财政专户的款项上缴时,借记"应缴财政专户款"账户,贷记"银行存款"账户。

③实行结余上缴财政专户,收到预算外资金收入时,先按全额借记"银行存款"账户,贷记"事业收入"账户;使用预算外资金收入时,借记"事业支出"账户,贷记"银行存款"账户;期末结算预算外资金结余时,借记"事业收入"账户,贷记"事业支出"账户;将计算出预算外资金结余转为应缴财政专户资金时,借记"事业收入"账户,贷记"应缴财政专户款"账户;按规定上缴财政专户时,借记"应缴财政专户款"账户,贷记"银行存款"账户。

【练中学 2-24】 某事业单位实行结余上缴预算外资金的核算方式,2011 年 10 月发生下列经济业务:9 日收到预算外资金收入 20 000 元,存入银行;12 日用预算外资金购入设备一台,价款 15 000 元。请根据上述业务,进行账务处理。

①收到预算外资金收入时,会计分录为:

借:银行存款   20 000

  贷:事业收入   20 000

②购入设备时,会计分录为:

借:事业支出   15 000

  贷:银行存款   15 000

同时,

借:固定资产   15 000

  贷:固定基金   15 000

③期末,结算预算外资金结余时,会计分录为:

借:事业收入   15 000

  贷:事业支出   15 000

④将预算外资金结余转入应缴财政专户款时,会计分录为:

借:事业收入   5 000

  贷:应缴财政专户款   5 000

⑤上缴财政专户款时,会计分录为:

借:应缴财政专户款   5 000

  贷:银行存款   5 000

5. 应缴税金的核算

(1)应缴税金概述。应缴税金是指事业单位按税法规定应缴纳的各种税金,主要包括:提供劳务或销售产品应缴纳的营业税、增值税、消费税、城市维护建设税、教育费附加、有所得税缴纳业务的事业单位应缴纳的所得税等。

（2）账务处理。"应缴税金"账户用于核算应缴纳的各种税金。该账户贷方登记应缴纳的税金、出口退还的税金和退回多缴的税金，借方登记已缴纳的税金。期末贷方余额表示尚未缴纳的税金，如为借方余额表示多缴的税金。该账户应按应缴税金的种类设置明细账。

【练中学 2 - 25】　　某事业单位属于一般纳税人，本月应缴增值税销项税额合计为 45 000 元，进项税额合计为 33 000 元。应缴增值税为 12 000 元，城市维护建设税税率为 7%，教育费附加征收率为 3%。请根据上述业务，进行账务处理。

计算应缴的城市维护建设税、教育费附加：

应缴城市维护建设税＝12 000×7%＝840（元）

应缴教育费附加＝12 000×3%＝360（元）

借：销售税金　　　　　　　　　　　　　　　　　　　　　1 200

　　贷：应缴税金——应缴城建税　　　　　　　　　　　　　　840

　　　　其他应付款——教育费附加　　　　　　　　　　　　　360

6. 应付工资（离退休费）、应付地方（部门）津贴补贴、应付其他个人收入的核算

（1）概述。工资是指事业单位按国家统一规定发放给在职人员的岗位工资、薪级工资、绩效工资，以及经国务院或人事部、财政部批准设立的津贴补贴。离退休费是指按国家统一规定发放给离退休人员的离休、退休费及经国务院或人事部、财政部批准设立的津贴补贴。

地方（部门）津贴补贴是指各地区各部门各单位出台的津贴补贴。

其他个人收入是指按国家规定发给个人除上述以外的其他收入，包括误餐费、夜餐费、出差人员伙食补助费、市内交通费、出国人员伙食费、公杂费、个人国外零用费，发放给个人的一次性奖励等。

（2）账务处理。"应付工资（离退休费）"账户用于核算向职工发放的工资或离退休费。"应付地方（部门）津贴补贴"账户用于核算向职工发放的各类地方（部门）津贴补贴。"应付其他个人收入"账户用于核算向职工发放除"应付工资（离退休费）"、"应付地方（部门）津贴补贴"以外的其他个人收入。

事业单位发放工资（离退休费）、地方（部门）津贴补贴、其他个人收入时，借记"应付工资（离退休费）"、"应付地方（部门）津贴补贴"或"应付其他个人收入"等账户，贷记"银行存款"、"拨入经费"、"财政补助收入"、"零余额账户用款额度"或"现金"等账户；同时，借记相关支出类账户，贷记"应付工资（离退休费）"、"应付地方（部门）津贴补贴"或"应付其他个人收入"等账户。

情境回放

事业单位的货币资金、应收及预付款项、存货、对外投资、固定资产、无形资产、借入款项、应付及预收款项、应缴预算款、应缴财政专户款、应缴税金、应付工资（离退休费）等核算有自身的特点。

任务检测

一、单项选择题

1. 下列经济业务可以直接用现金支付的是（　　）。

A. 支付职工退休金　　　　　　B. 上交税金

C. 支付材料款　　　　　　　　D. 预付货款

2. 某事业单位购入设备 1 台，买价为 20 000 元，运杂费 100 元，安装费 150 元，则该设备的入账价格为（　　）元。

A. 20 000　　　　B. 20 250　　　　C. 20 100　　　　D. 20 150

3. 事业单位转让无形资产的收入应计入（　　）账户。

A. "事业收入"　　B. "其他收入"　　C. "事业结余"　　D. "事业基金"

4. 事业单位从事专业业务活动借款所支付的利息应计入（　　）账户。

A. "事业支出"　　B. "经营支出"　　C. "其他支出"　　D. "专款支出"

5. 事业单位购入材料、物资等已验收入库，但货款尚未支付，应根据有关凭证，借记"材料"等有关账户，贷记（　　）账户。

A. "应付票据"　　B. "应付账款"　　C. "其他应付款"　　D. "预收账款"

二、多项选择题

1. 下列应通过"其他应收款"账户核算的项目有（　　）。

A. 备用金　　　　B. 预收账款　　　　C. 保证金　　　　D. 各种赔款

2. 购入的存货，其实际成本应包括（　　）。

A. 买价　　　　　B. 运杂费　　　　　C. 差旅费　　　　D. 增值税

3. 事业单位可用于对外投资的资产有（　　）。

A. 货币资金　　　B. 无形资产　　　　C. 固定资产　　　D. 产成品

4. "其他应付款"账户核算的内容有（　　）。

A. 租入固定资产的租金　　　　B. 存入保证金

C. 应付统筹退休金　　　　　　D. 个人交存的住房金

5. 事业单位在月份终了计算应缴税金时，借方可能计入的账户有（　　）。

A. 事业支出　　　B. 经营支出　　　　C. 销售税金

D. 其他支出　　　E. 结余分配

三、判断题（正确的画"√"，错误的画"×"）

1. 事业单位银行存款日记账的余额与银行对账单的余额不符，便说明事业单位银行存款日记账的记录有错误。（　　）

2. 清理报废、毁损固定资产的残值收入和清理费用列入事业支出。（　　）

3. 无形资产摊销时，应一次性计入事业支出。（　　）

4. "应缴税金"账户的借方余额为未交的税金，贷方余额表示多交的税金。（　　）

5. "应缴预算款"账户和"应缴财政专户款"账户年终无余额。（　　）

实训项目 ▶▶

训练一

[资料] 某事业单位 2011 年发生如下经济业务：

(1) 开展专业业务活动向甲公司提供劳务取得劳务收入 6 000 元，款项尚未收到。

(2) 向 B 公司销售产品一批，不含税价为 30 000 元，增值税 5 100 元，货款尚未收到。

(3) 向乙企业销售产品一批，货款 50 000 元，增值税 8 500 元，收到 6 个月期的带息银行承兑汇票 1 张，面值 58 500 元。

(4) 向 C 公司销售产品一批，货款 100 000 元，增值税 17 000 元，收到 3 个月的无息商业承兑汇票 1 张，面值 117 000 元。

(5) 开出转账支票预付给 D 公司购买非自用材料款 10 000 元。

(6) 收到材料并验收入库，价款 10 000 元，增值税 1 700 元，用银行存款补付货款 1 700 元。

[要求] 根据以上经济业务编制会计分录。

训练二

[资料] 某事业单位 2011 年发生如下经济业务：

(1) 用事业经费购买一般设备 1 台，价款 23 400 元，运杂费 200 元，以银行存款支付。

(2) 用固定资产变价收入购置一设备，价款 1 170 元，以银行存款支付。

(3) 用银行存款购买经营用的专用设备 1 台，价款 75 000 元。

(4) 接受某公司捐赠的价值 20 000 元的设备 1 台，用现金支付运费 500 元。

(5) 用取得的专款对某幢楼房进行改建，发生改建支出 550 000 元。

(6) 盘盈 1 张办公桌，重置价款 300 元。

(7) 采用融资租赁方式向租赁公司租入专用设备 1 台，协议价为 500 000 元，分 5 年付清。开出支票支付第一期租金 100 000 元。租入该设备时发生运杂费、安装费等 3 000 元，以银行存款支付。

(8) 经批准报废专用设备 1 台，账面原价 60 000 元，残料变价收入 4 400 元存入银行，用现金支付清理费用 800 元。

(9) 出售不需用设备 1 台，售价 30 000 元存入银行，账面原价 50 000 元。

[要求] 根据以上经济业务编制会计分录。

训练三

[资料] 某事业单位 2011 年 11 月发生如下经济业务：

(1) 按规定收取行政性收费收入 6 000 元，存入银行。

(2) 收到罚没收入 8 000 元，存入银行。

(3) 将该月收到的所有应上缴的预算款上缴国库。

(4) 收到预算外资金收入 30 000 元，存入银行（假设该事业单位实行按结余上缴财政专户的方式）。

（5）用收到的预算外资金 20 000 元购买一专用设备。

（6）月末，结算预算外资金结余，并转入财政专户。

（7）将应上缴的预算外资金缴入财政专户。

（8）收到预算外资金 50 000 元，存入银行。经财政部门核定的比例为 60% 上缴，40% 留用（假设该事业单位实行比例上缴财政专户的方式）。

［要求］根据以上经济业务编制会计分录。

任务三　事业单位收入、支出和净资产的核算

任务目标

知识目标

● 了解事业单位收入、支出与净资产的概念。

● 理解事业单位收入、支出与净资产的组成。

● 掌握事业单位收入的核算。

● 掌握事业单位支出的核算。

● 掌握事业单位净资产的核算。

技能目标

● 能够熟练对事业单位的收入、支出与净资产等业务进行账务处理。

情境设置

李青经过一段时间的实习，对于事业单位资产、负债的核算已经有了深刻的认识，能够很好地把所学的理论与实际的业务相结合了。不过，他还要虚心的学习收入、支出和净资产的相关内容。现在，他正在思考净资产的内容，事业单位的净资产的数额等于事业单位的资产总额减去负债总额后的差额，但事业单位净资产也是由所有者投入的资本、直接计入所有者权益的利得和损失、留成收益等组成吗？

请思考：事业单位净资产应包括哪些？

知识准备

一、事业单位收入的核算

事业单位收入是指事业单位为开展业务及其他活动依法取得的非偿还性资金。事业单位的收入包括财政补助收入、上级补助收入、拨入专款、事业收入、经营收入、附属单位上缴收入和其他收入。

事业单位在收入管理中必须遵循：充分利用现有条件组织收入，正确处理社会效益与经济效益的关系，要注意划清各种收入的界限，依法合理组织收入等基本原则。

知识链接

事业单位要注意划分以下收入的界限

划清财政补助收入与上级补助收入的界限；划清事业收入与经营收入的界限；划清经营收入与附属单位上缴收入的界限。

1. 财政补助收入的核算

（1）财政补助收入概述。财政补助收入是指事业单位直接从财政部门取得的和通过主管部门从财政部门取得的各类事业经费。财政补助收入不包括国家对事业单位的基本建设投资。

事业单位应根据上级主管部门或财政部门核定的用款计划，按经费领拨关系向同级财政部门申请拨款。拨入的经费应按预算规定的用途使用，未经同级财政部门批准，不得改变用途。

（2）账务处理。事业单位需设置"财政补助收入"账户，用来核算事业单位按照核定的预算和经费领报关系，直接从财政部门取得的和通过主管部门从财政部门取得的各类事业经费。该账户贷方登记实际收到的财政补助收入数额；借方登记财政补助收入的缴回数额；平时该账户的余额在贷方，表示财政补助收入累计数。年终结账时，将其贷方余额全部转入"事业结余"账户。年终结账后，该账户无余额。该账户按国家预算支出科目的款级科目设置明细账。

事业单位收到财政补助收入时，借记"银行存款"账户，贷记"财政补助收入"账户；缴回时作相反的分录。年终结账时，将"财政补助收入"账户的贷方余额转入"事业结余"账户，借记"财政补助收入"账户，贷记"事业结余"账户。

【练中学 3-1】 某事业单位发生下列经济业务：收到财政部门拨来的本月事业经费800 000 元，将本月多拨的事业经费 50 000 元交回财政部门，将"财政补助收入"账户的年终贷方余额 900 000 元转入"事业结余"账户。请根据上述业务，进行账务处理。

借：银行存款　　　　　　　　　　　　　　　　800 000
　贷：财政补助收入　　　　　　　　　　　　　　　800 000
借：财政补助收入　　　　　　　　　　　　　　　50 000
　贷：银行存款　　　　　　　　　　　　　　　　　50 000
借：财政补助收入　　　　　　　　　　　　　　　900 000
　贷：事业结余　　　　　　　　　　　　　　　　　900 000

2. 上级补助收入的核算

（1）上级补助收入概述。上级补助收入是指事业单位从上级单位、主管部门取得的非财政补助收入，是事业单位的上级单位、主管部门用财政补助收入之外的收入拨给所属单位的经费，如自身组织的收入和集中下级单位的收入拨给事业单位的资金。而财政部门通过主管部门和上级单位转拨的事业资金，只能计入财政补助收入，不能作为上级补助收入处理。

（2）账务处理。"上级补助收入"账户用于核算从上级单位、主管部门拨来的弥补事业开支不足的预算补助款。该账户贷方登记实际收到的上级补助收入数；借方登记上级补助收入的缴回数，年终将其贷方余额全部转入"事业结余"账户。结转后，"上级补助收入"账户应无余额。

事业单位收到上级补助收入时，借记"银行存款"账户，贷记"上级补助收入"账户；交回时作相反的分录。年终结账时，将贷方余额全部转入"事业结余"账户，借记"上级补助收入"账户，贷记"事业结余"账户。

【练中学 3 - 2】 某事业单位从其上级获得非财政补助收入 300 000 元。请根据上述业务，进行账务处理。

借：银行存款　　　　　　　　　　　　　　　　300 000

　　贷：上级补助收入　　　　　　　　　　　　　　　300 000

3. 事业收入的核算

（1）事业收入概述。事业收入是指事业单位通过开展专业业务活动及其辅助活动取得的收入。专业活动是指事业单位根据本单位的专业特点所从事或开展的主要业务活动，即"主营业务"。如文化事业单位的演出活动、教育事业单位的教育活动、科学事业单位的科研活动、卫生事业单位的医疗保健活动等。辅助活动是指与专业业务活动相关的、直接为专业业务活动服务的行政管理活动、后勤服务活动及其他有关活动。通过开展上述活动取得的收入，均作为事业收入处理，如学校的学生宿舍费收入、医院的救护车收入等。

事业收入主要包括：①服务性收入，如学校的学费收入、科研单位的技术咨询收入、医院挂号费收入等；②补偿性收入，如学校的学生住宿费收入、科研单位试制产品收入等；③代办性收入，如代购车、船、机票的手续费收入等。

（2）账务处理。"事业收入"账户用于核算取得的专业业务活动及其辅助活动收入。该账户贷方登记取得的收入或收到从财政专户核拨的预算外资金，借方登记事业收入的减少数，平时贷方余额反映当年事业收入累计数，年终结账转入"事业结余"账户后，该账户应无余额。"事业收入"账户按收入种类或来源设置明细账。

事业单位取得不属于预算外资金的事业收入时，应直接计入事业收入，借记"银行存款"账户，贷记"事业收入"账户；如属于应交增值税的项目，还应按销项税额贷记"应缴税金——应缴增值税（销项税额）"账户。

事业单位取得属于预算外资金的事业收入时，按预算外资金类别设置明细账。

①实行全额上缴财政专户方式的，收到财政部门拨回的预算外资金收入时，借记"银行存款"账户，贷记"事业收入"账户。

②实行比例上缴财政专户方式的，收到预算外资金收入时，按财政部门核定的上缴比例，借记"银行存款"账户，贷记"应缴财政专户款"账户，按财政部门核定的留用比例，贷记"事业收入"账户。

③实行结余上缴财政专户方式的，收到预算外资金收入时，先按全额借记"银行存

款"账户，贷记"事业收入"账户；使用预算外资金收入时，借记"事业支出"账户，贷记"银行存款"账户；期末结算预算外资金结余时，借记"事业收入"账户，贷记"事业支出"账户；将计算出的预算外资金结余转为应缴财政专户资金时，借记"事业收入"账户，贷记"应缴财政专户款"账户。

年终结账时，应将"事业收入"账户余额转入"事业结余"账户，借记"事业收入"账户，贷记"事业结余"账户，结转后，"事业收入"账户应无余额。

【练中学 3-3】 某事业单位预算外资金实行按比例上缴财政专户办法，取得预算外收入 30 000 元，上缴比例 60%。请根据上述业务，进行账务处理。

借：银行存款	30 000
贷：事业收入——预算外收入	12 000
应缴财政专户款	18 000

【练中学 3-4】 某事业单位将本月"事业收入"1 500 000 元全部转入"事业结余"账户。请根据上述业务，进行账务处理。

借：事业收入	1 500 000
贷：事业结余	1 500 000

4. 财政专户返还收入的核算

(1) 财政专户返还收入概述。财政专户返还收入是指事业单位收到的按照财政部门有关规定纳入财政专户管理的行政事业性收费等各项收入。

(2) 账务处理。"财政专户返还收入"账户用于核算事业单位收到从财政专户返回的预算外资金。当收到财政专户拨付资金时，借记"银行存款"等账户，贷记本账户；年终结转本账户余额时，借记本账户，贷记"事业结余"账户。

5. 经营收入的核算

(1) 经营收入概述。经营收入是指事业单位在专业业务活动及其辅助活动之外，开展非独立核算的经营活动取得的收入。在确认经营收入时，应注意以下两个问题：①经营收入是经营活动取得的收入，而不是专业活动及其辅助活动取得的收入。②经营收入是非独立核算的经营活动取得的收入，而不是独立核算的经营活动取得的收入。

(2) 账务处理。"经营收入"账户用于核算开展非独立核算活动取得的各项经营收入。该账户贷方登记取得的经营收入，借方登记冲减的经营收入，平时贷方余额反映当年经营收入的累计数。年终结账转入"经营结余"账户后，该账户无余额。该账户可根据收入的种类设置明细账。

事业单位取得的经营收入如属于增值税应税项目，应借记"银行存款"、"应收账款"、"应收票据"等账户，按不含税价贷记"经营收入"账户，按增值税额贷记"应缴税金——应缴增值税"账户。如为非增值税应税项目，应按取得的价款借记"银行存款"等账户，贷记"经营收入"账户。

事业单位发生退货时，不论是否属于本年度销售的，都在本期的经营收入中冲减，编制与原取得该经营收入时相反的分录。

期末，应将"经营收入"账户余额转入"经营结余"账户，借记"经营收入"账户，贷记"经营结余"账户。

【练中学 3－5】　某事业单位的后勤部门属于一般纳税人，生产一种应纳增值税的产品，对外销售取得 500 000 元，增值税销项税额 85 000 元。请根据上述业务，进行账务处理。

借：银行存款　　　　　　　　　　　　　　585 000
　　贷：经营收入　　　　　　　　　　　　　500 000
　　　　应缴税金——应缴增值税（销项税额）　85 000

6. 附属单位缴款的核算

（1）附属单位缴款概述。附属单位缴款是指事业单位附属的独立核算单位按规定标准或比例上缴的收入，包括附属事业单位上缴的收入和附属企业上缴的利润等。附属的独立核算的单位是指与主管部门或上级单位存在经费领报关系的且具有独立法人资格的事业单位。而事业单位与其他单位联营的企业，或挂靠在事业单位上的企业，都不属于附属单位。

事业单位开展非独立核算经营活动取得的收入，应当作为经营收入处理，不能作为附属单位缴款处理；事业单位对附属单位的投资所获得的投资收益，属于事业单位的其他收入；附属单位补偿事业单位在支出中垫支的各项费用，如房租、水电费，不属于附属单位缴款范围，应当冲减事业支出，不能作为上缴收入处理。

（2）账务处理。"附属单位上缴款"账户用于核算收到的附属单位按规定缴来的款项。该账户贷方登记实际收到附属单位的缴款，借方登记发生的缴款退回，平时贷方余额反映附属单位缴款的累计数。年终将其余额全部转入"事业结余"账户。结转后，该账户无余额。该账户应按照附属缴款单位设置明细账。

收到附属单位缴来的款项时，应借记"银行存款"账户，贷记"附属单位缴款"账户。

> 事业单位退还给附属单位缴来的的款项时，该如何进行账务处理？

收到附属单位补偿事业单位在事业支出中垫支的各种费用，应当冲减相应事业支出，应借记"银行存款"账户，贷记"事业支出"账户。

年终结账时，应将"附属单位缴款"账户的贷方余额转入"事业结余"，借记"附属单位缴款"账户，贷记"事业结余"账户。

7. 其他收入的核算

（1）其他收入概述。其他收入是指上述收入以外的各项收入，包括投资收益、利息收入、固定资产出租收入、未限定用途的捐赠收入、其他各项零星收入等。

（2）账务处理。事业单位应设置"其他收入"账户，用来核算其他收入。该账户贷方登记取得的其他收入的金额，借方登记其他收入的退回金额，平时贷方余额反映其他收入本年累计数。年终将本账户贷方余额全数转入"事业结余"账户，结转后该账户无余额。"其他收入"账户应按收入的种类设置明细账。

事业单位取得其他收入时，借记"银行存款"等账户，贷记"其他收入"账户；收入退回时作相反的分录。年终，应将"其他收入"账户的贷方余额全数转入"事业结余"账户，即借记"其他收入"账户，贷记"事业结余"账户。

【练中学3-6】 某事业单位收到对外投资的债券利息收入50 000元，其他投资分红200 000元。请根据上述业务，进行账务处理。

借：银行存款　　　　　　　　　　　　　　　　　250 000

　　贷：其他收入——投资收益　　　　　　　　　　　250 000

8.专项资金的核算

（1）专项资金概述。专项资金是指由财政部门、上级单位和有关部门在事业经费以外拨入的指定用途、专款专用、专项结报的资金。如财政机关、上级主管部门拨入的科研课题经费专款，挖潜改造资金专款，科技三项费用专款，基本建设、大型设备购置费、维修专款，农业部门的"丰收计划"资金等指定项目或用途的专款。

专项资金的管理应遵循专款专用、据实列报、单独核算、专项结报的原则。

（2）账务处理。事业单位要核算专项拨款，应设置"拨入专款"、"拨出专款"、"专款支出"三个账户进行核算。"拨入专款"属于收入类账户，"拨出专款"、"专款支出"属于支出类账户。

"拨入专款"账户用来核算事业单位实际收到的专项资金。该账户贷方登记实际收到的专项拨款数，借方登记专项资金的缴回数和专项项目完工后和"拨出专款"、"专款支出"的对冲数以及留归本单位使用的结转数。平时该账户贷方余额反映拨入专款累计数。年终一般不结转，除非项目已经完工。该账户按资金来源和项目设置明细账。

事业单位收到拨入专款时，借记"银行存款"账户，贷记"拨入专款"账户。

事业单位向所属单位拨出专项资金时，借记"拨出专款"账户，贷记"银行存款"账户。

事业单位实际发生专款支出时，借记"专款支出"账户，贷记"银行存款"、"材料"等账户。

"专款支出"账户用来核算由财政机关、上级单位拨入的指定项目或用途需要单独报账的专项资金的实际支出数。该账户借方登记各项支出数，贷方登记支出收回数或项目完成冲销转出数。借方余额反映当期实际支出累计数。年终一般不结转，除非项目已经完工。

"拨出专款"账户用来核算主管部门或上级单位拨给所属单位需要单独报账的专项资金。该账户借方登记拨出数，贷方登记核销转列支出数或收回冲转数。借方余额反映附属单位尚未核销的拨出专项资金累计数。年终一般不结转，除非项目已经完工。

年终结账时，对已完成的项目，将"拨入专款"账户与"拨出专款"、"专款支出"账户对冲，借记"拨入专款"账户，贷记"拨出专款"、"专款支出"账户，其余额如规定留归本单位使用，则全数转入"事业基金——一般基金"账户，借记"拨入专款"账户，贷记"事业基金——一般基金"账户。其余额如上缴，应借记"拨入专款"账户，贷记"银行存款"账户。

【练中学3-7】 某事业单位发生下列专项资金业务：①收到上级拨入甲课题经费500 000元。②为研究甲课题，用该课题经费购买专用设备一台，价值350 000元，款项已付，设备已交付使用。③该课题领用一批实验材料，实际成本136 000元。④开出转账支票购买该课题所用的办公用品 4 000 元。⑤甲课题研究结束，全部费用为 490 000 元，余款 10 000 元，按规定留给单位使用。结账时，将已完工的专款支出向上级单位报账。请根据上述业务，进行账务处理。

①借：银行存款　　　　　　　　　　　　　500 000
　　贷：拨入专款——甲课题　　　　　　　　　　500 000
②借：专款支出——甲课题　　　　　　　　350 000
　　贷：银行存款　　　　　　　　　　　　　　　350 000
同时，
借：固定资产——专用设备　　　　　　　　350 000
　　贷：固定基金　　　　　　　　　　　　　　　350 000
③借：专款支出——甲课题　　　　　　　　136 000
　　贷：材料　　　　　　　　　　　　　　　　　136 000
④借：专款支出——甲课题　　　　　　　　　4 000
　　贷：银行存款　　　　　　　　　　　　　　　　4 000
⑤借：拨入专款——甲课题　　　　　　　　490 000
　　贷：专款支出——甲课题　　　　　　　　　　490 000
结转余款时，会计分录为：
借：拨入专款——甲课题　　　　　　　　　10 000
　　贷：事业基金——一般基金　　　　　　　　　10 000

> 通过以上内容的学习，你可以比较出事业单位的收入业务核算与其他单位的收入业务核算有何不同了吗？

二、事业单位支出的核算

事业单位的支出是指事业单位开展业务及其他活动发生的各项资金耗费和损失。事业单位支出包括拨出经费、对附属单位补助、上缴上级支出、结转自筹基建事业支出、经营支出、销售税金、成本费用、拨出专款和专款支出等。

事业单位支出，既要保证事业发展的需要，又要遵守各项财务制度规定，精打细算，厉行节约，使各项支出发挥出最大的效益。

1. 拨出经费的核算

（1）拨出经费概述。拨出经费是指事业单位按核定的预算拨付给所属单位的预算资金，也是主管会计单位和二级会计单位收到财政部门拨付的财政补助收入后向其下级单位的转拨经费。

事业单位对附属单位拨付的非财政补助资金以及需要单独报账的专项资金，不属于拨出经费的范围；事业单位对附属单位拨付的非财政性补助资金通过"对附属单位补助"账户核算,对附属单位拨付需要单独报账的专项资金通过"拨出专款"账户核算。

(2)账务处理。"拨出经费"账户用来核算向其所属会计单位转拨的预算资金。该账户借方登记事业单位实际拨出的经费数,贷方登记事业单位收回拨出的经费数,平时借方余额反映事业单位当年拨出经费累计数,年终转入事业结余后应无余额。该账户应按所属单位的名称设置明细账。

事业单位拨出经费时,借记"拨出经费"账户,贷记"银行存款"账户。多拨或错拨等原因收回拨出经费时,作相反的分录。事业单位年终将"拨出经费"账户借方余额转入"事业结余"账户时,借记"事业结余"账户,贷记"拨出经费"账户。

【练中学 3-8】 某事业单位 2011 年 9 月发生下列拨出经费业务:①将财政部门拨来的经费的一部分 300 000 元,按核定的预算拨给所属甲单位。②年终假定"拨出经费"账户的余额为 800 000 元予以转账。请根据上述业务,进行账务处理。

借:拨出经费——甲单位　　　　　　　　　　　300 000
　　贷:银行存款　　　　　　　　　　　　　　　　300 000
借:事业结余　　　　　　　　　　　　　　　　800 000
　　贷:拨出经费　　　　　　　　　　　　　　　　800 000

2. 对附属单位补助的核算

(1)对附属单位补助概述。对附属单位补助是指事业单位用财政补助收入之外的非财政性资金对附属单位补助发生的支出。事业单位对附属单位的补助支出,一般是事业单位从业务活动所取得的自有资金,或附属单位的上缴收入,而不能用财政补助收入拨付给附属单位。

对附属单位补助与拨出经费、拨出专款的区别:拨出经费是拨给所属单位的预算经费;拨出专款是拨给所属单位用于指定项目或用途的专项资金。

(2)账务处理。"对附属单位补助"账户用来核算事业单位用非财政预算资金补助给附属单位而发生的支出。该账户借方登记对附属单位的补助数,贷方登记对附属单位补助的收回数,平时借方余额反映当期补助附属单位的累计数,年终将其全部转入"事业结余"账户,结转后应无余额。该账户按接受补助的附属单位名称设置明细账。

事业单位对附属单位拨付补助款时,借记"对附属单位补助"账户,贷记"银行存款"账户。收回时做相反的分录。年终,应将"对附属单位补助"账户余额全数转入"事业结余"账户,借记"事业结余"账户,贷记"对附属单位补助"账户。

【练中学 3-9】 某事业单位 2011 年 10 月 20 日用自己取得的收入 200 000 元补助给所属的甲单位。请根据上述业务,进行账务处理。

借:对附属单位补助——甲单位　　　　　　　　200 000
　　贷:银行存款　　　　　　　　　　　　　　　　200 000

3. 上缴上级支出的核算

(1)上缴上级支出概述。上缴上级支出是指事业单位按规定的标准或比例上缴上级单位的支出。收入上缴有定额上缴、比例上缴两种形式。

(2)账务处理。"上缴上级支出"账户用来核算按照规定定额或者比例上缴上级单位的支出。该账户借方登记上缴上级支出的增加数,贷方登记减少数,平时借方余额反映上缴上级支出的累计数。年终,"上缴上级支出"账户余额转到"事业结余"账户后,该账户无余额。

事业单位按照规定的定额或比例上缴上级单位款项时,借记"上缴上级支出"账户,贷记"银行存款"账户。收回时做相反的分录。年终,将"上缴上级支出"账户借方余额全数转入"事业结余"账户时,借记"事业结余"账户,贷记"上缴上级支出"账户。

【练中学 3-10】 某事业单位 2011 年 11 月 10 日按规定的定额上缴上级单位支出100 000 元。请根据上述业务,进行账务处理。

借:上缴上级支出   100 000
　贷:银行存款   100 000

4. 结转自筹基建的核算

(1) 结转自筹基建概述。结转自筹基建是指事业单位经批准用财政补助收入以外的资金安排自筹基本建设,其所筹集并转存建设银行的资金。转存建设银行后,交由单位基建部门管理,财务部门已不再管理此项资金。待建成移交使用后,又转入财务部门,借记"固定资产"账户,贷记"固定基金"账户。

(2) 账务处理。"结转自筹基建"账户用来核算事业单位自筹基本建设项目的结转情况。该账户借方登记自筹基本建设资金转存建设银行数,贷方登记年终结转数,结转后,该账户应无余额。

事业单位将自筹基本建设资金转存建设银行时,借记"结转自筹基建"账户,贷记"银行存款"账户。年终结账时,应将"结转自筹基建"账户借方余额全数转入"事业结余"账户,借记"事业结余"账户、贷记"结转自筹基建"账户。

【练中学 3-11】 某事业单位 2011 年 10 月 15 日经批准用财政补助收入以外的资金安排自筹基本建设,将自筹的基本建设资金 100 000 元转存于建设银行。请根据上述业务,进行账务处理。

借:结转自筹基建   100 000
　贷:银行存款   100 000

5. 事业支出的核算

(1) 事业支出概述。事业支出是指事业单位开展专业业务活动及其辅助活动发生的实际支出。事业支出按支出的用途分为:

①人员支出。其是指事业单位支付给在职职工和临时聘用人员的各类劳动报酬,具体包括:基本工资、津贴、奖金、福利费、社会保险费等。

②日常公用支出。其是指事业单位购买商品(不包括按规定纳入固定资产管理范围的商品)和劳务的支出,具体包括:办公费、专用材料购置费、专项业务费、劳务费、水电费、邮寄费、电话通信费、取暖费、物业管理费、交通费、差旅费、维修费、租赁费、会议费、培训费、招待费等。

③对个人和家庭的补助支出。其是指事业单位对个人和家庭的无偿性补助支出,具体包括:离休费、退休费、退职(役)费、就业补助费、抚恤金、救济费、医疗费、生活补贴、提租补贴、购房补贴、助学金等。

④固定资产购建和大修理支出。其是指事业单位购置、自行建造固定资产的支出。固定资产的更新改造和大修理支出,具体包括:建筑物购建费、办公设备购置费、专用设备

购置费、交通工具购置费、大修理费、更新改造费等。

（2）账务处理。"事业支出"账户用来核算开展各项专业业务活动及其辅助活动发生的实际支出。该账户借方登记事业支出的报销数，贷方登记事业支出冲减数，该账户平时借方余额反映当期支出的累计数，年终结账后无余额。该账户应根据"政府预算收支科目"的规定，按"基本支出"和"项目支出"设置二级明细账户。

发生各项支出时，应按事业支出的报销口径列报支出，借记"事业支出"账户，贷记"现金"、"银行存款"等账户。当年支出收回时作冲减事业支出处理。年终将本账户借方余额全数转入"事业结余"账户时，借记"事业结余"账户，贷记"事业支出"账户。

【练中学 3 - 12】 某事业单位 2011 年 12 月发生下列业务：①以银行存款支付办公楼的维修费 4 600 元。②发放本月职工工资。工资汇总如下：应付基本工资 720 000 元，应付津贴 56 000 元，应付工资金额合计 776 000 元，代扣住房公积金 48 000 元，代扣养老保险金 50 000 元，代扣金额合计 98 000 元，实发金额 678 000 元。③按规定标准提取职工工会经费 3 500 元。④举办大型会议，用银行存款支付大型会议费 25 000 元。⑤购买一辆小汽车，价款 120 000 元，增值税 20 400 元，支付车辆购置费 2 400 元，款项全部付清。⑥假定年终"事业支出"借方累计余额 986 000 元，全数转入"事业结余"账户。请根据上述业务，进行账务处理。

①借：事业支出——基本支出——维修费   4 600
     贷：银行存款   4 600

②按实发金额 678 000 元，从银行提取现金时，会计分录为：

借：现金   678 000
     贷：银行存款   678 000

用现金发工资时，会计分录为：

借：事业支出——基本支出——基本工资   720 000
                ——津贴   56 000
     贷：现金   678 000
         其他应付款——应付住房公积金   48 000
                ——应付养老保险费   50 000

以银行存款支付代扣住房公积金 48 000 元与职工养老保险金 50 000 元时，会计分录为：

借：其他应付款——应付住房公积金   48 000
                ——应付养老保险费   50 000
     贷：银行存款   98 000

③借：事业支出——提取工会经费   3 500
     贷：其他应付款——应付工会经费   3 500

④借：事业支出——项目支出——大型会议费   25 000
     贷：银行存款   25 000

⑤借：事业支出——项目支出
                ——交通工具购置费   142 800
     贷：银行存款   142 800

同时，

借：固定资产		142 800
贷：固定基金		142 800
⑥借：事业结余		986 000
贷：事业支出		986 000

6. 经营支出的核算

(1) 经营支出概述。经营支出，是指事业单位在专业业务活动及辅助活动之外开展非独立核算的经营活动时发生的各项支出。事业单位开展非独立核算的经营活动，其目的是为了充分利用事业单位的现有资源，通过向社会提供经营性服务筹集更多的资金，以支持事业的发展。经营支出核算的具体构成项目，应参照事业支出具体内容的构成项目执行。

(2) 账务处理。"经营支出"账户用来核算和监督事业单位的经营支出情况。该账户借方登记支出增加数，贷方登记支出收回数，该账户期末借方余额反映单位当年经营支出累计数。年终应将"经营支出"账户的余额全数转入"经营结余"账户，年末转账后无余额。

事业单位发生各项经营支出时，借记"经营支出"账户，贷记"银行存款"等账户；实行内部成本核算的事业单位结转已销产品或劳务成果的实际成本时，按实际成本借记"经营支出"账户，贷记"产成品"账户；年终将"经营支出"账户余额全部转入"经营结余"账户，借记"经营结余"账户，贷记"经营支出"账户。

【练中学 3-13】　某事业单位 2011 年 10 月 18 日以银行存款购入设备一台，共计价款 80 000 元。请根据上述业务，进行账务处理。

借：经营支出		80 000
贷：银行存款		80 000
借：固定资产		80 000
贷：固定基金		80 000

7. 成本费用的核算

(1) 成本费用概述。成本费用是指事业单位在生产产品、开发项目或提供劳务过程中发生的应列入劳务（或产品、商品）成本的各项费用。事业单位成本可大体分为直接材料、直接人工、间接费用等。

(2) 账务处理。实行内部成本核算的事业单位应设置"成本费用"账户。该账户借方登记应由产品成本负担的各项费用；贷方登记完工并验收入库的产品实际成本；余额在借方，反映未完工产品的成本。该账户应按经营类别或产品品种设置明细账。

实行内部成本核算的事业单位在业务活动或经营过程中发生各项费用时，借记"成本费用"账户，贷记"材料"、"现金"、"银行存款"等账户。其中发生的间接费用应该在产品之间按一定标准进行分配。产品验收入库时，借记"产成品"账户，贷记"成本费用"账户。但对于科研单位，科研课题完工或新产品开发没有成功，应将其归集的成本转入"事业支出"账户。

【练中学 3-14】　某事业单位 2011 年 9 月生产 A 产品领用材料 50 000 元，用现金支付工资费用 2 000 元与其他费用 1 000 元。请根据上述业务，进行账务处理。

借：成本费用——直接材料		50 000

——直接工资	2 000
——其他直接费用	1 000
贷：材料	50 000
现金	3 000

8. 销售税金的核算

（1）销售税金概述。销售税金是指事业单位提供劳务或销售产品按税法规定应负担的各种税金及附加，它包括营业税、城市维护建设税、资源税和教育费附加等。

（2）账务处理。"销售税金"账户用来核算事业单位提供劳务或销售产品应负担的各种税金。该账户借方登记事业单位应负担的各种税金及附加，贷方登记年终结转数，平时借方余额反映事业单位负担的税金。期末，将借方余额全数转入"经营结余"或"事业结余"账户的税金。结转后，该账户无余额。该账户应按产品类别或品种设置明细账。

事业单位按照规定计算出应负担的各种税金及附加数额时，借记"销售税金"账户，贷记"应缴税金"账户或"其他应付款"账户；缴纳税金及附加时，借记"应缴税金"、"其他应付款"账户，贷记"银行存款"账户。

期末，应将"销售税金"账户余额全部转入"经营结余"或"事业结余"账户，借记"经营结余"或"事业结余"账户，贷记"销售税金"账户。

【练中学 3-15】　某事业单位本月实现业务收入 500 000 元，营业税税率为 3%，城建税税率为 4%，教育费附加征收率为 3%。请根据上述业务，进行账务处理。

事业收入应缴营业税＝500 000×3%＝15 000（元）

事业收入应缴城建税＝15 000×4%＝600（元）

事业收入应缴教育费附加＝15 000×3%＝450（元）

借：销售税金——事业收入	16 050
贷：应缴税金——应缴营业税	15 000
应缴税金——应缴城建税	600
其他应付款——应缴教育费附加	450

9. 拨出专款的核算

（1）拨出专款概述。拨出专款是指事业主管单位或上级单位拨付给所属单位的需要单独报账的专项资金。拨出专款的资金来源有两个：一是财政部门或上级单位拨来的专项资金拨款，由事业单位转拨给其所属单位使用；二是事业单位用本单位的自有资金拨付给所属单位使用。

（2）账务处理。"拨出专款"账户用来核算拨付给所属单位的需要单独报账的各项专项资金。该账户借方登记实际拨出的专项资金数，贷方登记专项资金的收回数和所属单位报销专款支出数，余额在借方，反映所属单位尚未报销的专项拨款数。该账户应按所属单位名称设置明细账。

事业单位拨出专款时，借记"拨出专款"账户，贷记"银行存款"账户，收回时，做相反的分录。

所属单位专项项目完工，报销时，应区别处理：专项资金如系财政部门或上级单位拨入的，则借记"拨入专款"账户，贷记"拨出专款"账户；专项资金由事业单位自有资金设置的，则借记"事业支出"账户，贷记"拨出专款"账户。

【练中学 3－16】 某主管事业单位向其所属单位拨出专项资金 350 000 元用于 D 专项项目，其中 200 000 元是财政拨入的专款，150 000 元是事业单位自有资金安排的。D 项目完工，实际支出 350 000 元。请根据上述业务，进行账务处理。

①拨出资金时，会计分录为：

借：拨出专款——D 项目   350 000

 贷：银行存款   350 000

②D 项目完工，实际支出 350 000 元。会计分录为：

借：拨入专款——D 项目   200 000

 事业支出   150 000

 贷：拨出专款——D 项目   350 000

10. 专款支出的核算

(1) 专款支出概述。专款支出是指事业单位自己使用财政部门、上级单位和其他单位拨入的指定项目或用途并需要单独报账的专项资金所发生的支出，如科研课题经费、挖潜改造资金、科技三项费用、大型设备购置费拨款等指定项目或用途的支出。专款资金的使用要专款专用、按实列报、单独核算、专项结报。

(2) 账务处理。"专款支出"账户用来核算专款支出业务的实际支出情况。该账户借方登记专项资金的实际支出数，贷方登记支出收回数及项目完工时的报销数，该账户余额在借方，表示未完工项目专项资金的累计支出数。该账户按专款的项目设置明细账。

事业单位实际发生专款支出时，借记"专款支出"账户，贷记"银行存款"、"材料"等账户；专项项目完工时，核销专项资金，借记"拨入专款"账户，贷记"专款支出"账户。

【练中学 3－17】 某主管事业单位收到上级拨入科技三项专款 500 000 元。用银行存款购入科研之用的设备 50 000 元，材料 80 000 元。科研改造过程中领用材料 80 000 元，发生其他开支 300 000 元。月终该科研改造工程已完成，按实际开支报账，并交回多余拨款 70 000 元。请根据上述业务，进行账务处理。

①借：银行存款   500 000

 贷：拨入专款   500 000

②借：材料   80 000

 专款支出   50 000

 贷：银行存款   130 000

同时，

借：固定资产   50 000

 贷：固定基金   50 000

③借：专款支出   380 000

 贷：材料   80 000

  银行存款   300 000

④借：拨入专款   500 000

  贷：专款支出   430 000

    银行存款   70 000

> 通过以上内容的学习，你能够比较事业单位的支出与企业的支出有何不同了吗？

三、事业单位净资产的核算

净资产是事业单位持有的资产净值，即事业单位资产总额减去负债总额后的剩余部分。事业单位的净资产主要包括事业基金、固定基金、专用基金、结余等。

1. 事业基金的核算

（1）事业基金概述。事业基金是事业单位拥有的非限定用途、由事业单位自行支配的结余资金。主要包括以下三个部分：

①滚存结余资金，是指按规定留归事业单位的各项收支结余的滚存数，是事业基金的主要来源。它分为事业结余、经营结余两部分。

②专项结余资金，是指事业单位专项项目完工后的拨入专款结余。只有按规定留给本单位使用的结余数，才能转入事业基金。

③投资差额，是指事业单位对外投资时投出资产的评估价或合同、协议确定的价值与账面价值的差额，直接增加或减少事业基金。

（2）账务处理。"事业基金"账户用来核算单位拥有的非限定用途的净资产。该账户贷方登记事业基金的增加数，借方登记冲减数，余额在贷方，反映事业单位拥有的非限定用途的净资产。该账户设"一般基金"和"投资基金"两个明细账户。"一般基金"明细账户主要核算滚存结余资金和专项结余资金；"投资基金"明细账户用以核算对外投资部分的基金。

①结余分配后，事业单位应将当期未分配结余转入"事业基金"账户，借记"结余分配"账户，贷记"事业基金——一般基金"账户。

②对于项目已经完成的拨入专款结余，按规定留归本单位使用的，转入"事业基金"账户，借记"拨入专款"账户，贷记"事业基金——一般基金"账户。

③用固定资产对外投资时，应按评估价或合同、协议确定的价值，借记"对外投资"账户，贷记"事业基金——投资基金"账户；同时按固定资产账面原价，借记"固定基金"账户，贷记"固定资产"账户。用材料、无形资产对外投资时，如双方确认价值大于原账面价值，应按双方确认价值借记"对外投资"账户，按材料、无形资产的账面价值贷记"材料"、"无形资产"账户，按两者差额贷记"事业基金——投资基金"账户。

【练中学 3－18】 某事业单位以本单位材料对外投资，该批材料评估价为 200 000 元，其账面价值为 160 000 元，该事业单位属一般纳税人事业单位。请根据上述业务，进行账务处理。

借：对外投资   200 000

  贷：材料   160 000

      应缴税金——应缴增值税（销项税额）   34 000

      事业基金——投资基金   6 000

同时，

借：事业基金——一般基金   194 000

  贷：事业基金——投资基金   194 000

2. 固定基金的核算

（1）固定基金概述。固定基金是指事业单位的固定资产所占用的基金，是事业单位固定资产的资金来源。它包括事业单位因购入、自制、调入、融资租入、接受捐赠及盘盈固定资产所形成的基金。在事业单位通常不计提折旧的情况下，固定资产和固定基金的数额是相等的（有融资租入固定资产的除外）。

（2）账务处理。"固定基金"账户用来核算和监督固定基金的增减变动及结存情况。该账户贷方登记固定基金增加数，借方登记固定基金减少数，其贷方余额表示事业单位所拥有的固定基金总值。该账户的期末余额与"固定资产"账户的期末余额应保持相对应的关系（有融资租入固定资产的除外）。

固定基金增加时，借记"固定资产"账户，贷记"固定基金"账户；固定基金减少时做相反的分录。

知识链接

事业单位固定基金增加与减少

事业单位固定基金增加的业务主要有：调入固定资产、国家拨款购建固定资产、自有资金购建固定资产及固定资产盘盈等。

事业单位固定基金减少的业务主要有：有偿调出或变卖固定资产、毁损或报废固定资产、盘亏固定资产以及对外投资转出固定资产等。

3. 专用基金的核算

（1）专用基金概述。专用基金是指事业单位按规定提取、设置的专门用途的资金。它包括事业单位按规定提取的职工福利基金、医疗基金、修购基金、住房基金等。

专用基金的管理应遵循"先提后用、专设账户、专款专用"的原则。

（2）账务处理。"专用基金"账户用来核算事业单位按规定提取、设置的有专门用途的资金的收支及结余情况。该账户贷方登记事业单位按照规定收入提取或设置的基金，借方登记事业单位基金的使用或冲减数，余额在贷方，反映事业单位专用基金结存数。该账户应按专用基金的种类设置明细账。

①修购基金。修购基金，是指按事业收入和经营收入的一定比例提取，在修缮费和设备购置费中列支（各列50%），以及按照其他规定转入（固定资产变价收入），用于事业单

位固定资产维修和购置的资金。

修购基金按收入的一定比例提取。提取修购基金的计算公式为：

提取额＝事业收入×提取率＋经营收入×提取率

事业单位在提取修购基金时，借记"事业支出——修缮费、设备购置费"或"经营支出——修缮费、设备购置费"账户，贷记"专用基金——修购基金"账户。

【练中学 3-19】 某事业单位按规定提取修购基金 200 000 元，其中从"事业支出"中提取 140 000 元，从"经营支出"中提取 60 000 元。请根据上述业务，进行账务处理。

```
借：经营支出——修缮费              30 000
         ——设备购置费            30 000
   事业支出——修缮费              70 000
         ——设备购置费            70 000
   贷：专用基金——修购基金                    200 000
```

固定资产变价收入转为修购基金。出售、报废固定资产过程中取得变价收入时，借记"银行存款"账户，贷记"专用基金——修购基金"账户；支付清理报废固定资产所发生的清理费用时，借记"专用基金——修购基金"账户，贷记"银行存款"账户。

修购基金用于固定资产的维修和购置，使用时，借记"专用基金——修购基金"账户，贷记"银行存款"账户。

【练中学 3-20】 某事业单位以修购基金购入设备一台，以银行存款支付全部费用 150 000 元。请根据上述业务，进行账务处理。

```
借：专用基金——修购基金            150 000
   贷：银行存款                              150 000
同时，
借：固定资产                      150 000
   贷：固定基金                              150 000
```

②职工福利基金。职工福利基金，是指按结余的一定比例以及按其他规定提取转入，用于单位职工的集体福利设施、集体福利待遇等的资金。职工福利基金与按工资的一定标准提取的工作人员福利费不同，前者主要用于集体福利的开支，如用于集体福利设施建设等；后者主要用于职工个人方面的开支，如用于职工生活困难补助等。

事业单位职工福利基金的取得类似于企业在利润分配时提取的公益金，事业单位职工福利基金也是在进行结余分配时，按照收入结余的一定比例提取的。其计算公式为：

职工福利基金提取额＝可计提职工福利基金的结余×提取比例

其中，结余额包括事业结余和经营结余，即转入"结余分配"账户的数额扣除"应缴所得税"（有所得税缴纳业务的单位）后的数额。

事业单位按规定比例从当年结余中计提职工福利基金时，借记"结余分配"等账户，贷记"专用基金——职工福利基金"账户。

事业单位使用职工福利基金时，应借记"专用基金——职工福利基金"账户，贷记"银行存款"等账户。

【练中学 3-21】 某事业单位年终"事业结余"200 000 元,"经营结余"100 000 元,按 25% 税率缴纳所得税,按税后结余的 30% 的比例提取职工福利基金。请根据上述业务,进行账务处理。

应缴所得税额＝100 000×25%＝25 000（元）

应提职工福利基金＝［200 000＋（100 000－25 000）］×30%＝82 500（元）

会计分录为:

借:结余分配   82 500

    贷:专用基金——职工福利基金   82 500

③医疗基金。医疗基金,是指未纳入公费医疗经费开支范围的事业单位,按当地财政部门规定的公费医疗经费开支标准从收入中提取,并参照公费医疗制度有关规定用于职工公费医疗开支的资金。

医疗基金应按当地财政部门规定的公费医疗经费开支标准提取。一般是由各地财政部门按年核定经费人均预算定额,事业单位按从事专业业务及其辅助活动的人员和从事生产经营活动人员计算提取,分别在事业支出和经营支出的社会保障费中列支。其计算公式为:

医疗基金提取额＝职工人数×提取标准（预算定额）

事业单位在提取医疗基金时,借记"事业支出——社会保障费"、"经营支出——社会保障费"账户,贷记"专用基金——医疗基金"账户。

医疗基金用于职工医疗费开支,使用时,借记"专用基金——医疗基金"账户,贷记"现金"等账户。

【练中学 3-22】 某事业单位有从事专业业务活动及其辅助的人员 80 人和从事生产经营活动的人员 60 人,按财政部门确定的公费医疗经费人均年度预算定额标准 400 元提取医疗基金。请根据上述业务,进行账务处理。

借:事业支出——社会保障费   32 000

    经营支出——社会保障费   24 000

  贷:专用基金——医疗基金   56 000

④住房基金。住房基金是指按照国务院规定的住房公积金制度,由单位按照职工工资总额的一定比例提取的住房公积金,不包括个人缴纳的住房公积金。

住房基金是按职工工资总额的一定比例提取,在事业支出或经营支出的社会保障费中列支。其计算公式为:

提取住房基金＝工资总额规定的提取比例

事业单位提取职工住房基金时,借记"事业支出"、"经营支出"等账户,贷记"专用基金——住房基金"账户。

事业单位使用住房基金时,借记"专用基金——住房基金"账户,贷记"银行存款"账户。

【练中学 3-23】 某事业单位随工资发放职工的住房补贴 40 000 元。请根据上述业务,进行账务处理。

借:专用基金——住房基金   40 000

  贷:银行存款   40 000

通过以上内容的学习你认为事业单位专用基金业务的账务处理与哪些单位的业务有相似之处？

4. 财政拨款结转、财政拨款结余的核算

（1）财政拨款结转、财政拨款结余概述。

①财政拨款结转，主要核算年末中央级事业单位的财政拨款结转数额。"财政拨款结转"一级会计科目下设置"当年财政拨款结转"和"以前年度财政拨款结转"两个一级明细科目，分别核算年末中央级事业单位的当年财政拨款结转和以前年度财政拨款结转资金数额。"当年财政拨款结转"和"以前年度财政拨款结转"两个一级明细科目下均设置"基本支出结转"和"项目支出结转"两个二级明细科目，分别核算年末中央级事业单位当年财政拨款结转和以前年度财政拨款结转中的基本支出结转和项目支出结转资金数额；"基本支出结转"二级明细科目下设置"人员经费结转"和"日常公用经费结转"两个三级明细科目，"项目支出结转"二级明细科目下按照具体项目设置明细科目，进行明细核算。

②财政拨款结余，主要核算年末中央级事业单位的财政拨款结余数额。"财政拨款结余"一级会计科目下设置"当年财政拨款结余"和"以前年度财政拨款结余"两个一级明细科目，分别核算年末中央级事业单位的当年财政拨款结余和以前年度财政拨款结余资金数额。"当年财政拨款结余"和"以前年度财政拨款结余"两个一级明细科目下均按照具体项目设置明细科目，进行明细核算。

（2）账务处理。中央级事业单位应当按照下列规定在每年年末将财政拨款收支转入"财政拨款结转"和"财政拨款结余"科目有关明细科目。

①结转财政拨款安排基本支出的收入和支出。中央级事业单位当年财政拨款基本支出结转不得提取职工福利基金和转入事业基金，应当在年末将财政拨款基本支出的收入和支出转入"财政拨款结转——当年财政拨款结转——基本支出结转"科目。

A. 结转财政拨款安排基本支出的收入。年末，将财政拨款安排基本支出的收入转入当年财政拨款结转时，借记"财政补助收入——基本支出（人员经费、日常公用经费）"科目，贷记"财政拨款结转——当年财政拨款结转——基本支出结转（人员经费结转、日常公用经费结转）"科目。

B. 结转财政拨款安排的基本支出。年末，将事业支出中当年财政拨款基本支出转入财政拨款结转时，借记"财政拨款结转——当年财政拨款结转——基本支出结转（人员经费结转、日常公用经费结转）"科目，贷记"事业支出——财政拨款支出——当年财政拨款支出——基本支出（人员经费支出、日常公用经费支出）"科目；将事业支出中使用以前年度财政拨款结转支出中基本支出转入财政拨款结转时，借记"财政拨款结转——以前年度财政拨款结转——基本支出结转（人员经费结转、日常公用经费结转）"科目，贷记"事业支出——财政拨款支出——以前年度财政拨款结转支出——基本支出（人员经费支出、日常公用经费支出）"科目。

②结转财政拨款安排项目支出的收入和支出。中央级事业单位应当在年末将财政拨款安排项目支出的收入和当年财政拨款项目支出转入"财政拨款结转——当年财政拨款结

转——项目支出结转"科目；将使用以前年度财政拨款项目结转和结余支出分别转入"财政拨款结转——以前年度财政拨款结转——项目支出结转"科目和"财政拨款结余——以前年度财政拨款结余"科目。然后对"财政拨款结转——当年财政拨款结转——项目支出结转"科目和"财政拨款结转——以前年度财政拨款结转——项目支出结转"科目下的财政拨款项目执行情况分别进行分析，按照《中央部门财政拨款结转和结余资金管理办法》（财预〔2010〕7号）的规定将财政拨款项目资金余额区分为财政拨款项目结转和财政拨款项目结余，将财政拨款项目支出结余资金数额分别转入"财政拨款结余——当年财政拨款结余"科目和"财政拨款结余——以前年度财政拨款结余"科目。

A. 结转财政拨款安排项目支出的收入。年末，将财政拨款安排项目支出的收入转入当年财政拨款结转时，借记"财政补助收入——项目支出"科目，贷记"财政拨款结转——当年财政拨款结转——项目支出结转"科目。

B. 结转使用当年财政拨款的项目支出。年末，将当年财政拨款支出中项目支出转入当年财政拨款结转时，借记"财政拨款结转——当年财政拨款结转——项目支出结转"科目，贷记"事业支出——财政拨款支出——当年财政拨款支出——项目支出"科目。

C. 结转使用以前年度财政拨款结转和结余的项目支出。将使用以前年度财政拨款结转中项目支出转入以前年度财政拨款结转时，借记"财政拨款结转——以前年度财政拨款结转——项目支出结转"科目，贷记"事业支出——财政拨款支出——以前年度财政拨款结转支出——项目支出"科目。

将使用以前年度财政拨款结余中项目支出转入以前年度财政拨款结余时，借记"财政拨款结余——以前年度财政拨款结余"科目，贷记"事业支出——财政拨款支出——以前年度财政拨款结余支出——项目支出"科目。

D. 分析并结转财政拨款项目支出结余资金。完成上述处理后，根据有关项目执行情况的分析，按照当年财政拨款项目支出结余资金数额，借记"财政拨款结转——当年财政拨款结转——项目支出结转"科目，贷记"财政拨款结余——当年财政拨款结余"科目；按照使用以前年度财政拨款项目支出结余资金数额，借记"财政拨款结转——以前年度财政拨款结转——项目支出结转"科目，贷记"财政拨款结余——以前年度财政拨款结余"科目。

③当年财政拨款结转和结余的结转。中央级事业单位应当在下年初将"财政拨款结转——当年财政拨款结转"科目下的全部明细科目转入"财政拨款结转——以前年度财政拨款结转"对应明细科目，借记"财政拨款结转——当年财政拨款结转——基本支出结转（人员经费结转、日常公用经费结转）"科目和"财政拨款结转——当年财政拨款结转——项目支出结转"科目，贷记"财政拨款结转——以前年度财政拨款结转——基本支出结转（人员经费结转、日常公用经费结转）"科目和"财政拨款结转——以前年度财政拨款结转——项目支出结转"科目；同时，将"财政拨款结余——当年财政拨款结余"科目下的全部明细科目转入"财政拨款结余——以前年度财政拨款结余"科目，借记"财政拨款结余——当年财政拨款结余"科目，贷记"财政拨款结余——以前年度财政拨款结余"科目。

④使用以前年度财政拨款结余安排的基本支出和项目支出。对于中央级事业单位需要使用以前年度财政拨款结余安排的基本支出和项目支出，经财政部门审批同意后，调整财政拨款结余和结转科目的年初金额，将以前年度财政拨款结余转入以前年度财政拨款结

转，借记"财政拨款结余——以前年度财政拨款结余"科目，贷记"财政拨款结转——以前年度财政拨款结转——基本支出结转（人员经费支出、日常公用经费支出）"科目或者"财政拨款结转——以前年度财政拨款结转——项目支出结转"科目。同时，中央级事业单位应当建立使用以前年度财政拨款结余安排的基本支出和项目支出备查簿，详细登记已经使用的以前年度财政拨款结余安排的基本支出和项目支出资金数额。

⑤上缴财政拨款结转和结余资金。中央级事业单位按规定向主管部门等上缴财政拨款结转和结余资金时，按实际上缴资金数额或注销的资金额度数额，借记"财政拨款结转"或者"财政拨款结余"科目有关明细科目，贷记"银行存款"、"零余额账户用款额度"、"财政应返还额度"等科目。

5. 结余的核算

（1）结余概述。结余，是指事业单位在一定期间各项收入与支出相抵后的余额。由于事业单位实行了各项收入与支出的统一核算、统一管理，因而事业单位的结余是"大结余"，包括"事业结余"和"经营结余"。

事业结余是指事业单位在一定期间非经营收支相抵后的余额（不含实行预算外资金结余上缴办法的预算外资金结余）。反映事业单位开展专业业务活动及其辅助活动的结果。

经营结余是指事业单位在一定期间经营收支相抵后的余额。反映事业单位开展经营活动的结果。

（2）账务处理。

①事业结余。"事业结余"账户用来核算和监督一定期间经营收支外的结余。该账户贷方登记从有关事业收入账户转入的收入数额，借方登记从有关事业支出账户转入的支出数额。余额在贷方，表示当期实现的结余数；如果余额在借方，则反映事业单位当年的亏损数。年度终了，单位应将当年实现的结余全数转入"结余分配"账户，结转后，该账户无余额。

期末，结算事业结余时，借记"财政补助收入"、"上级补助收入"、"附属单位缴款"、"事业收入"及"其他收入"账户，贷记"事业结余"账户；同时，借记"事业结余"账户，贷记"拨出经费"、"事业支出"、"上缴上级支出"、"销售税金（非经营业务）"、"对附属单位补助"、"结转自筹基建"等有关账户。

年度终了，事业单位应将"事业结余"全部转入"结余分配"账户，结转后应无余额。

【练中学 3-24】 某事业单位 2011 年年终结账前有关事业活动收支账户的余额如下表所示。

事业类收支账户余额汇总表 单位：元

账　户	借方金额	账　户	贷方金额
拨出经费	900 000	财政补助收入	1 200 000
上缴上级支出	240 000	上级补助收入	300 000
对附属单位补助	110 000	附属单位缴款	100 000
事业支出	1 000 000	事业收入	1 500 000
结转自筹基建	300 000	其他收入	20 000
销售税金（非经营）	50 000		

请根据上述业务，进行收入和支出的结转账务处理。

①结转有关收入时，会计分录为：

借：财政补助收入	1 200 000
上级补助收入	300 000
附属单位缴款	100 000
事业收入	1 500 000
其他收入	20 000
贷：事业结余	3 120 000

②结转有关支出时，会计分录为：

借：事业结余	2 600 000
贷：拨出经费	900 000
上缴上级支出	240 000
对附属单位补助	110 000
事业支出	1 000 000
结转自筹基建	300 000
销售税金	50 000

③结转事业结余，事业结余＝3 120 000－2 600 000＝520 000（元），会计分录为：

借：事业结余	520 000
贷：结余分配	520 000

②经营结余。"经营结余"账户是用来核算和监督一定期间经营收支的结余。该账户贷方反映从"经营收入"账户转入的收入总额；贷方反映从"经营支出"账户及"销售税金"账户转入的支出与销售税金，余额在贷方，表示本期实现的经营结余，如为借方余额，则表示经营亏损。年终时，应将该科目的余额全数转入"结余分配"账户，结转后，本账户无余额。如果为亏损，则不结转。

期末结算经营结余时，应借记"经营收入"账户，贷记"经营结余"账户；同时，借记"经营结余"账户，贷记"经营支出"、"销售税金（经营业务）"等账户。

> 事业单位"经营结余"账户的核算内容与企业（单位）的哪个账户有相似之处？

年终，"经营结余"账户如为贷方余额，表示当期盈余，贷方余额全数转入"结余分配"账户，结转后本账户应无余额；"经营结余"账户如为借方余额，表示当年经营亏损，年终不予结转，等待以后年度用盈余弥补亏损。

情境回放

事业单位的收入业务、支出业务和净资产业务等账务处理有自身特点，与企业的收入业务、支出业务和净资产业务等账务处理有着明显的区别。

任务检测

一、单项选择题

1. 财政补助收入包括（　　）。

A. 上级补助款　　　　　　　　　　B. 正常经费和专项补助

C. 基本建设投资　　　　　　　　　D. 其他收入

2. 事业单位开展专业业务活动及辅助活动所取得的收入是（　　）。

A. 事业收入　　　B. 经营收入　　　C. 拨款收入　　　D. 其他收入

3. "拨出专款"账户借方余额为（　　）。

A. 所属单位留存数　　　　　　　　B. 所属单位尚未报销数

C. 所属单位拨出数　　　　　　　　D. 所属单位核销数

4. 年终，将"事业支出"账户借方余额全数转入（　　）账户。

A. "经营结余"　　B. "事业结余"　　C. "事业基金"　　D. "结余分配"

5. 结余是事业单位在一定期间各项（　　）相抵后的余额。

A. 资产和负债　　　　　　　　　　B. 收入与支出

C. 资产总额与负债总额　　　　　　D. 经营收入与经营支出

二、多项选择题

1. 下列账户年终应转入"事业结余"账户的有（　　）。

A. "经营收入"　　B. "其他收入"　　C. "事业收入"　　D. "财政补助收入"

2. 拨入专款资金的来源有（　　）。

A. 财政机关拨入　　B. 上级单位拨入　　C. 其他单位拨入　　D. 附属单位拨款

3. 下列项目中属于事业支出的有（　　）。

A. 学校的办公费　　　　　　　　　B. 校电影院影片租金

C. 学生助学金　　　　　　　　　　D. 校图书购置费

4. 下列项目，在"销售税金"账户内核算的有（　　）。

A. 增值税　　　B. 资源税　　　C. 营业税　　　D. 教育费附加

5. 固定基金包括（　　）形成的基金。

A. 购入、自制、调入的固定资产　　B. 盘盈固定资产

C. 融资租入（有所有权的）固定资产　　D. 接受捐赠固定资产

三、判断题（正确的画"√"，错误的画"×"）

1. 上级补助收入是指事业单位从上级单位、主管部门取得的财政补助收入。（　　）

2. 事业收入是指事业单位开展专业业务活动及其辅助活动取得的收入。（　　）

3. 拨出经费是拨给所属单位的预算经费；拨出专款是拨给所属单位用于指定项目或用途的专项资金。（　　）

4. 结转自筹基建是指事业单位用各种资金安排基本建设，并转存建设银行的资金。（　　）

5. 经营结余是指事业单位在一定期间经营收支相抵后的余额，反映事业单位开展经

营活动的结果。（　　）

实训项目 ▶▶▶

训练一

[资料] 某事业单位 2011 年发生如下经济业务：

(1) 收到财政部门拨入的事业经费 50 000 元，存入银行。

(2) 收到上级部门转拨财政预算资金 30 000 元，存入银行。

(3) 收到上级主管部门的补助收入 200 000 元，存入银行。

(4) 年终，将财政补助收入账户的余额转入事业结余。

(5) 年终，将上级补助收入账户的余额转入事业结余。

[要求] 根据以上经济业务编制会计分录。

训练二

[资料] 某事业单位 2011 年 1 月开展事业活动发生如下经济业务：

(1) 以现金 300 元购买办公用品，直接交有关业务部门使用。

(2) 以银行存款支付水电费 5 500 元。

(3) 以银行存款支付会议费 6 000 元。

(4) 用事业经费购买专用设备一台，价款 7 000 元，以银行存款支付。

(5) 发放本月职工工资。工资汇总表的情况如下：应付基本工资 600 000 元，应付津贴 70 000 元，应付工资金额合计 670 000 元，代扣住房公积金 65 000 元，代扣养老保险金 40 000 元，代扣水电费 1 000 元。开出现金支票提取现金发放工资。

(6) 计提本月工会经费 12 000 元。

(7) 职工李红报销差旅费 3 000 元，以现金支付。

[要求] 根据以上经济业务编制会计分录。

训练三

[资料] 某事业单位 2011 年发生如下经济业务：

(1) 按规定标准提取医疗基金 80 000 元，其中，从事事业活动人员的医疗基金 60 000 元，从事经营活动人员的医疗基金 20 000 元。

(2) 根据取得的事业收入 2 000 000 元和经营收入 1 000 000 元，按 3% 和 4% 的比例提取修购基金。

(3) 报废固定资产一台，该台固定资产的账面价值 50 000 元，发生清理费用 400 元用现金支付，残值变价收入 2 000 元，款项存入银行。

(4) 年终"事业结余"账户 500 000 元，"经营结余"账户 100 000 元，按 25% 税率缴纳所得税、按税后 30% 的比例提取职工福利基金。

(5) 用专用基金中的修购基金 100 000 元购置设备一台，款项已经通过银行支付。

(6) 开出转账支票用修购基金 3 000 元，支付房屋修缮费。

(7) 从事专业业务活动及辅助活动的职工工资总额为 1 000 000 元，从事经营活动的职工工资总额为 500 000 元，按规定的单位住房公积金缴存率 6% 提取住房公积金。

（8）单位职工王某报销医药费 2 000 元，以现金支付。

（9）动用职工福利基金 3 000 元购置多功能音响一套丰富职工业余生活，款项已支付。

［要求］根据以上经济业务编制会计分录。

任务四　事业单位会计报表

任务目标

知识目标

● 了解事业单位结余分配的顺序。

● 理解事业单位会计报表的概念和分类。

● 掌握事业单位结余分配的核算。

● 掌握事业单位资产负债表的编制方法。

● 掌握事业单位收入支出表的编制方法。

● 掌握事业单位会计报表的分析方法和评价指标。

技能目标

● 能够熟练对事业单位的结余分配业务进行账务处理，具备编制事业单位资产负债表、收入支出表的基本技能。

情境设置

李青同学经过两个月的实习，在大学的财务处学到了很多的知识，对于理论学习过程中一些抽象的内容，都能很好地与实践相联系了，收获很大。现在，他又开始向负责编制会计报表的老师请教了，事业单位的主要会计报表包括资产负债表和收入支出表，事业单位的资产负债表也是由资产项目、负债项目和所有者权益项目等组成吗？

请比较：事业单位资产负债表与企业资产负债表的区别？

知识准备

一、事业单位会计报表的概念及种类

1. 事业单位会计报表的概念

事业单位会计报表是反映事业单位一定时期财务状况和收支情况的书面文件，是财政部门上级主管单位了解情况、掌握政策、指导单位预算执行工作的重要资料，也是编制下年度单位财务收支计划的基础。事业单位会计报表主要包括资产负债表、收入支出表、附表及会计报表附注和收支情况说明书。对于有专款收支业务的单位，应根据财政部门或主管部门的要求编报专项资金收支情况。

2. 事业单位会计报表的种类

（1）按反映的经济内容分为静态报表和动态报表。静态报表反映事业单位特定日期资产、负债和净资产构成情况的报表，如"资产负债表"。动态报表反映事业单位在一定时期内收入和支出情况的报表，如"收入支出表"。

（2）按照会计报表的编报单位分为本级报表和汇总报表。本级报表是指事业单位编制的自身的会计报表。汇总报表是指事业单位主管部门或上级机关，根据所属单位报送的会计报表和本单位的会计报表汇总编制的，反映本部门财务状况及收支情况的综合性会计报表。

（3）按会计报表的编报时间分为月报、季报和年报。

（4）按会计报表报送的对象可分为对外会计报表和内部会计报表。

二、事业单位编制会计报表前的准备工作

1. 结余分配

结余分配是指事业单位年终为其实现的结余所进行的分配和为发生的超支所进行的弥补。

（1）结余分配的顺序。事业单位在年终将当年的事业结余和经营结余全额转入结余分配后，应按如下顺序进行结余分配：

①计算应缴所得税（有所得税纳税义务的事业单位）。其计算公式为：

应纳所得税额＝应纳税所得额×所得税税率

应纳税所得额＝税法规定的收入总额－允许扣除项目金额

事业单位一般只对经营结余征收所得税。

②计算并提取职工福利基金。有所得税纳税义务的事业单位在计算应缴所得税后，应按税后余额计算和提取职工福利基金。其他事业单位则直接提取职工福利基金。其计算和提取方法，在"任务三"的"专用基金的核算"中已经详细介绍过了，这里不再重复。

③将结余分配后的余额全部转入事业基金，用以调节年度事业收支的不平衡。

事业单位的结余按一定比例提取职工福利基金，提取比例由主管部门会同同级财政部门确定。提取职工福利基金以后，剩余部分作为事业基金，用于弥补以后年度单位收支差额。

（2）结余分配的账务处理。事业单位应设置"结余分配"账户，用来核算当年结余分配的情况和结果。年终，事业单位应将当年的事业结余和经营结余转入该账户的贷方，将单位计算出的应缴所得税和提取的专用基金数记入该账户借方。余额在贷方表示未分配的结余，于年终全数转入"事业基金——一般基金"账户。结转后，该账户无余额。

事业单位发生以前年度会计事项的调账和变更，涉及以前年度结余的，凡是国家有规定的，按照规定执行；没有规定的，直接通过"事业基金"账户进行核算，并在会计报表上加以注明。

①计提所得税。有所得税纳税义务的事业单位计算出应缴纳的所得税时，借记"结余分配"账户，贷记"应缴税金"账户。

②提取职工福利费。事业单位计算出应提取的职工福利基金，借记"结余分配"账户，贷记"专用基金——职工福利基金"账户。

③结转未分配结余。事业单位将当年未分配结余结转时，借记"结余分配"账户，贷记"事业基金——一般基金"账户。

【练中学 4-1】 某事业单位 2011 年度实现经营结余 100 000 元，事业结余 500 000 元。请根据上述业务，进行账务处理。

①计提所得税时，会计分录为：

应缴所得税额＝100 000×25％＝25 000（元）

借：结余分配 25 000

　贷：应缴税金——应缴所得税 25 000

②计提职工福利基金时，会计分录为：

应提职工福利基金＝［500 000＋（100 000－25 000）］×30％＝172 500（元）

借：结余分配 172 500

　贷：专用基金——职工福利基金 172 500

③结转未分配结余时，会计分录为：

未分配结余＝（500 000＋100 000）－（25 000＋172 500）＝402 500（元）

借：结余分配 402 500

　贷：事业基金——一般基金 402 500

2. 年终清理结算和结账

各事业单位在年度终了前，应根据财政部门或上级主管部门的决算编审工作要求，对各项收支项目、往来款项、货币资金及财产物资进行全面的年终清理结算，并在此基础上办理年度结账、编报决算。

（1）年终清理结算的内容。各事业单位应在年度终了前，做好年终清理结算工作，并在此基础上办理年度结账，编报决算，年终清理结算主要包括以下内容。

①清理、核对年度预算收支数字和各项缴拨款项、上缴下拨款项数字。年终前，对财政部门、上级单位和所属单位之间的全年预算数（包括追加、追减和上缴、下拨数字）以及应上缴、拨付的款项等，都应按规定逐笔进行清理结算，保证上、下级之间的年度预算款、领拨经费数和上缴、下拨数一致。

为了准确反映各项收支数额，凡属本年度应拨应缴款项，应当在 12 月 31 日前汇达对方。主管会计单位对所属各单位的拨款应到 12 月 25 日为止，逾期一般不再调整。

②清理核对各项收支款项。凡属本年的各项收入都要入账，不得长期挂在往来账上。属于本年度各项应缴预算收入，要在年终前全部上缴国库。凡属本年的各项支出，应按规定的支出渠道如实分别编入本年支出决算。年度单位支出决算，一律以基层用款单位截至 12 月 31 日的本年实际支出数为准，不得将年终前预拨下级单位的下年度预拨款列入本年的支出，也不得以上级会计单位的拨款代替基层单位的实际支出数。

③清理各项往来款项。事业单位各项往来款项，年终前应尽量清理完毕。按照规定应当转作各项收入或各项支出的往来款项要及时转入各有关账务处理，编入年度决算。应转为各项收入和应列支出的往来款项，要及时转入有关收支账务处理，编入本年决算。对没

有合法手续的各种往来款项要查明原因采取措施。

④清查货币资金和财产物资。事业单位在年终应及时同开户银行对账，单位的银行账面余额，要同银行对账单的账面余额核对相符；现金的账面余额须同库存现金核对相符；有价证券的账面数字，要同实存的有价证券实际成本核对相符。单位的各种财产物资都要全部入账，固定资产和库存材料要进行盘点清查。在清查货币资金和财产物资过程中，如发现账账不符、账实不符，应在年终结账前查明原因，按规定做出处理，调整账务，做到账账相符，账实相符。

（2）年终结账的内容。年终结账是在年终清理结算的基础上进行的，包括年终转账、结清旧账和记入新账。

①年终转账。账目核对无误后，首先计算出各账务处理借方或贷方的12月份合计数和全年累计数，结出12月末的余额。然后，根据12月末的余额，编制结账前的资产负债表，并试算平衡。

根据试算平衡后的结账前资产负债表，按会计制度规定的年终转账办法，步骤如下：

第一，将"财政补助收入"、"上级补助收入"、"附属单位缴款"、"事业收入"、"其他收入"等账务处理贷方月末余额全数转入"事业结余"账务处理的贷方；将"拨出经费"、"事业支出"、"上缴上级支出"、"对附属单位补助"、"销售税金"（非经营业务负担部分）、"结转自筹基建"等账务处理借方月末余额转入"事业结余"账务处理的借方。

第二，将"经营收入"账务处理贷方月末余额转入"结余分配"账务处理的贷方；将"经营支出"、"销售税金"（经营性业务负担部分）等账务处理借方月末余额转入"经营结余"账务处理的借方。

第三，将"事业结余"、"经营结余"账务处理的贷方余额转入"结余分配"账务处理的贷方；或将"事业结余"的借方余额转入"结余分配"账务处理的借方。

第四，进行结余分配，借记"结余分配"账务处理，贷记"应缴税金"、"专用基金"、"事业基金"账务处理；弥补超支借记"事业基金"账务处理，贷记"结余分配"账务处理。

②结清旧账。办理完年终转账后，所有收入类账务处理（拨入专款除外）、所有支出类账务处理（拨出专款、专款支出、成本费用账务处理除外）及应缴预算款、应缴财政专户款等账务处理都没有余额。对没有余额的账务处理结出全年总累计数，然后在下面画双红线，表示本账务处理全部结清。对年终转账后仍有余额的账务处理，在"全年累计数"下行的"摘要"栏内注明"结转下年"字样，再在下面画双红线，表示年终余额转入新账，旧账结束。

③记入新账。根据本年度各账务处理余额，编制年终决算的"资产负债表"和有关明细表。将表列各账务处理的年终余额数，直接记入新年度相应的各有关账务处理（不需编制记账凭单），并在"摘要"栏注明"上年结转"字样，以区别新年度发生数。

三、事业单位会计报表的编制

1. 事业单位资产负债表的编制

资产债表是反映事业单位一定时点财务状况的报表，又称财务状况表。它能够反映事业单位在某一时点占有或使用的经济资源和负担的债务状况，以及事业单位的偿债能力和财务前景。它是根据资产、负债、收入、支出、净资产之间的相互关系编制而成的。

资产负债表的结构应包括表首、表身与附列资料。资产负债表按照"资产＋支出＝负债＋净资产＋收入"的平衡公式设置，通常采用账户格式，左方为资产部类，右方为负债部类。左方的资产部类列示各项资产和支出项目，右方的负债部类列示各项负债、净资产和收入项目，左右两方总计数应永远保持相等。附列资料应根据备查登记簿的记录等填列，如融资租入固定资产等可根据有关备忘记录加以说明。

我国事业单位资产负债表格式如表4-1所示。

表4-1   资产负债表

编制单位：   年   月   日   单位：元

资产部类	年初数	期末数	负债部类	年初数	期末数
一、资产类			二、负债类		
流动资产			借入款项		
现金			应付票据		
银行存款			应付账款		
零余额账户用款额度			预收账款		
财政应返还额度			其他应付款		
应收票据			应缴预算款		
应收账款			应缴财政专户款		
预付账款			应缴税金		
其他应收款			应付工资（离退休费）		
材料			应付地方（部门）津贴补贴		
产成品			应付其他个人收入		
对外投资			负债合计		
固定资产			三、净资产类		
无形资产			事业基金		
资产合计			其中：一般基金		
			投资基金		
			固定基金		
			专用基金		
五、支出类			净资产合计		
拨出经费					
拨出专款			四、收入类		

资产部类	年初数	期末数	负债部类	年初数	期末数
专款支出			财政补助收入		
事业支出			财政专户返还收入		
经营支出			上级补助收入		
成本费用			拨入专款		
销售税金			事业收入		
上缴上级支出			经营收入		
对附属单位补助			附属单位缴款		
结转自筹基建			其他收入		
未完专项支出			未完专项结存		
支出合计			收入合计		
资产部类总计			负债部类总计		

本表各项目的内容和填列方法：

资产负债表不仅列示期末各项目的金额，还列示年初各项目的金额，资产负债表均有"年初数"和"期末数"两栏。

"年初数"即上年年末数，按上年决算后资产负债表各有关项目的年末数填列。如果本年度的项目与上年末各项目的名称和内容不一致，应对上年数按本年项目和内容进行调整后填入，必要时需加以说明。"期末数"表示报告期末的状况，应根据截至报告月份的各项目的总账账户期末余额直接填列或分析计算后填列。重点应注意以下几个项目的填列。

（1）资产类项目。"银行存款"项目，根据事业单位"银行存款"总账账户期末余额填列。事业单位的外埠存款、银行汇票存款、银行本票存款和在途资金都包括在该项目中。

"应收账款"项目，应根据"应收账款"账户有关明细账户的借方余额合计数填列，"预收账款"账户有关明细账户的借方余额，也应填入本项目。"应收账款"有关明细账户的贷方余额，则应填入"预收账款"项目。

"预付账款"项目，根据"预付账款"账户有关明细账户及"应付账款"有关明细账户的借方余额填列，但"预付账款"账户中有贷方余额的，应填入"应付账款"项目。

"固定资产"项目，根据"固定资产"账户余额填列，包括单位融资租入的产权尚未确定的固定资产，但应在报表附注中加以说明。

（2）负债类项目。"应付账款"项目，根据"应付账款"有关明细账户贷方余额合计数填列，"预付账款"账户所属明细账户的贷方余额，也应填入本项目。"应付账款"账户的明细账户出现的借方余额，应记入"预付账款"项目。

"预收账款"项目，根据"预收账款"明细账户贷方余额合计数填列，"应收账款"账户所属明细账户的贷方余额也填入本项目。如果"预收账款"所属明细账户出现借方余额，则应填入"应收账款"项目。

除以上项目外，资产负债表的其他项目，可直接根据对应总账账户期末余额填列。

【练中学4-2】 某事业单位 2011 年 12 月 31 日各总分类账户余额如表 4-2 所示。

表4-2	总分类账户余额表		单位：元
账户名称	借方余额	账户名称	贷方余额
现金	40 000	借入款项	114 000
银行存款	920 000	应付票据	57 000
应收票据	24 000	应付账款	76 000
应收账款	66 000	预收账款	18 000
预付账款	36 000	其他应付款	45 000
其他应收款	64 000	事业基金	1 020 000
材料	70 000	其中：一般基金	960 000
产成品	40 000	投资基金	60 000
对外投资	40 000	固定基金	4 200 000
固定资产	4 840 000	专用基金	120 000
无形资产	20 000	财政补助收入	360 000
拨出经费	120 000	上级补助收入	240 000
事业支出	1 800 000	事业收入	2 010 000
经营支出	660 000	经营收入	840 000
成本费用	90 000	附属单位缴款	30 000
销售税金	120 000	其他收入	90 000
上缴上级支出	45 000		
对附属单位补助	25 000		
结转自筹基建	200 000		

请根据上述资料，编制结账前的资产负债表，进行年终转账并编制结账后的资产负债表。

①根据总分类账户余额表编制结账前的资产负债表如表 4-3 所示。

表 4-3   资产负债表（结账前）

编制单位：某事业单位   2011 年 12 月 31 日   单位：元

资产部类	年初数	期末数	负债部类	年初数	期末数
一、资产类			二、负债类		
流动资产			借入款项		114 000
现金		40 000	应付票据		57 000
银行存款		920 000	应付账款		76 000
应收票据		24 000	预收账款		18 000
应收账款		66 000	其他应付款		45 000
预付账款		36 000	应缴预算款		
其他应收款		64 000	应缴财政专户款		
材料		70 000	应缴税金		
产成品		40 000	负债合计		310 000
对外投资		40 000			
固定资产		4 840 000	三、净资产类		
无形资产		20 000	事业基金		1 020 000
资产合计		6 160 000	其中：一般基金		960 000
	（略）		投资基金	（略）	60 000
			固定基金		4 200 000
			专用基金		120 000
五、支出类			净资产合计		5 340 000
拨出经费		120 000			
拨出专款					
专款支出			四、收入类		
事业支出		1 800 000	财政补助收入		360 000
经营支出		660 000	上级补助收入		240 000
成本费用		90 000	拨入专款		
销售税金		120 000	事业收入		2 010 000
上缴上级支出		45 000	经营收入		840 000
对附属单位补助		25 000	附属单位缴款		30 000
结转自筹基建		200 000	其他收入		90 000
支出合计		3 060 000	收入合计		3 570 000
资产部类总计		9 220 000	负债部类总计		9 220 000

②根据各账务处理余额，年终转账的会计分录为：

a. 借：财政补助收入　　　　　　　　　　360 000

　　　上级补助收入　　　　　　　　　　240 000

　　　事业收入　　　　　　　　　　　2 010 000

　　　附属单位缴款　　　　　　　　　　30 000

　　　其他收入　　　　　　　　　　　　90 000

　　　　贷：事业结余　　　　　　　　2 730 000

b. 借：事业结余　　　　　　　　　　2 190 000

　　　贷：拨出经费　　　　　　　　　120 000

　　　　事业支出　　　　　　　　　1 800 000

　　　　上缴上级支出　　　　　　　　45 000

　　　　对附属单位补助　　　　　　　25 000

　　　　结转自筹基建　　　　　　　　200 000

c. 借：经营收入　　　　　　　　　　　840 000

　　　贷：经营结余　　　　　　　　　840 000

d. 借：经营结余　　　　　　　　　　　780 000

　　　贷：经营支出　　　　　　　　　660 000

　　　　销售税金　　　　　　　　　　120 000

e. 借：事业结余　　　　　　　　　　　540 000

　　　经营结余　　　　　　　　　　　60 000

　　　　贷：结余分配　　　　　　　　600 000

f. 按经营结余的 25% 计提所得税

借：结余分配　　　　　　　　　　　　15 000

　　贷：应缴税金——应缴所得税　　　　15 000

g. 计提职工福利基金

借：结余分配　　　　　　　　　　　　175 500

　　贷：专用基金——职工福利基金　　175 500

h. 将"结余分配"账户贷方余额转入"事业基金"账户

借：结余分配　　　　　　　　　　　　409 500

　　贷：事业基金——一般基金　　　　409 500

③编制结账后的资产负债表如表 4-4 所示。

比较事业单位结账前的资产负债表和结账后的资产负债表，可以看出结账后的资产负债表大部分收入和支出账户均无余额，只有两种情况下一些账务处理可能有余额：一是由于专项项目未完工而使得"拨入专款"、"拨出专款"和"专款支出"等账户有余额；二是由于有未完工产品从而使得"成本费用"账户有余额。

表 4 - 4　　　　　　　　　　　资产负债表（结账后）

编制单位：某事业单位　　　　　　2011 年 12 月 31 日　　　　　单位：元

资产部类	年初数	期末数	负债部类	年初数	期末数
一、资产类			二、负债类		
流动资产			借入款项		114 000
现金		40 000	应付票据		57 000
银行存款		920 000	应付账款		76 000
应收票据		24 000	预收账款		18 000
应收账款		66 000	其他应付款		45 000
预付账款		36 000	应缴预算款		
其他应收款		64 000	应缴财政专户款		
材料		70 000	应缴税金		15 000
产成品		40 000	负债合计		325 000
对外投资		40 000			
固定资产		4 840 000	三、净资产类		
无形资产		20 000	事业基金		1 429 500
资产合计		6 160 000	其中：一般基金		1 369 500
	（略）		投资基金	（略）	60 000
			固定基金		4 200 000
			专用基金		295 500
五、支出类			净资产合计		5 925 000
拨出经费					
拨出专款					
专款支出			四、收入类		
事业支出			财政补助收入		
经营支出			上级补助收入		
成本费用		90 000	拨入专款		
销售税金			事业收入		
上缴上级支出			经营收入		
对附属单位补助			附属单位缴款		
结转自筹基建			其他收入		
支出合计		90 000	收入合计		
资产部类总计		6 250 000	负债部类总计		6 250 000

通过以上内容的学习，你能比较事业单位资产负债表与企业资产负债表有何差别了吗？

2. 事业单位收入支出表的编制

收入支出表是反映事业单位在一定期间的收支结余及其分配情况的报表。

事业单位的收入支出表根据"收入－支出＝结余"的等式，其结构可分为收入、支出及结余三个部分，分别按非经营性收、支、余和专项资金收、支、余进行反映，同时设专栏反映结余分配的具体情况。收入支出表基本格式如表4－5所示。

表4－5   收入支出表

编制单位：   年　月   单位：元

收　入		支　出		结　余	
项　目	累计数	项　目	累计数	项　目	累计数
财政补助收入		拨出经费			
上级补助收入		上缴上级支出		事业结余	
附属单位缴款		对附属单位补助		正常收支结余	
事业收入		事业支出		收回以前年度事业	
财政专户返还收入		销售税金		支出	
其他收入		结转自筹基建			
小计		小计			
经营收入		经营支出		经营结余	
		销售税金		以前年度经营亏损	
小计		小计		（一）	
拨入专款		拨出专款		结余分配	
		专款支出		应交所得税	
小计		小计		提取专用基金	
总　计		总　计		转入事业基金 其他	

本表各项目的内容和填列方法：

（1）"事业收入"与"事业支出"、"经营收入"和"经营支出"栏下的项目应按单位的主要业务收支类别分类填列。单位对上述各项收入或支出没有分开设账核算的，可不分项填列。

（2）事业支出项下的财政补助支出和预算外资金支出，事业单位可以采用统计方法填列。

（3）当年没有完成的专项工程或专项业务，其发生的支出及其相关的收入当年不予结转。

（4）主管会计单位汇总编制本表时，应将拨出经费、拨出专项资金与所属单位拨入经费和拨入专款账户汇总数对冲；将附属单位缴款、对附属单位补助与所属单位的上缴上级支出、上级补助收入账户汇总数对冲。具体包括以下四个方面：

①主管会计单位在决算汇总后，首先要核对拨出经费与所属事业单位汇总的财政补助收入是否一致，即：汇总的"财政补助收入"数减去"拨出经费"数等于本单位财政补贴收入数。核对一致后进行对冲。如有差额，必须查明原因，调整一致后，再进行对冲。

②要核对拨出专款与所属单位汇总的拨入专款是否一致，即汇总的"拨入专款"数减去"拨出专款"数等于本单位财政专项拨款数。核对一致后进行对冲。如有差额，必须查明原因，调整一致后，再进行对冲。

③核对附属单位补助支出与所属事业单位汇总的上级补助收入是否一致，即汇总的"上级补助收入"数等于"对附属单位补助"数，或汇总的"上级补助收入"数减去"对附属单位补助"数等于本级的"上级补助收入"数。核对一致后进行对冲。如有差额，必须查明原因，调整一致后，再进行对冲。

④核对附属单位上缴收入与所属事业单位总的上缴上级支出是否一致，即汇总的"上缴上级支出"数等于"附属单位缴款"数，或汇总的"上缴上级支出"数减去"附属单位缴款"数等于本级的"上缴上级支出"数。核对一致后进行对冲。如有差额，必须查明原因，调整一致后，再进行对冲。

【练中学 4-3】　利用"练中学 4-2"的资料，编制该事业单位的收入支出表（如表 4-6 所示）。

表 4-6　　　　　　　　　　　　　　收入支出表

编制单位：某事业单位　　　　　　　2011 年 12 月　　　　　　　　　　　单位：元

收　入		支　出		结　余	
项　目	累计数	项　目	累计数	项　目	累计数
财政补助收入	360 000	拨出经费	120 000		540 000
上级补助收入	240 000	上缴上级支出	45 000		540 000
附属单位缴款	30 000	对附属单位补助	25 000	事业结余	
事业收入	2 010 000	事业支出	1 800 000	正常收支结余	
其他收入	90 000	销售税金		收回以前年度事业支出	
		结转自筹基建	200 000		
小计	2 730 000	小计	2 190 000		

续　表

收　入		支　出		结　余	
项　目	累计数	项　目	累计数	项　目	累计数
经营收入	840 000	经营支出	660 000	经营结余	60 000
		销售税金	120 000	以前年度经营亏损	
小计	840 000	小计	780 000	（一）	
拨入专款		拨出专款		结余分配	
		专款支出		应交所得税	15 000
小计		小计		提取专用基金	175 500
				转入事业基金	409 500
总　计	3 570 000	总　计	2 970 000	其他	

　　事业单位的收入总数与支出总数的差额应该等于什么？

　　3. 事业单位附表与附注

　　（1）附表。附表是为帮助使用者深入了解主要会计报表的有关内容和项目而以表格的形式对主要会计报表所作的补充说明和详细解释。它是事业单位会计报表的有机组成部分。事业单位会计报表的附表主要是收入支出表的附表，包括事业支出明细表、经营支出明细表和基本数字表。

　　①事业支出明细表。事业支出明细表是反映一定时期事业支出的具体支出项目情况的报表。通过该表，可以了解掌握事业单位各项支出的具体用途和支出结构是否合理。该表根据事业支出明细账填列。事业支出明细表的格式及内容如表 4-7 所示。

表 4-7　　　　　　　　　　　　事业支出明细表

编制单位：　　　　　　　年　月　日　　　　　　　　　单位：万元

项　目	合计	基本工资	补助工资	其他工资	职工福利费	社会保障费	助学金	公务费	设备修缮费	修缮费	业务费	其他费用	备注
列次	1	2	3	4	5	6	7	8	9	10	11	12	13
事业支出													
其中：													
财政拨款支出													
预算外资金支出													

续 表

项 目	合计	基本工资	补助工资	其他工资	职工福利费	社会保障费	助学金	公务费	设备修缮费	修缮费	业务费	其他费用	备注
……													
合 计													

②经营支出明细表。经营支出明细表是反映一定时期经营支出的具体支出项目情况的报表。有关经营支出明细表中的栏目，应当根据经营支出明细账填列。经营支出明细表可参考事业支出明细表进行编制。实行内部成本核算的事业单位，其经营支出的一级科目也可以参照企业财务制度设计为直接费用、间接费用等，也可以根据实际情况进行简化合并，但二级科目要按照国家预算支出的"目"级科目设计。这样，才能既满足内部成本核算的需要，又能将有关成本费用还原到国家统一规定的事业支出科目中去，统一编好经营支出明细表。经营支出明细表的格式与事业支出明细表的格式基本相同，其格式如表 4-8 所示。

表 4-8　　　　　　　　　　　　经营支出明细表

编制单位：　　　　　　　　　　年　月　日　　　　　　　　　　单位：万元

项 目	合计	基本工资	补助工资	其他工资	职工福利费	社会保障费	助学金	公务费	设备修缮费	修缮费	业务费	其他费用	备注
列次	1	2	3	4	5	6	7	8	9	10	11	12	13
经营支出													
其中：													
××支出													
××支出													
……													
合 计													

③基本数字表。基本数字表是用来反映事业单位职工人员构成和数量以及事业成果等项指标的附表。由于该表提供了事业单位人员编制情况和开支执行情况，因此可以用于分析事业活动的效果，从而为编制单位的年度预算提供依据。事业单位应该根据本单位具体的业务性质编制各自基本数字表，其格式不统一。

（2）附注。

①会计报表附注。会计报表附注是帮助使用者深入了解会计报表的有关内容和项目而主要以文字的形式所做的补充说明和详细解释，是事业单位会计报表的有机组成部分。它可以对会计报表本身无法或者难以充分表述的内容和项目做补充说明与详细解释。

事业单位会计报表附注的内容主要包括特殊事项的说明、会计报表中有关重要项目的明细资料、其他有助于理解和分析会计报表需要说明的事项。

②收支情况说明书。收支情况说明书是事业单位对一定期间（通常为一个会计年度）内收入以及支出、结余及其分配情况进行分析总结所做的数字和文字说明，也是事业单位会计报表的有机组成部分。

事业单位收支情况说明书一般包括的内容有：预算或财务收支计划的完成情况，以及预算或财务收支计划执行过程中存在的问题；收支增减变化的情况和原因；在改善业务活动的管理、增收节支方面所做的努力以及取得的效果；目前在收支方面仍存在的问题以及今后改进工作的计划和建议；结余及其分配情况。

四、事业单位会计报表的分析

会计报表分析，是根据会计报表提供的资料，以国家的有关方针、政策为指导，以批准的预算为依据，分析检查各项预算任务的完成情况，总结经验，查明问题，并作出评价。

1. 事业单位会计报表的分析方法

会计报表分析的方法主要有以下几种：

（1）比较分析法。比较分析法是将两个或两个以上相关指标（可比指标）进行对比，测算出相互间的差异，从中进行分析、比较，找出产生差异的主要原因的一种分析方法。主要有以下三种形式，即本年度实际完成指标与本年度预算指标进行对比、本期实际完成指标与上期或上年同期完成指标进行对比、本单位实际完成情况与同类先进单位的完成情况相比较。

（2）因素分析法。因素分析法又称连环替代法。它是在几个相互联系的因素中，以数值来测定各个因素的变动对总差异的影响程度的一种方法，是比较法的发展和深化。因素分析法一般是将其中的一个因素定为可变量，而将其他因素暂时定为不变量，进行替换，以测定每个因素对该项指标影响的程度，然后根据构成指标诸因素的依存关系，再逐一测定各因素影响的程度。

知识链接

运用因素分析法应注意的问题

运用因素分析法时，应注意以下几个问题：

①要注意构成因素的相关性。确定构成经济指标的因素必须客观存在着因素关系，每个因素的变动都将直接影响综合经济指标的变化。

②要注意替换计算的顺序性。替换时，必须按照各因素的依存关系，排列成一定的顺序并依次进行，不可随意加以颠倒，否则就会得出不同的结果。

③要注意计算程序的连环性。在计算每一个因素变动的影响时，除第一次替换外，每个因素的替换都是在前一个因素替换的基础上进行的。

④要注意计算条件的假定性。运用这一方法测定各因素变动时，是以假定其他因素不变为条件的。

（3）比率分析法。比率分析法是通过计算经济指标的比率来确定经济活动变动程度的分析方法。与简单的比较分析法的区别在于，比率是相对数。采用这种方法，首先，要把分析对比的数值变成相对数，即计算出各种比率指标，然后进行比较。因此，比率分析法也可以看成是一种复杂的比较分析法。采用这种分析方法，能够把在某些条件下的不可比指标变为可比指标，以利于进行分析。

比率指标一般有三种：结构比率、相关比率、动态比率。

2. 事业单位会计报表的分析评价指标

按照《事业单位财务规则》规定，财务分析评价指标包括经费自给率、人员支出、公用支出分别占事业支出的比率、资产负债率。

（1）经费自给率。经费自给率是衡量事业单位组织收入的能力和收入满足经常性支出程度的指标，是综合反映事业单位财务收支状况的重要的分析评价指标之一。它既是国家有关部门对事业单位制定相关政策的重要指标，也是财政部门确定财政补助数额的依据，同时，也是财政部门和主管部门确定事业单位收支结余提取职工福利基金比例的依据。因此，事业单位必须正确计算经费自给率。其计算公式如下：

$$经费自给率=\frac{事业收入+经营收入+附属单位上缴收入+其他收入}{事业支出+经营支出}\times100\%$$

值得提醒的是：

该公式分子中的收入不包括财政补助收入和上级补助收入，同时分母上支出的内容反映的是事业单位的经常性支出。

在计算经费自给率时，有些临时性、一次性等特殊支出项目，如果会造成经费自给率波动较大，则要予以扣除，以便使经费自给率具有可比性和连续性，如一次性专项资金安排的设备购置支出等。

在计算经费自给率时，支出中因特殊原因需要扣除项目，应报财政部门批准。这样可以保证支出扣除的合理性，使经费自给率计算更为准确。

（2）人员支出、公用支出占事业支出的比率。这两个是反映事业单位事业支出结构的指标，分析这两个指标，可以了解事业支出结构是否合理。其计算公式如下：

$$人员支出率=\frac{人员支出}{事业支出}\times100\%$$

$$公用支出率=\frac{公用支出}{事业支出}\times100\%$$

（3）资产负债率。资产负债率是衡量事业单位利用债权人提供的资金开展业务活动的能力，以及反映债权人提供资金的安全保障程度。其计算公式如下：

$$资产负债率=\frac{负债总额}{资产总额}\times100\%$$

从事业单位的性质上来，资产负债率保持在一个较低的比例上较为合适。因为，如果单位的资产负债率低，说明事业单位完成业务活动主要依靠自有资金和财政拨款，而通过负债取得的资金较少，同时，也反映了该事业单位的偿债能力较强。

> 事业单位的资产负债率一般保持在什么比例较为合适？

情境回放

事业单位资产负债表与企业资产负债表的区别主要是：事业单位资产负债表由三部分构成，分别是资产、负债、基金（事业基金、固定基金和专用基金）和结余。企业资产负债表由三部分构成，分别是资产、负债、所有者权益（实收资本、资本公积、盈余公积和未分配利润）。

任务检测

一、单项选择题

1. 年度终了，单位应将当年实现的结余全数转入（　　）账户。

A. "事业基金"　　　B. "专用基金"　　　C. "结余分配"　　　D. "固定基金"

2. "结余分配"账户的借方余额为（　　）。

A. 未分配结余　　　B. 事业基金　　　C. 提取专用基金　　　D. 未弥补亏损

3. 下列（　　）是会计报表的平衡公式。

A. 资产－负债＝净资产　　　　　　　　B. 收入－支出＝结余

C. 资产＝负债＋净资产＋收入－支出　　D. 资产＋支出＝负债＋净资产＋收入

4. 资产负债表是总括反映会计主体在特定日期（　　）的会计报表。

A. 财务状况　　　B. 收入支出情况　　　C. 结余情况　　　D. 结余分配情况

5. 收入支出表是反映事业单位在（　　）的收支结余及其分配情况的报表。

A. 一定时点　　　B. 一定时期　　　C. 某年度　　　D. 某一特定日期

二、多项选择题

1. 结余分配的内容包括（　　）。

A. 应缴所得税　　　B. 提取专用基金　　　C. 提取盈余公积　　　D. 提取公益金

2. 年终转账后没有余额的净资产账户有（　　）。

A. 专用基金　　　B. 事业结余　　　C. 结余分配　　　D. 事业基金

3. 事业单位年终结账工作，包括的几个环节是（　　）。

A. 清理账目　　　B. 记入新账　　　C. 年终转账　　　D. 结清旧账

4. 编制会计报表的要求是（　　）。

A. 报送及时　　　B. 数字正确　　　C. 手续完备　　　D. 内容完整

5. 一般情况下，报表分析方法主要有（　　）。

A. 比较分析法　　B. 比率分析法　　C. 因素分析法　　D. 差额分析法

三、判断题（正确的画"√"，错误的画"×"）

1. 职工福利基金只能用于单位职工福利设施、集体福利待遇的开支，而不得用于职工个人福利方面的开支。（　　）

2. 年终，"经营结余"账户如为贷方余额，表示当期盈余，贷方余额全数转入"结余分配"账户；如为借方余额，则表示当年经营亏损，年终不予结转，等待以后年度用盈余弥补亏损。（　　）

3. 静态报表是反映事业单位特定日期资产、负债和净资产构成情况的报表，如收入支出表。（　　）

4. 结账前的资产负债表大部分收入和支出账户均无余额。（　　）

5. 事业单位会计报表的附表主要是指收入支出表的附表，不包括事业支出明细表、经营支出明细表和基本数字表。（　　）

实训项目 ▶▶

训练一

[资料] 某事业单位 2011 年年终发生如下经济业务：

（1）年终结账前有关事业活动收支账户的余额如表 4-9 所示。

表 4-9　　　　　　　　　　事业收支账户余额表　　　　　　　　　　单位：元

账户名称	借方余额	账户名称	贷方余额
拨出经费	900 000	财政补助收入	1 200 000
上缴上级支出	240 000	上级补助收入	300 000
对附属单位补助	110 000	附属单位缴款	100 000
事业支出	1 000 000	事业收入	1 500 000
结转自筹基建	300 000	其他收入	20 000
销售税金（非经营）	50 000		

（2）年终结账前有关经营活动收支账户的余额如表 4-10 所示。

表 4-10　　　　　　　　　　经营收支账户余额表　　　　　　　　　　单位：元

账户名称	借方余额	账户名称	贷方余额
经营支出	300 000	经营收入	550 000
销售税金	50 000		

(3) 将当年实现的事业结余和经营结余全数转入"结余分配"账户。

(4) 根据有关规定，所得税税率为 25%，计算经营活动结余应缴纳所得税。

(5) 根据有关规定，按缴纳所得税后的结余数额的 30% 提取职工福利基金。

(6) 将结余分配后的余额全数转入事业基金。

[要求] 根据以上经济业务编制会计分录。

训练二

[资料] 某事业单位 2011 年 12 月各总分类账户余额如表 4－11 所示。

表 4－11　　　　　　　　　　　　　　总分类账户余额表　　　　　　　　　　　　　单位：元

账户名称	借方余额	账户名称	贷方余额
现金	20 000	借入款项	67 000
银行存款	460 000	应付票据	28 500
应收票据	12 000	应付账款	38 000
应收账款	33 000	预收账款	9 000
预付账款	18 000	其他应付款	22 500
其他应收款	42 000	事业基金	510 000
材料	35 000	其中：一般基金	480 000
产成品	20 000	投资基金	30 000
对外投资	20 000	固定基金	2 100 000
固定资产	2 420 000	专用基金	60 000
无形资产	10 000	财政补助收入	180 000
拨出经费	60 000	上级补助收入	120 000
事业支出	900 000	事业收入	1 005 000
经营支出	330 000	经营收入	420 000
成本费用	45 000	附属单位缴款	15 000
销售税金	60 000	其他收入	45 000
上缴上级支出	22 500		
对附属单位补助	12 500		
结转自筹基建	100 000		

该单位年终结余分配情况如下：

(1) 按经营结余的 25% 缴纳所得税。

(2) 按 30% 的比例提取职工福利基金。

[要求] 1. 根据以上资料编制年终结账前的资产负债表。

2. 编制年终转账的会计分录。

3. 编制年终结账后的资产负债表。

训练三

[资料] 见"训练二"相关资料。

[要求] 编制收入支出表。

📖 项目小结

　　本项目为事业单位会计，主要讲述了事业单位会计资产、负债、收入、支出和净资产的核算，事业单位结余分配及会计报表的编制和分析，是预算会计中很重要的内容。在学习中要注意：①理解事业单位会计要素的分类。②着重掌握事业单位资产、负债、收入、支出和净资产的会计核算，熟练运用会计科目进行相关业务的处理。③注意事业单位会计与企业会计的差别。

项目三 行政单位会计

任务五 行政单位资产和负债的核算

任务目标

知识目标

● 熟悉行政单位资产、负债的概念及分类。

● 掌握行政单位会计资产的核算。

● 掌握行政单位会计负债的核算。

技能目标

● 能够熟练对行政单位的资产、负债等业务进行账务处理。

情境设置

某局是个行政单位，执行《行政单位会计制度》，有一下属的服务中心为事业单位。张星现成为该局新任财务领导。上任伊始，对该局及其下属单位2010年的资产管理情况进行了全面检查，对一些业务的处理提出了质疑：

①2010年1月，该局通过局长办公会议形成决议，以本局接受无偿划拨的一栋房屋作为抵押物，为下属单位的银行借款提供担保。②2010年7月，该局经市财政局批准对外出租一栋闲置办公楼，取得租金收入200 000元，直接支付办公楼维修费用。③2010年9月，下属单位经该局审核，报财政局审批，用账面价值150 000元的一辆小轿车与C公司的商务车进行置换。下属单位聘请资产评估公司对小轿车价值进行重新估价，评估金额为100 000元。

请思考：上述三项业务的处理符合要求吗？

知识准备

一、行政单位资产的核算

资产是行政单位占有或者使用的、能以货币计量的经济资源，包括各种财产、债权和其他权利。行政单位的资产分为流动资产和固定资产。

流动资产是可以在一年（含1年）变现或者耗用的资产，包括现金、银行存款、零余额账户用款额度、财政应返还额度、有价证券、暂付款、库存材料等。固定资产是指使用年限在一年以上，单位价值在规定的标准以上，并在使用过程中基本保持原来物质形态的资产，包括房屋和建筑物、专用设备、一般设备、文物和陈列品、图书、其他固定资产等。

1. 现金的核算

"现金"账户用于核算行政单位库存现金的增减结存情况。该账户的借方反映库存现金的增加数，贷方反映库存现金的减少数，期末借方余额反映行政单位库存现金实有数。

【练中学5-1】 某行政单位发生下列业务。

①8月1日，开出现金支票从银行提取现金5 000元作为备用金。②8月3日，单位以现金800元购买办公用品。③8月5日，本机关工作人员张明因公出差预借现金3 000元。④8月10日，张明报销差旅费2 650元，退回现金350元。⑤8月25日将本日超库存现金3 800元送存银行。请根据上述业务，进行账务处理。

①借：现金	5 000	
贷：银行存款		5 000
②借：经费支出	800	
贷：现金		800
③借：暂付款——张明	3 000	
贷：现金		3 000
④借：经费支出	2 650	
现金	350	
贷：暂付款——张明		3 000
⑤借：银行存款	3 800	
贷：现金		3 800

行政单位还应设置"现金日记账"，由出纳人员根据原始凭证，对单位每天发生的现金业务进行逐笔登记。每日终了，应计算当日现金收入合计数、现金支出合计数和结余数，并将结余数与实际库存数核对，做到账款相符，同时编制"库存现金日报表"。对有外币现金的行政单位，应分别设置人民币、各种外币"现金日记账"进行明细核算。

在现金收付过程中，如发生长款或短款情况，应及时查明原因。在未查明原因之前，对长款现金，可先作"暂存款"处理，增加库存现金，若无法查明原因，作为预算收入缴库。对现金短款，可先作"暂存款"，减少库存现金，待查明原因后再按规定处理。

【练中学5-2】 某行政单位盘点库存现金，发生如下会计事项：

①盘点库存现金，发现库存数比账面数少46元，因暂时无法查明原因，先作暂付款处理。②经查明分析，短少的现金是由于工作失误所致，经单位领导批准，同意作经费支出报销。③盘点库存现金，发现库存的账面数多50元，暂时无法查明原因，先作暂存款处理。④经查明，多余的现金不属本单位所有，也没找到失主，经领导批准作无主款处理，转作应缴预算款。请根据上述业务，进行账务处理。

①借：暂付款	46	
贷：现金		46
②借：经费支出——其他费用	46	

贷：暂付款	46
③借：现金	50
贷：暂付款	50
④借：暂付款	50
贷：应缴预算款	50

> 企业会计中的现金核算用"库存现金"科目，而行政单位用"现金"科目，这是小小的区别。

2. 银行存款的核算

"银行存款"账户用于核算行政单位银行存款的收、付、余存情况。未实行国库集中支付核算的"银行存款"账户，既核算财政资金，也核算非财政资金。实行国库集中支付核算后，"银行存款"账户核算内容改为行政单位的自筹资金收入、以前年度结余和各项往来款项，而没有财政性资金的内容。该账户的借方反映银行存款的增加数，贷方反映银行存款的减少数，期末借方余额反映银行存款的实有数。对有外币存款的行政单位，应在本账户下分别按人民币和各种外币设置"银行存款日记账"进行明细核算。

行政单位将款项存入银行或其他金融机构时，借记"银行存款"账户，贷记"现金"等有关账户；提取和支出存款时，借记"现金"等有关账户，贷记"银行存款"账户。

【练中学 5-3】　某行政单位属于二级会计单位，发生下列业务：

①开出转账支票，购买办公用品 1 000 元，直接投入使用。②单位收到上级拨入的预算经费150 000 元。③单位向所属单位转拨预算经费 50 000 元。请根据上述业务，进行账务处理。

①借：经费支出	1 000
贷：银行存款	1 000
②借：银行存款	150 000
贷：拨入经费	150 000
③借：拨出经费	50 000
贷：银行存款	50 000

行政单位发生的外币银行存款业务，应当按当日中国人民银行颁布的人民币外汇汇率，将外币金额折合为人民币记账，并登记外国货币金额和折合率。年度终了（外币存款业务量大的单位可按季或按月结算），行政单位应将外币账户余额按照期末中国人民银行颁布的人民币外汇汇率折合为人民币，作为外币账户期末人民币余额。调整后的各种外币账户人民币余额与原账面余额的差额，作为汇兑损益列入经费支出科目。

【练中学 5-4】　①某行政单位收到财政拨入的用于外事活动的经费 100 000 美元，当日汇率为 1∶6.8。②年末，美元与人民币比率为 1∶6.6，调整美元存款年末额。汇率调整后，10 万美元折合人民币由原来的 680 000 元变为 660 000 元，少了 20 000 元，作为汇兑损益列入经费支出。请根据上述业务，进行账务处理。

①借：银行存款——美元存款　　　　　　　　680 000
　　贷：拨入经费　　　　　　　　　　　　　　　　680 000
②借：经费支出　　　　　　　　　　　　　　20 000
　　贷：银行存款——美元存款　　　　　　　　　　20 000

3. 零余额账户用款额度的核算

"零余额账户用款额度"账户用于核算财政部门对行政单位授权支付业务。行政单位收到代理银行转来的财政授权支付到账通知书，并与单位预算和用款计划核对无误后，借记该账户，贷记"拨入经费"账户；行政单位开具支付令从单位零余额账户中支付款项时，借记"经费支出"、"库存材料"等有关账户，贷记该账户；从单位零余额账户提现时，借记"现金"账户，贷记该账户。

【练中学 5 - 5】　某行政单位纳入财政国库单一账户制度体系，发生下列业务。

①收到代理银行转来的《财政授权支付额度到账通知书》，本月单位财政授权支付额度为 400 000 元，与分月用款计划核对后进行账务处理。②单位从"零余额账户用款额度"中提取现金 3 000 元，购买库存材料。请根据上述业务，进行账务处理。

①借：零余额账户用款额度　　　　　　　　　400 000
　　贷：拨入经费　　　　　　　　　　　　　　　　400 000
②借：现金　　　　　　　　　　　　　　　　3 000
　　贷：零余额账户用款额度　　　　　　　　　　　3 000
同时记：
借：库存材料　　　　　　　　　　　　　　　3 000
　贷：现金　　　　　　　　　　　　　　　　　　3 000

4. 财政应返还额度的核算

"财政应返还额度"账户用于核算纳入财政国库集中支付制度体系的行政单位年终结余资金的账务处理。财政直接支付年终结余资金账务处理时，借方登记单位本年度财政直接支付预算指标数与财政直接支付实际支出数的差额，贷方登记下年度实际支出的冲减数；财政授权支付年终结余资金账务处理时，借方登记单位零余额账户注销额度数，贷方登记下年度恢复额度数（如单位本年度财政授权支付预算指标数大于零余额账户用款额度下达数，借方需同时登记两者差额，贷方登记下年度单位零余额账户用款额度下达数）。

【练中学 5 - 6】　某行政单位已纳入财政国库单一账户制度体系，年终结算资料如下：

①本年度财政直接支付预算指标数为 650 000 元，财政直接支付实际支出数为 600 000元，该单位存在尚未使用的财政直接支付预算指标 50 000 元。②本年度财政授权支付预算指标数为 700 000 元，本年度财政授权支付实际支出数为 630 000 元，单位零余额账户代理银行收到的零余额账户用款额度 670 000 元。该单位存在尚未使用的财政授权支付预算额度 40 000 元，存在尚未收到的财政授权支付预算指标 30 000 元。③次年初，单位收到财政部门批复的上年终未下达的单位零余额账户用款额度 30 000 元。请根据上述业务，进行账务处理。

①借：财政应返还额度——财政直接支付　　　50 000
　　贷：拨入经费　　　　　　　　　　　　　　　　50 000

②借：财政应返还额度——财政授权支付   40 000

    贷：零余额账户用款额度   40 000

同时记，

    借：财政应返还额度——财政授权交付   30 000

      贷：拨入经费   30 000

③借：零余额账户用款额度   30 000

    贷：财政应返还额度——财政授权支付   30 000

注意：当收到财政部门批复上年尚未使用的财政直接支付预算指标数额时，单位会计不作会计分录。

5. 有价证券的核算

(1) 行政单位购买有价证券的规定。行政单位是履行或代行国家职能的单位，为维护行政单位在履行公务时的公正性和独立性，行政单位不允许购买企业债券或金融债券，更不允许进行股票投资。因此，行政单位会计制度规定行政单位只能购买国债，并严格遵守有关规定。

①行政单位只能购买中央财政发行的国家公债，不能购买其他有价证券。

②行政单位购买有价证券的资金来源，只能是有权自行支配的结余资金，不能因购买有价证券而影响履行行政职责的财力保证。

③行政单位购买有价证券，不能列作支出预算。

④有价证券的利息收入和转让收入与账面成本的差额，记入当期收入，反映在"其他收入"账户中。不能作为福利费处理或设立"小金库"。

⑤行政单位购入的有价证券，应视同货币资金一样保管，做到账券相符。

(2) 有价证券的账务处理。"有价证券"账户用于核算行政单位购入的有价证券。借方登记购入的各种有价证券的实际成本，贷方登记出售有价证券时或到期收回债券的成本，期末借方余额反映尚未兑付的有价证券本金数。行政单位购入有价证券时，按照实际支付的款项，借记"有价证券"账户，贷记"银行存款"账户；兑付本息时，借记"银行存款"账户，贷记"有价证券"账户（本金）和"其他收入"账户（利息）。

行政单位不论是以折价、溢价还是平价方式购入的有价证券，均以取得时的实际成本记账，借记"有价证券"科目，贷记"银行存款"科目。有价证券的收益包括两方面：一是持有有价证券期间获得的利息；二是转让有价证券时获得的收益或损失。不论是哪种收益均应通过"其他收入"账户核算。

【练中学 5 - 7】 某行政单位发生如下有关有价证券的会计事项：

①5月1日，用经费结余资金购入 20 000 元国库券，以转账方式支付。②6月30日，原购入的 20 000 元国库券到期，利息为 2 800 元。请根据上述业务，进行账务处理。

①借：有价证券   20 000

    贷：银行存款   20 000

②借：银行存款   22 800

    贷：有价证券   20 000

      其他收入   2 800

6. 暂付款的核算

(1) 暂付款的内容及管理。暂付款是行政单位在公务活动中与其他单位、所属单位或本单位职工发生的临时性待结算款项，一般包括预付的设备款、职工预借的差旅费、报销单位领用的备用金等。为保证财政资金的安全完整，对行政单位的暂付款应按如下要求进行管理。

① 严格审批程序。各项暂付款要根据核定的预算或计划，按规定的审批程序，取得合法凭证，经过认真审核后才能支付。如不按规定办事造成了国家资金损失，财会人员和批准人员都要负经济责任和法律责任。

② 严格财务审核制度，控制暂付款的资金额度和占用时间。必须在规定的范围内发生暂付款，手续必须齐全。

③ 要对暂付款进行及时清理、结算，不得长期挂账。对确实无法收回的暂付款，要查明原因，分清责任，按规定程序批准后核销。

(2) 暂付款的账务处理。行政单位为了核算已发生待核销的结算款项，应在资产类账户中设置"暂付款"账户。该账户的借方登记暂付款的增加数，贷方登记结算收回或核销转列支出数，期末借方余额反映尚待结算的应收暂付款项累计数。本账户应按债务单位或个人名称设置明细账。

行政单位发生暂付款项时，借记"暂付款"账户，贷记"银行存款"、"现金"等有关账户；结算收回或核销转列支出时，借记"银行存款"、"现金"、"经费支出"等有关账户，贷记"暂付款"账户。

【练中学 5-8】 某行政单位未实行国库集中支付制度，发生下列业务：

① 预付购买办公设备价款 30 000 元。② 设备到货，总价值 50 000 元，开出转账支票支付剩余款项。③ 职工张星出差预借差旅费 3 000 元。④ 张星出差归来，报销差旅费 2 800元，余款 200 元退回。请根据上述业务，进行账务处理。

借：暂付款——某单位		30 000
贷：银行存款		30 000
借：经费支出		50 000
贷：暂付款——某单位		30 000
银行存款		20 000

同时记，

借：固定资产		50 000
贷：固定基金		50 000
借：暂付款——张星		3 000
贷：现金		3 000
借：经费支出		2 800
现金		200
贷：暂付款——张星		3 000

7. 库存材料的核算

库存材料是指行政单位大宗购入进入仓库并陆续耗用的行政用物资的材料，如备用的修理用材料、取暖材料和大宗办公用品等。

知识链接

行政单位库存材料的管理与计价

①购入材料的管理与计价。行政单位在执行预算过程中,需要耗用的办公用品和材料,如果品种不多、数量不大,不需大量库存,可随用随买,不单独进行库存材料核算,按购入数直接列支。但材料进出量较大的行政单位,则应单独进行库存材料的核算。在库存材料的核算中,行政单位对购入、有偿调入的库存材料,分别以购进价、调拨价作为入账价格。材料采购、运输过程中发生的差旅费、运杂费等不计入库存材料价格,直接列入有关支出科目核算。

②领用材料的管理与计价。行政单位应妥善保管好其库存材料。在领用或发出材料时,由于同种库存材料每次进货的来源不同和质量等级的差异,单位价格也可能不完全一致,材料管理部门就必须对材料价格进行计算。一般采取先进先出法和加权平均法确定材料的价值。

行政单位核算大宗购入、需要库存的物资材料时,应在资产类账户中设置"库存材料"账户,购入和增加时记该账户的借方,领用和损失时记该账户的贷方,借方余额反映库存未耗用的材料数。库存材料应根据需要适当分类,并按类别或品种等进行明细核算。

(1) 材料购入、调入的核算。行政单位购入或调入的材料数量大宗并已验收入库时,按购入价或调入价入账,借记"库存材料"账户,贷记"银行存款"、"暂存款"或"其他收入"等账户。对购入或调入材料过程中发生的差旅费或运杂费,直接记入"经费支出"账户。

【练中学 5-9】 某行政单位尚未实行国库集中支付制度,发生下列业务:

①购入办公用材料一批,价款 10 000 元,购入过程发生运杂费 280 元,以银行存款支付。②单位为完成某专项行政任务,用上级拨入专项资金购入专用材料一批,价款 15 000元,发生运杂费等 400 元,材料已验收入库。请根据上述业务,进行账务处理。

①借:库存材料   10 000

    经费支出——基本支出   280

  贷:银行存款   10 280

②借:库存材料   15 000

    经费支出——专项支出   400

  贷:银行存款   15 400

如果行政单位实行国库集中支付制度,用财政直接支付购买材料的,账务处理为借记"库存材料"账户,贷记"拨入经费"账户;用财政授权支付购买材料的,账务处理为借记"库存材料"账户,贷记"零余额账户用款额度"账户。

(2) 材料领用出库的核算。行政单位领用材料时,应先用加权平均法或先进先出法计算出出库材料的价格，并据以登记入账，借记"经费支出"账户，贷记"库存材料"账户。

【练中学 5 - 10】 某行政单位发生下列业务：

①办公室领用办公用材料一批，经计算价值 1 600 元。②某科室领用专用材料一批，价值 7 000 元，用于某专项课题研究。请根据上述业务，进行账务处理。

①借：经费支出——基本支出　　　　　　　　　　　　1 600

　　贷：库存材料　　　　　　　　　　　　　　　　　　　1 600

②借：经费支出——项目支出　　　　　　　　　　　　7 000

　　贷：库存材料　　　　　　　　　　　　　　　　　　　7 000

（3）材料盘盈盘亏的核算。行政单位应定期盘点库存材料，对盘盈或盘亏的材料，按其重置完全价值估价入账，作冲减或增加支出处理。盘盈材料时，借记"库存材料"账户，贷记"经费支出"账户；盘亏材料时，借记"经费支出"等账户，贷记"库存材料"账户。

【练中学 5 - 11】 某行政单位盘盈甲材料 20 件，每件估价 20 元；盘亏乙材料 5 件，每件 30 元。请根据上述业务，进行账务处理。

盘盈甲材料记，

借：库存材料——甲材料　　　　　　　　　　　　　　400

　　贷：经费支出　　　　　　　　　　　　　　　　　　　400

盘亏乙材料记，

借：经费支出　　　　　　　　　　　　　　　　　　　150

　　贷：库存材料——乙材料　　　　　　　　　　　　　150

（4）材料变价处理的核算。行政单位将不需用的库存材料变价出售的收入计入银行存款，对变价发生的损益，相应地增减当期的相关支出。

通过以上内容的学习，你能分清企业原材料的核算与行政单位库存材料的核算有哪些不同点了吗？

【练中学 5 - 12】 某行政单位将本单位不需用的办公用材料一批变价出售，收到价款 1 500 元，该批材料原价 2 000 元。请根据上述业务，进行账务处理。

借：银行存款　　　　　　　　　　　　　　　　　　1 500

　　经费支出——基本支出　　　　　　　　　　　　　500

　　贷：库存材料　　　　　　　　　　　　　　　　　　2 000

【练中学 5 - 13】 某行政单位在完成上级交付的专项任务之后，将不需用的专用材料变价出售给外单位，取得材料变价收入 2 000 元，该批材料原价 1 800 元。请根据上述业务，进行账务处理。

借：银行存款　　　　　　　　　　　　　　　　　　2 000

　　贷：库存材料　　　　　　　　　　　　　　　　　　1 800

　　　　经费支出——项目支出　　　　　　　　　　　　200

8. 固定资产的核算

（1）行政单位固定资产的具体标准。固定资产是指单位价值在规定标准以上，使用年限在一年以上，并在使用过程中保持原来物质形态的资产。

①一般设备。单位价值在 500 元以上，耐用时间在一年以上的设备。

②专用设备。单位价值在 800 元以上，耐用时间在一年以上的设备。

③批量设备。单位价值不足一般设备和专用设备的起点，但耐用时间在一年以上的大批量同类财产，如图书、桌椅、被服等。

凡不同时具备上述固定资产标准的工具、器具等物质资料，作为低值易耗品，纳入库存。材料的核算，不作为固定资产核算。

（2）固定资产的分类。行政单位的固定资产按其自然属性、用途和管理要求，一般分为以下六类。

①房屋及建筑物，包括各种单位自有的办公用房、生活用房和建筑物。

②专用设备，包括各种仪器和机械设备、电子设备等。

③一般设备，包括被服、办公与事务用家具设备，一般工具和文体设备等。

④文物和陈列品，包括博物馆、陈列馆、展览馆、文化馆的馆藏或展览的文物和陈列品。

⑤图书，包括专业图书和行政单位的技术图书。

⑥其他固定资产，指的是不包括在以上各类中但又同时具备固定资产两个条件的其他各项固定资产。

各主管部门可以根据具体情况对以上分类作适当变更，并具体规定固定资产目录。各基层会计单位应根据主管部门规定的固定资产目录，组织固定资产的核算。

知识链接

固定资产的计价

为了如实地反映固定资产价值的变动，保证会计核算的统一性，行政单位应按照国家规定的统一计价原则，正确地对固定资产进行计价。

①购入、调入的固定资产，按实际支付的买价、调拨价及运杂费、保险费、安装费、车辆购置税之和入账。

②自行建造的固定资产，按建造过程中实际发生的全部支出入账。

③在原有固定资产基础上进行改、扩建的，应按改、扩建发生的支出，减去改、扩建过程中发生的变价收入后的净增加值，增记固定资产。

④接受捐赠的固定资产，应当按照同类固定资产的市场价格或者有关凭据记账。接受固定资产时发生的相关费用，应当记入固定资产价值。

⑤无偿调入的固定资产，不能查明准确价值的，估价入账。

⑥盘盈的固定资产，按重置完全价值入账。

⑦已投入使用但尚未办理移交手续的固定资产，可先按估计价值入账，待确定实际价值后，再进行调整。购置固定资产过程中发生的差旅费，不计入固定资产价值。

已经入账的固定资产，除发生下列情况外，不得任意变动：根据国家规定固定资产价值重新估价；增加补充设备或改良装置的；将固定资产的一部分拆除的；根据实际价值调整原来暂估价值的；发现原来记录固定资产价值有错误的。

（3）固定资产的账务处理。

①固定资产增加的核算。固定资产增加的账务处理，因其取得途径不同而异。行政单位固定资产增加的途径有：基建完工移交的房屋和建筑物，购置、自制、有偿或无偿调入，接受捐赠、盘盈的固定资产等。

A. 购建固定资产的核算。购建固定资产时，借记"经费支出"账户，贷记"银行存款"或"拨入经费"等账户，同时借记"固定资产"账户，贷记"固定基金"账户。

【练中学 5－14】　某行政单位实行国库集中支付制度，发生下列业务：

①通过政府采购购买办公设备一套，总价 600 000 元，由财政直接支付方式付款给供货商，现已验收合格交付部门使用。②通过零余额账户用款额度购买两台计算机，价款 10 000 元，货已验收交付部门使用。请根据上述业务，进行账务处理。

①借：经费支出　　　　　　　　　　　　　　600 000
　　贷：拨入经费　　　　　　　　　　　　　　　　600 000
　借：固定资产　　　　　　　　　　　　　　600 000
　　贷：固定基金　　　　　　　　　　　　　　　　600 000
②借：经费支出　　　　　　　　　　　　　　10 000
　　贷：零余额账户用款额度　　　　　　　　　　　10 000
　借：固定资产　　　　　　　　　　　　　　10 000
　　贷：固定基金　　　　　　　　　　　　　　　　10 000

B. 接受捐赠固定资产的核算。行政单位接受捐赠的固定资产，应按同类固定资产的市场价格或者有关凭据借记"固定资产"账户，贷记"固定基金"账户。对接受固定资产时发生的相关费用，一方面应记入"经费支出"账户，另一方面也增加固定资产价值，记入"固定资产"和"固定基金"账户。

> 请注意，行政单位固定资产的核算，一方面要增加"固定资产"的借方数额，另一方面要增加净资产"固定基金"。

【练中学 5－15】　某单位收到捐赠的轿车一辆，同类轿车的市场价格为 140 000 元，同时该单位支付运杂费 500 元，以银行存款支付。请根据上述业务，进行账务处理。

借：经费支出　　　　　　　　　　　　　　　500
　贷：银行存款　　　　　　　　　　　　　　　　500
同时记，
借：固定资产　　　　　　　　　　　　　　140 500
　贷：固定基金　　　　　　　　　　　　　　　140 500

C. 调入固定资产的核算。行政单位调入固定资产分为有偿调入和无偿调入。有偿调入的核算与购入固定资产的核算相同，无偿调入的核算与捐赠固定资产的核算相同。

【练中学 5-16】 某行政单位发生下列业务：

①经主管部门批准，在系统内无偿调入复印机一台，价值 30 000 元。②有偿调入办公设备一台，该设备价值 10 000 元。请根据上述业务，进行账务处理。

①借：固定资产　　　　　　　　　　　　　　　　30 000
　　贷：固定基金　　　　　　　　　　　　　　　　　　30 000

②借：经费支出　　　　　　　　　　　　　　　　10 000
　　贷：银行存款　　　　　　　　　　　　　　　　　　10 000

同时记，

借：固定资产　　　　　　　　　　　　　　　　　10 000
　　贷：固定基金　　　　　　　　　　　　　　　　　　10 000

D. 盘盈固定资产的核算。行政单位应当定期或者不定期地对其占有或者使用的固定资产进行清查盘点，每年至少实地盘点一次，以保证固定资产核算的真实性。在固定资产清查过程中，如果发现有盘盈、盘亏的固定资产，应查明原因，填制固定资产盘盈、盘亏报告表并写出书面报告，经有关部门批准后，分情况进行账务处理。对于盘盈的固定资产，按重置完全价值及时补记入账，借记"固定资产"账户，贷记"固定基金"账户。

【练中学 5-17】 某行政单位在财产清查中，发现账外设备一台，其重置完全价值为 20 000 元，按规定程序批准后予以补记入账。请根据上述业务，进行账务处理。

借：固定资产　　　　　　　　　　　　　　　　　20 000
　　贷：固定基金　　　　　　　　　　　　　　　　　　20 000

②固定资产减少的核算。行政单位固定资产减少的原因，一般有以下几种情况：出售，经批准无偿或有偿调拨给其他单位，由于物理性损耗造成的正常毁损、报废，非常规损失造成的毁损、报废、盘亏等。

A. 出售固定资产的核算。行政单位可以将不需用的固定资产出售给需用单位。出售固定资产时，固定资产和固定基金同时减少，应按账面价值注销，借记"固定基金"账户，贷记"固定资产"账户。出售固定资产取得的变价收入，作为其他收入处理。

【练中学 5-18】 某行政单位将一台不需用的设备出售，该设备原价 20 000 元，双方协定售价 15 000 元，已通过银行收回价款。请根据上述业务，进行账务处理。

借：固定基金　　　　　　　　　　　　　　　　　20 000
　　贷：固定资产　　　　　　　　　　　　　　　　　　20 000

同时记，

借：银行存款　　　　　　　　　　　　　　　　　15 000
　　贷：其他收入　　　　　　　　　　　　　　　　　　15 000

B. 调拨固定资产的核算。行政单位固定资产的调拨，分为无偿调拨和有偿调拨两种方式。凡经批准对外调拨的固定资产，都应由单位的财产管理部门统一办理调拨手续，填制固定资产调拨单，连同固定资产卡片一并报送财务部门销账。有偿、无偿调拨的固定资产，都要按其账面价值销账，借记"固定基金"账户，贷记"固定资产"账户。有偿调拨的固定资产还要按实际收到的价款，借记"银行存款"账户，贷记"其他收入"账户。

【练中学 5 - 19】　经主管部门批准，某行政单位将一台原值为 160 000 元的汽车无偿调拨给所属单位，将一台原值 8 000 元的计算机有偿调给其他单位，取得价款 5 000 元。请根据上述业务，进行账务处理。

无偿调拨的核销固定资产账面原值，

借：固定基金　　　　　　　　　　　　　　　　160 000

贷：固定资产　　　　　　　　　　　　　　　160 000

有偿调拨的核销固定资产账面原值，

借：固定基金　　　　　　　　　　　　　　　　8 000

贷：固定资产　　　　　　　　　　　　　　　8 000

同时记，

借：银行存款　　　　　　　　　　　　　　　　5 000

贷：其他收入　　　　　　　　　　　　　　　5 000

C. 损毁、报废固定资产的核算。行政单位的固定资产由于损耗或其他原因致使其不能再使用时，应进行处理，办理报废、毁损手续。报废、毁损的固定资产，依照规定程序报经批准后，按账面价值销账。报废、损毁固定资产清理过程中发生的净收入，记入"其他收入"账户，清理过程中所发生的费用，作为当期支出，记入"经费支出"账户。

【练中学 5 - 20】　某行政单位经批准报废一台复印机，原价 40 000 元，变价收入 5 000 元，并以现金支付清理费 180 元，现已清理完毕。请根据上述业务，进行账务处理。

核销固定资产账面原值时，

借：固定基金　　　　　　　　　　　　　　　　40 000

贷：固定资产　　　　　　　　　　　　　　　40 000

收到变价收入时，

借：银行存款　　　　　　　　　　　　　　　　5 000

贷：其他收入　　　　　　　　　　　　　　　5 000

支付清理费用时，

借：经费支出　　　　　　　　　　　　　　　　180

贷：现金　　　　　　　　　　　　　　　　　180

D. 盘亏固定资产的核算。盘亏的固定资产经批准后，按账面原值销账，借记"固定基金"账户，贷记"固定资产"账户。

【练中学 5 - 21】　某行政单位在财产清查中，发现盘亏设备一台，其账面原值为 100 000 元。请根据上述业务，进行账务处理。

借：固定基金　　　　　　　　　　　　　　　　100 000

贷：固定资产　　　　　　　　　　　　　　　100 000

③固定资产修理的核算。固定资产在其使用过程中，由于各个组成部分耐用程度不同或者使用的条件不同，因而往往发生固定资产的损坏，为了保持固定资产的正常运转和使用，充分发挥其使用效能，就必须对其进行必要的修理。固定资产的修理按其修理范围的

大小和修理时间间隔的长短，可以分为大修理和中、小修理，中、小修理也可称为经常性修理。

固定资产的修理虽然有大修理、日常修理之分，而且付出的费用也不同，但行政单位采用收付实现制的原则进行核算，收入与支出不必进行配比。因此，不管何种修理发生的费用，都列为当期的经费支出。

通过以上内容的学习，你能分清楚行政单位固定资产核算与生产制造型企业固定资产核算的不同点了吧？

二、行政单位负债的核算

行政单位负债，是指行政单位所承担的能以货币计量、需以资产偿付的债务。行政单位负债产生于行政单位所进行的经济活动，它是需要用货币等形式来上缴财政或偿还债权人的、未来的经济负担。

行政单位负债主要包括：应缴预算款、应缴财政专户款、暂存款、应付工资（离退休费）、应付地方（部门）津贴补贴以及应付其他个人收入等。

1. 应缴款项的管理

应缴款项实质上是行政单位的一种负债。应缴款项的管理应重点关注以下几个方面：

①各行政单位都要建立健全各种应收款项的管理制度及严格的责任制，确立单位的各种资金收取，统一由单位的财会部门管理和承办，其他部门及个人不得借故自行办理，更不得违纪、违法强行办理。

②各行政单位必须认真贯彻执行国家及财政部门制定的收支两条线的具体规定。对于收到的各种应缴款项，应当按照有关规定和具体要求，分别足额上缴。对于上缴财政专户的预算外资金，如单位因事需要，应按照规定的程序向财政部门提出申请，经财政部门核准并从财政专户转拨回资金后，才能作为单位的预算外资金收入，由单位安排使用。

③行政单位要想单独设立行政性收费项目、建立专用基金，必须严格按照规定的程序，分别申报国务院、省级人民政府及其财政部门审批。省以下各级人民政府及其所属部门，无权审批设立行政事业性收费项目、专用基金项目或调整收费标准。各行政单位一律不得私自设立收费项目和收费标准，自行乱收费。

④行政单位的各种应缴款项的收取，必须严格按照国家及相关部门的规定及其明确的收费范围和收费标准处理，严格各种手续，统一使用财政部门监制的"行政事业性统一收费票据"或"行政事业性收费缴款书"，以确保所用票据的真实性和合法性。

⑤各行政单位经办代收的各种应缴款项，必须按照同级财政部门规定的缴款方式、缴款期限及其具体要求办理。通常情况下，每月终了前，必须将所收的各种应缴款项分别足额上缴，任何单位不得缓缴、截留、挪用或自行坐支。

行政单位的应缴款项分为两项：一是应缴预算款，二是应缴财政专户款。

2. 应缴预算款的核算

（1）应缴预算款的管理。应缴预算款是指行政单位（执收单位）在业务活动中按规定取得的应缴财政预算款的各种款项，是根据法律法规规定并经国务院或财政部批准，向公民、法人和其他组织（缴款人）征收的政府性基金，以及参照政府性基金管理纳入基金预算或具有特定用途的财政资金。这类款项在《政府收支分类科目》中属于非税收入。

应缴预算款的内容包括：政府性基金收入、专项收入、行政事业性收费收入、罚没收入和没收财物变价款、无主财物变价款、其他应缴预算的资金。

（2）应缴预算款的账务处理。"应缴预算款"账户用于核算行政单位按规定取得并缴入预算的款项。该账户的贷方反映收到的应缴预算款数额，借方反映应缴预算的上缴数额，年终结转后，本账户应无余额。按照国库集中支付制度，各行政单位财务部门根据代收银行受理盖章后的《非税收入一般缴款书》第一联及相关原始凭证，进行账务处理。

【练中学 5‑22】　某行政单位实行国库单一账户制度，依据规定收取行政性收费 8 000 元，收取政府性基金 2 400 元，款项已上缴国库。请根据上述业务，进行账务处理。

借：应缴预算款——行政性收费 8 000

——政府性基金收入 2 400

贷：银行存款 10 400

注：行政单位会计也可以通过设置"应缴预算款备查登记簿"进行登记和管理，不作会计分录。

【练中学 5‑23】　某行政单位未实行国库单一账户制度，①本月发生了以下几笔业务：依据规定收取行政性收费 7 000 元，收取政府性基金 1 600 元，收到罚款收入 3 000 元，款项已存入银行。②月末，将上述应缴预算款上缴财政。请根据上述业务，进行账务处理。

①借：银行存款 11 600

贷：应缴预算款——行政性收费 7 000

——政府性基金收入 1 600

——罚款 3 000

②借：应缴预算款 11 600

贷：银行存款 11 600

3. 应缴财政专户款的核算

（1）应缴财政专户款的管理。应缴财政专户款是指行政单位按规定代收的应上缴财政专户的预算外资金。预算外资金是指国家机关、事业单位和社会团体为履行或代行政府职能，依据国家法律、法规和具有法律效力的规章而收取、提取和安排使用的未纳入政府预算管理的各种财政性资金。

从 2011 年 1 月 1 日起，各部门各单位的教育收费包括目前在财政专户管理的初中、小学生住宿费，高中以上学费、住宿费，高校委托培养费，党校收费，教育考试考务费，函大、电大、夜大及短训班培训费，托幼园所收费，中考报名考务费及招生录取费，高校网上招生费，成人教育收费，硕士博士研究生学费（不含国家招生计划中国家任务招生），硕士研究生学位论文指导答辩费等彩票发行机构和彩票销售机构的业务费用作为本部门的事业收入，纳入财政专户管理，收缴比照非税收入收缴管理制度执行。其他预算外资金管理的收入全部纳入预算管理。即从 2011 年 1 月 1 日起，各部门各单位的预算外收入（含以前年度欠缴及未缴财政专户的资金和财政专户结余资金）全部上缴同级国库，支出通过一般预算安排。

（2）应缴财政专户款的账务处理。预算外资金是国家财政性资金，不是部门和单位自有资金，必须纳入财政管理。国家对预算外资金管理经历了以下几个阶段。

第一阶段是实行收支两条线管理时期。

第二阶段是对于已经实行非税收入收缴制度改革并且已经取消了收入过渡账户的行政单位，可以根据"非税收入——一般缴款书"等原始凭证，借方、贷方同时记"应缴财政专户款"总账账户；也可以通过设置"应缴财政专户款备查登记簿"进行登记和管理，不作会计分录。

第三阶段是从 2011 年 1 月 1 日起，各部门各单位的预算外收入（含以前年度欠缴及未缴财政专户的资金和财政专户结余资金）全部上缴同级国库，那么行政单位也就不存在预算外资金收入了，所以"应缴财政专户款"账户就无存在的必要了。

【练中学 5－24】　某行政单位发生如下业务：

①收到应上缴财政专户的附加收入共计 62 000 元。②上缴财政专户款 62 000 元。请根据上述业务，进行账务处理。

```
借：银行存款                               62 000
    贷：应缴财政专户款——附加收入                   62 000
借：应缴财政专户款——附加收入                62 000
    贷：银行存款                                   62 000
```

4. 暂存款的核算

"暂存款"账户用于核算行政单位在业务活动中与其他单位或者个人发生的预收、代管等待结算的款项。预收款是指其他单位或个人存放于单位的一些款项，如存入的保证金、押金等；代管款项是指行政单位代为管理的不属于本单位所有的各项资金，包括接受其他单位委托代理的经费及单位内部有关机构的资产，如个人住房资金、工会基金等。

发生暂存款时记贷方，结算或退还时记借方，余额在贷方，反映尚未结算的暂存款数额。"暂存款"账户，应按债权单位或个人名称设置明细账。行政单位发生暂存款项时，借记"银行存款"、"现金"等账户，贷记"暂存款"账户；冲销或结算退还时，借记"暂存款"账户，贷记"银行存款"、"现金"等有关账户。

【练中学 5－25】　某行政单位发生下列业务：

①收到一笔性质不明的款项 5000 元。②经核实，该性质不明的 5 000 元的款项是所属某单位将应直接缴入财政专户的预算外资金错缴到主管行政单位，应予以退还。③向甲公司购入材料一批，价款 8 000 元，已验收入库，尚未付款。运杂费 100 元以现金支付。④开出转账支票，支付甲公司材料价款 8 000 元。请根据上述业务，进行账务处理。

```
①借：银行存款                               5 000
     贷：暂存款——性质不明款项                    5 000
②借：暂存款                                 5 000
     贷：银行存款                                 5 000
```

材料价款部分记，

③借：库存材料　　　　　　　　　　　　　　　　8 000

　　贷：暂存款——甲公司　　　　　　　　　　　　　　8 000

运杂费部分记，

借：经费支出　　　　　　　　　　　　　　　　　100

　　贷：现金　　　　　　　　　　　　　　　　　　　100

④借：暂存款——甲公司　　　　　　　　　　　　8 000

　　贷：银行存款　　　　　　　　　　　　　　　　　8 000

5. 工资及津贴补贴的核算

（1）工资及津贴的管理。行政单位的工资和津贴核算的内容包括应付工资（离退休费）、应付地方（部门）津贴补贴和应付其他个人收入等。

工资是指行政单位按国家统一规定发放给在职人员的职务工资、级别工资、年终一次性奖金。离退休费是指国家统一规定发放给离退休人员的离休、退休费及经国务院或人事部、财政部批准设立的津贴补贴。地方（部门）津贴补贴是指各地区、各部门、各单位出台的津贴补贴。其他个人收入是指按国家规定发给个人除上述以外的其他收入，包括误餐费、夜餐费、出差人员伙食补助费、市内交通费、出国人员伙食费、公杂费、个人国外零用费，发放给个人的一次性奖励等。

使用工会经费发放给职工的相关收入，应当由单位工会单独记账，另行反映。

行政单位应付给职工的工资（离退休费）、津贴补贴及其他个人收入，当尚未支付时，形成单位的负债。

（2）工资及津贴补贴的账务处理。行政单位为了核算发放给职工的工资（离退休费）、津贴补贴及其他个人收入的款项，应设置"应付工资（离退休费）"、"应付地方（部门）津贴补贴"、"应付其他个人收入"账户。

行政单位发放给职工的工资（离退休费）、津贴补贴及其他个人收入时，借记相关支出科目，贷记"应付工资（离退休费）"、"应付地方（部门）津贴补贴"或"应付其他个人收入"科目。同时，借记"应付工资（离退休费）"、"应付地方（部门）津贴补贴"或"应付其他个人收入"科目，贷记"银行存款"、"拨入经费（财政直接支付）"、"财政补助收入（财政直接支付）"、"零余额账户用款额度"或"现金"等科目。

"应付工资（离退休费）"、"应付地方（部门）津贴补贴"或"应付其他个人收入"账户应按"在职人员"、"离休人员"、"退休人员"设二级科目进行明细核算。

【练中学 5‑26】　某行政单位发放职工工资、离退休费津贴补贴等业务：

①发放本月职工工资（离退休费）80 000 元，其中：在职人员工资为 50 000 元，离休人员工资为 18 000 元，退休人员工资为 12 000 元。款项全部用银行存款支付。②发放本月在职人员的地方（部门）津贴补贴 12 000 元，款项用银行存款支付。③以现金支付本单位职工本月误餐费 2 500 元。请根据上述业务，进行账务处理。

①借：经费支出——基本支出——基本工资　　　　50 000

　　　　　　　　　　　　——离退休费　　　　30 000

　　贷：应付工资——在职人员　　　　　　　　　　　50 000

——离休人员		18 000
——退休人员		12 000

同时，

借：应付工资　　　　　　　　　　　　　80 000

　　贷：银行存款　　　　　　　　　　　　　　80 000

②借：经费支出——基本支出——津贴补贴　12 000

　　贷：应付地方（部门）津贴补贴——在职人员　12 000

同时，

借：应付工资——在职人员　　　　　　　12 000

　　贷：银行存款　　　　　　　　　　　　　　12 000

③借：经费支出——基本支出——其他工资福利支出　2 500

　　贷：应付其他个人收入　　　　　　　　　　　2 500

同时，

借：应付其他个人收入　　　　　　　　　2 500

　　贷：现金　　　　　　　　　　　　　　　　2 500

情境回放

　　行政单位的资产是指行政单位占有或使用的、能以货币计量的经济资源。资产形态包括现金、银行存款、有价证券、零余额账户用款额度、财政应返还额度、暂付款、库存材料和固定资产。行政单位的负债是行政单位承担的能以货币计量，需要以资产偿付的债务。由于行政单位的职能所决定其负债主要是临时性发生的，基本上没有借款一类的负债，其包括应缴预算款、应缴财政专户款、暂存款、应付个人款项等内容。

　　情境设置第一项业务中，行政单位没有权力自行决定将国有资产为下属单位提供抵押。需要做抵押的，须经上级主管部门批准、国有资产管理部门同意。第二项业务中，行政单位出租房屋的租金收入必须先上缴。如有需要，应该上报上级主管单位，经批准后才能使用维修费用。第三项业务中，行政单位所属机构置换资产，必须经主管部门或国家指定的正规评估机构进行鉴定，防止降低国有资产价值，侵吞国有资产。

任务检测

一、单项选择题

1. 我国各级行政机关和实行行政财务管理的其他机关、政党组织、接受预算拨款的人民团体执行（　　　　）。

　　A. 财政总预算会计制度　　　　　　　B. 事业单位会计制度

　　C. 行政单位会计制度　　　　　　　　D. 非营利组织会计制度

2. 我国行政单位会计的确认基础是（　　　　）。

　　A. 收付实现制　　　　　　　　　　　B. 以收付实现制为主

C. 权责发生制   D. 以权责发生制为主

3. 我国行政单位收取的纳入财政预算管理的资金，核算科目是（   ）。

A. 预算外资金收入   B. 应缴预算款

C. 应缴财政专户款   D. 暂付款

4. 行政单位或相关单位与个人之间发生的债务，核算账户是（   ）。

A. 应缴预算款   B. 应缴财政专户款

C. 暂存款   D. 其他应收款

5. 行政单位职工出差预借的差旅费计入的科目是（   ）。

A. 暂付款   B. 暂存款   C. 暂收款   D. 暂借款

二、多项选择题

1. 在我国下列单位中，执行《行政单位会计制度》的是（   ）。

A. 人大机关   B. 行政机关   C. 审判机关   D. 检察机关

2. 行政单位会计中，固定资产核算的特点有（   ）。

A. 固定资产不提折旧   B. 固定资产增加计入固定基金

C. 固定资产计提减值准备   D. 固定资产清理费用计入经费支出

3. 行政单位会计中，负债类科目包括（   ）。

A. 借入款   B. 应缴预算款   C. 应缴财政专户款   D. 暂存款

4. 行政单位的流动资产包括（   ）。

A. 现金   B. 银行存款

C. 零余额账户用款额度   D. 有价证券

5. 某行政单位接受捐赠轿车一辆，同类轿车的市场价格为 200 000 元，同时该单位支付运杂费 1 000 元，以银行存款支付。编制会计分录有（   ）。

A. 借：经费支出   1 000   B. 借：固定资产   201 000

        贷：银行存款   1 000   贷：固定基金   201 000

C. 借：经费支出   200 000   D. 借：固定资产   200 000

        贷：银行存款   200 000   贷：固定基金   200 000

三、判断题（正确的画"√"，错误的画"×"）

1. 在我国只有政府行政单位才执行《行政单位会计制度》。（   ）

2. 我国行政单位会计以收付实现制为会计核算基础。（   ）

3. 行政单位会计固定资产不提折旧，因而购入固定资产不增加当期支出。（   ）

4. 暂付款是行政单位在业务活动中与其他单位、所属单位或本单位职工发生的待结算债务。（   ）

5. 应缴预算款是指行政单位在业务活动中按规定取得的应缴财政预算的各种款项。（   ）

实训项目 ▶▶▶

训练一

[资料] 某行政单位（未实行国库集中收付制度改革）发生下列会计事项：

(1) 收到罚没款 8 000 元，存入银行。此款项为纳入预算管理的资金，按规定需要上缴财政。

(2) 上缴上述罚没款 8 000 元。

(3) 收到纳入预算外管理的收费 2 000 000 元，按规定应当全额上缴财政预算外专户。

(4) 购买材料一批，价值 3 000 元，材料已经入库，货款尚未支付。

(5) 本月应付工资 800 000 元，各种代扣款项为 50 000 元。以存款支付实发工资。

[要求] 请写出相关会计分录。

训练二

[资料] 某行政单位（已经实行国库集中收付制度改革）发生下列会计事项：

(1) 月初接到通知，本月财政直接支付预算安排额度为 300 000 元。收到代理银行通知，本月基本经费财政授权支付额度为 100 000 元，已经到账。

(2) 工资由财政统一支付，本月工资 200 000 元已由财政直接转入个人账户。

(3) 通过财政直接支付，购买设备一台，价值 80 000 元。

(4) 开出授权支付凭证，用财政授权支付额度购买材料，支付价款 3 000 元，材料已经入库。

(5) 开出授权支付凭证，提取现金 2 000 元。

[要求] 请写出相关会计分录。

任务六 行政单位收入、支出和净资产的核算

任务目标

知识目标

● 熟悉行政单位收入、支出和净资产的概念和分类。

● 掌握行政单位收入的核算。

● 掌握行政单位支出的核算。

● 掌握行政单位净资产的核算。

技能目标

● 能够熟练对行政单位的收入、支出和净资产等业务进行账务处理。

情境设置

李明学习会计专业，今年大学毕业考取公务员，在某行政单位当一名会计。虽说他考取了会计资格证，知道生产制造型企业的收入主要来自于企业产品销售所得，可是面对行政单位，他的预算会计知识仍需要进一步加强。

单位财务人员告诉李明，在没有纳入国库集中支付制度体系时，行政单位是以实拨资金数额为主，即借记"银行存款"，贷记"拨入经费"；当纳入国库集中支付制度体系时，

原有的经费领报关系、预算管理体制不变，但经费领拨方式发生变化，会计核算方法也发生变化。李明不太明白，于是虚心向王倩请教。

请思考：李明还应该知道行政单位收入的哪些内容？

知识准备

一、行政单位收入的核算

1. 行政单位收入的概念和分类

行政单位的收入是指行政单位为开展业务活动，依法取得的非偿还性资金。行政单位的收入来源比较单一，财政拨款是其收入的主要形式。行政单位按照立法机关批准的预算，从财政部门取得经费拨款，是对其提供公共产品和服务的成本补偿。改革后收入分类根据类、款两级科目设置具体情况如下：

（1）税收收入分设 21 款：增值税、消费税、营业税、企业所得税、企业所得税退税、个人所得税、资源税、固定资产投资方向调节税、城市维护建设税、房产税、印花税、城镇土地使用税、土地增值税、车船使用和牌照税、船舶吨税、车辆购置税、关税、耕地占用税、契税、烟叶税、其他税收收入。

（2）社会保险基金收入分设 6 款：基本养老保险基金收入、失业保险基金收入、基本医疗保险基金收入、工伤保险基金收入、生育保险基金收入、其他社会保险基金收入。

（3）非税收入分设 8 款：政府性基金收入、专项收入、彩票资金收入、行政事业性收费收入、罚没收入、国有资本经营收入、国有资源（资产）有偿使用收入、其他收入。

（4）贷款转贷回收本金收入分设 4 款：国内贷款回收本金收入、国外贷款回收本金收入、国内转贷回收本金收入、国外转贷回收本金收入。

（5）债务收入分设 2 款：国内债务收入、国外债务收入。

（6）转移性收入分设 8 款：返还性收入、财力性转移支付收入、专项转移支付收入、政府性基金转移收入、彩票公益金转移收入、预算外转移收入、上年结余收入、调入资金。

行政单位收入包括拨入经费、预算外资金收入和其他收入。

知识链接

行政单位收入

根据《行政单位会计制度》规定，各行政单位设置"拨入经费"、"预算外资金收入"、"其他收入"等科目分别核算各项收入。收入的计量依赖于获得的资产价值，如果取得的资产是货币资产，可以直接按货币的实际数量计量；如果取得的是实物性资产，需要根据评估价计算资产的价值。收入核算的依据是收付实现制。

2. 拨入经费的核算

（1）拨入经费的管理。领拨经费的原则：按计划领拨经费、按进度领拨经费、按支出用途领拨经费和按预算级次领拨。各行政单位应按国家规定的预算级次逐级领拨经费。各主管会计单位不能向没有经费领拨关系的单位垂直拨款，同级主管部门之间也不能发生横向经费领拨关系，如有需要，应通过同级财政机关办理划转预算手续。

领拨经费的方式：财政机关根据主管单位的申请，按月开出预算拨款凭证，通知国库或财政专户将财政存款划转到申请单位在银行的存款户，由主管单位按规定用途办理转拨或支用，月末由用款单位编报单位预算支出报表的一种拨款方式。

拨入经费的内容：拨入经费由两部分组成：一部分是拨入的基本经费，拨入的基本经费是指财政部门或上级主管部门拨给行政单位用于日常业务活动的行政经费；另一部分是拨入的项目经费，拨入的项目经费是指财政部门或上级主管拨给行政单位用于完成专项工程或专项工作，并需要行政单位单独报账结算的资金。

（2）拨入经费的账务处理。"拨入经费"账户用于核算行政单位按规定核定的预算和经费领报关系收到的财政部门或上级单位拨入的各项行政性经费。其借方登记缴回的预算经费数，贷方登记拨入的预算经费数，平时该账户贷方余额反映拨入经费的累计数，年终结账时将本账户贷方余额全数转入"结余"账户。年终结账后，本账户无余额。该账户应按拨入经费的用途和资金管理要求分别设置"基本支出"和"项目支出"两个二级账户。二级账户下按"政府收支分类科目"中支出功能分类的"款"级科目设置明细账，进行明细分类核算。

①财政直接支付方式下拨入经费取得的核算。在财政直接支付方式下，行政单位根据部门预算和用款计划，在需要财政部门支付资金时，向财政部门提出财政直接支付申请。财政部门经审核无误后，通过财政零余额账户直接将款项支付给收款人。当行政单位收到财政部门委托财政零余额账户代理银行转来的财政直接支付入账通知书时，确认拨入经费增加，记入"拨入经费"账户的贷方。

【练中学 6-1】 某市行政单位已经纳入财政国库单一账户制度体系，本月工商行政管理局发生下列业务：

①收到财政部门委托代理银行转来的财政直接支付入账通知书，财政部门为该单位支付日常行政活动所发生的经费 23 000 元。该项经费应当在"基本支出——一般公共服务——工商行政管理事务（行政运行）"明细账户中反映。②收到财政部门委托代理银行转来财政直接支付入账通知书，财政部门为单位支付某项专业业务活动所发生的经费 45 000 元。该项经费应当在"项目支出——一般公共服务——工商管理事务（执法办案专项）"明细账户中反映。③收到财政部门委托代理银行转来财政直接支付入账通知书，财政部门为单位支付某项专业业务活动所发生的经费 84 000 元。该项经费应当在"项目支出——一般公共服务——工商行政管理事务（工商行政管理专项）"明细账户中反映。请根据上述业务，进行账务处理。

①借：经费支出　　　　　　　　　　　　　　23 000
　　贷：拨入经费——基本支出——一般公共服务
　　　　　　——工商行政管理事务（行政运行）23 000

②借：经费支出   45 000

      贷：拨入经费——项目支出——一般公共服务

               ——工商行政管理事务（执法办案专项）

                                 45 000

③借：经费支出   84 000

      贷：拨入经费——项目支出——一般公共服务

               ——工商行政管理事务（工商行政管理专项）

                                 84 000

【练中学 6-2】　　某市行政单位已经纳入财政国库单一账户制度体系，本月市人大部门发生下列业务：

①收到财政部门委托代理银行转来财政直接支付入账通知书及其相关的原始凭证，财政部门为该单位支付了在职人员工资 76 000 元。该项经费应当在"基本支出——一般公共服务——人大事务（行政运行）"明细账户中反映。②收到财政部门委托代理银行转来财政直接支付入账通知书，财政部门为该单位支付了相关的业务活动经费 85 000 元。该项经费应当在"项目支出——一般公共服务——人大事务（人大会议）"明细账户中反映。③收到财政部门委托代理银行转来财政直接支付入账通知书，财政部门为该单位支付了购买日常行政运行所需的一批办公用品的货款 12 000 元。该批办公用品已经验收入库。该项经费应当在"基本支出——一般公共服务——人大事务（行政运行）"明细账户中反映。请根据上述业务，进行账务处理。

①借：经费支出   76 000

      贷：拨入经费——基本支出——一般公共服务

              ——人大事务（行政运行）   76 000

②借：经费支出   85 000

      贷：拨入经费——项目支出——一般公共服务

              ——人大事务（人大会议）   85 000

③借：库存材料   12 000

      贷：拨入经费——基本支出——一般公共服务

              ——人大事务（行政运行）   12 000

②财政授权支付方式下拨入经费取得的核算。在财政授权支付方式下，行政单位拨入经费的核算，需要在资产类账户中设置"零余额账户用款额度"账户，该账户是用来反映财政授权支付方式下行政单位财政授权支付额度的增减变动情况。其借方反映行政单位收到财政授权支付额度的增加数，贷方反映财政授权支付额度的减少数，平时余额在借方，反映尚未使用的授权支付额度。行政单位根据部门预算和用款计划，按规定时间和程序向财政部门申请财政授权支付用款额度。财政部门经审核无误后，将财政授权支付用款额度通知行政单位零余额账户代理银行。行政单位在收到代理银行转来的财政授权支付到账通知书时，确认拨入经费增加，在记入"零余额账户用款额度"账户借方的同时，记入"拨入经费"账户的贷方。

财政直接支付方式下拨入经费的核算与财政授权支付方式下拨入经费核算有哪些区别呢？

【练中学6-3】 某市行政单位已经纳入财政国库单一账户制度体系，本月市公安局发生下列业务：

①收到代理银行转来的财政授权支付到账通知书，收到财政授权支付额度 450 000元。该支付额度应当在"基本支出——公共安全——公安（行政运行）"明细账户中反映。②收到代理银行转来的财政授权支付到账通知书，收到财政授权支付额度 180 000 元。该支付额度应当在"项目支出——公共安全——公安（刑事侦查）"明细账户中反映。③单位向单位零余额账户代理银行开具支付令，支付专项业务活动经费 30 000 元。请根据上述业务，进行账务处理。

①借：零余额账户用款额度　　　　　　　　　　　450 000

　　贷：拨入经费——基本支出——公共安全——公安（行政运行）

　　　　　　　　　　　　　　　　　　　　　　　450 000

②借：零余额账户用款额度　　　　　　　　　　　180 000

　　贷：拨入经费——项目支出——公共安全——公安（刑事侦查）

　　　　　　　　　　　　　　　　　　　　　　　180 000

③借：经费支出　　　　　　　　　　　　　　　　 30 000

　　贷：零余额账户用款额度　　　　　　　　　　　 30 000

在财政授权支付方式下，行政单位在收到财政部门拨入的零余额账户用款额度时，确认拨入经费增加；在使用零余额账户用款额度或使用财政预算资金时，涉及经费支出，不涉及拨入经费的核算。

③实拨资金方式下拨入经费取得的核算。在实拨资金方式下，行政单位根据部门预算和用款计划，按规定的时间和程序向财政部门提出资金拨入申请。财政部门经审核无误后，将财政资金直接拨入行政单位的开户银行。行政单位在收到开户银行转来的收款通知时，确认拨入经费增加，记入"拨入经费"账户的贷方。

【练中学6-4】 某市行政单位尚未纳入财政国库单一账户制度体系。该市民政局收到开户银行转来的收款通知，财政部门拨入的预算经费 260 000 元已经到账。该拨入经费应当在"基本支出——社会保障和就业——民政管理事务——行政运行"明细账户中反映。请根据上述业务，进行账务处理。

借：银行存款　　　　　　　　　　　　　　　　　260 000

　　贷：拨入经费——基本支出——社会保障和就业——民政管理事务——行政运行

　　　　　　　　　　　　　　　　　　　　　　　260 000

【练中学6-5】 某市行政单位尚未纳入财政国库单一账户制度体系。该市农业局质量监督所收到开户银行转来的收款通知，上级主管单位农业局转拨的预算经费 90 000 元已经到账。该经费应当在"项目支出——农林水事务——农业——农产品质量安全"账户中反映。请根据上述业务，进行账务处理。

借：银行存款　　　　　　　　　　　　　　　90 000

　　贷：拨入经费——项目支出——农林水事务

　　　　　　——农业——农产品质量安全　　90 000

3. 预算外资金收入的核算

(1) 预算外资金收入的管理。预算外资金收入是特定历史环境下的产物，在我国经济发展中曾经发挥过重要作用，随着财政职能的完善，预算外资金收入将逐渐退出历史舞台。

自 2011 年 1 月 1 日起，各部门各单位的预算外收入（含以前年度欠缴及未缴财政专户的资金和财政专户结余资金）全部上缴同级国库，支出通过一般预算安排，根据各项收入的性质，纳入预算管理的具体方式如下：

①广告收入纳入专项收入管理，使用时通过专项支出。

②地方行政事业性收费中的"计算机应用能力培训考核收费"纳入一般预算管理，支出通过一般预算支出安排。

③各部门将收取的主管部门集中收入、国有资产出租出借收入、捐赠收入、回收资金、利息收入等预算外收入纳入一般预算管理，按照综合财政预算编制原则，统筹安排使用。

预算外收入纳入预算管理后，收入预算级次不变，原缴纳各级财政专户的收入按现行财政管理体制缴入同级国库管理。按照这种管理方式，行政单位以后就不存在预算外资金收入这一部分内容了。

现阶段行政单位设置"预算外资金收入"账户，用来核算预算外资金收入的增加和减少，属于收入类账户。该账户贷方记收到财政按计划从财政专户拨还或按确定比例留用的预算外资金数额，借方记在采用结余上缴的预算外资金管理办法下，上缴财政专户资金数。平时，贷方余额反映从财政专户拨还预算外资金收入的累计数额。年终，将"预算外资金收入"账户贷方余额转入"结余"账户，结转后本账户无余额。

(2) 预算外资金收入的账务处理。

①预算外资金收入实行全额上缴与核拨的核算办法。

【练中学 6-6】　某行政单位实行预算外资金全额上缴财政专户、财政按计划拨还的核算方法，2011 年 3 月发生如下业务：

①取得预算外应缴财政专户款 12 500 元，存入银行。②将上述预算外资金 12 500 元上缴财政专户。③收到财政按计划拨还的预算外资金 5 600 元，存入银行。请根据上述业务，进行账务处理。

①借：银行存款　　　　　　　　　　　　　　12 500

　　贷：应缴财政专户款　　　　　　　　　　12 500

②借：应缴财政专户款　　　　　　　　　　　12 500

　　贷：银行存款　　　　　　　　　　　　　12 500

③借：银行存款　　　　　　　　　　　　　　5 600

　　贷：预算外资金收入——基本经费　　　　5 600

②预算外资金实行按比例上缴的核算办法。

【练中学 6-7】 某行政单位实行按确定的比例上缴预算外资金财政专户办法，上缴比例为 20%，①假定该单位收到某项预算外资金共计 100 000 元。②将应缴财政专户的预算外资金 20 000 元上缴。请根据上述业务，进行账务处理。

①借：银行存款　　　　　　　　　　　　　　　　100 000

　　贷：预算外资金收入　　　　　　　　　　　　　　　80 000

　　　　应缴财政专户款　　　　　　　　　　　　　　　20 000

②借：应缴财政专户款　　　　　　　　　　　　　20 000

　　贷：银行存款　　　　　　　　　　　　　　　　　　20 000

③预算外资金实行结余上缴的核算办法。

【练中学 6-8】 某行政单位是实行结余上缴预算外资金财政专户办法的单位，发生如下业务：

①收到预算外资金收入 25 000 元。②用预算外资金 20 000 元支付有关费用，以银行存款付讫。③年终结算结余，应缴财政专户的预算外资金为 5 000 元。④用银行存款将年终结余的预算外资金上缴财政专户。请根据上述业务，进行账务处理。

①借：银行存款　　　　　　　　　　　　　　　　25 000

　　贷：预算外资金收入　　　　　　　　　　　　　　　25 000

②借：经费支出——基本经费（预算外支出）　　20 000

　　贷：银行存款　　　　　　　　　　　　　　　　　　20 000

③借：预算外资金收入　　　　　　　　　　　　　5 000

　　贷：应缴财政专户款　　　　　　　　　　　　　　　5 000

④借：应缴财政专户款　　　　　　　　　　　　　5 000

　　贷：银行存款　　　　　　　　　　　　　　　　　　5 000

4. 其他收入的核算

"其他收入"账户用于核算行政单位按规定收取的其他各种收入，以及其他来源形成的收入。它主要包括在业务活动中按规定取得的不必上缴财政的零星杂项收入、有偿服务收入、有价证券和银行存款的利息收入等。行政单位发生其他收入时，借记"银行存款"、"现金"账户，贷记该账户；冲销转出时，借记该账户，贷记有关账户。该账户平时贷方余额表示其他收入的累计数。年终将该账户的贷方余额全数转入"结余"账户时，借记该账户，贷记"结余"账户。年终结账后该账户应无余额。该账户可按其他收入的主要类别设置明细账，进行明细分类核算。

【练中学 6-9】 某行政单位收到变卖废旧物资的现金收入 200 元，银行存款利息收入 180 元，不必上缴财政的零星杂项现金收入 160 元。请根据上述业务，进行账务处理。

借：现金　　　　　　　　　　　　　　　　　　200

　　贷：其他收入——废旧物资变卖收入　　　　　　　200

借：银行存款　　　　　　　　　　　　　　　　180

　　贷：其他收入——银行存款利息收入　　　　　　　180

借：现金　　　　　　　　　　　　　　　　　　160

　　贷：其他收入——零星杂项收入　　　　　　　　　160

【练中学 6-10】　某行政单位年终将"其他收入"总账账户贷方余额 760 元全数转入"结余"账户。请根据上述业务，进行账务处理。

借：其他收入　　　　　　　　　　　　　　　　760

　　贷：结余　　　　　　　　　　　　　　　　　　　　760

二、行政单位支出的核算

1. 支出的概念和分类

支出是指行政单位为开展业务活动所发生的各项资金耗费及损失。行政单位的支出包括：经费支出、拨出经费和结转自筹基建。

为全面反映行政单位各项经费支出的内容，便于分析和考核各项经费支出的执行情况及其资金使用效果，要按照一定的要求对经费支出进行适当的分类。

（1）按照《政府收支分类科目》的要求进行的分类。

①工资福利支出分设 7 款：基本工资、津贴补贴、奖金、社会保障缴费、伙食费、伙食补助费、其他工资福利支出。

②商品和服务支出分设 30 款：办公费、印刷费、咨询费、手续费、水费、电费、邮电费、取暖费、物业管理费、交通费、差旅费、出国费、维修（护）费、租赁费、会议费、培训费、招待费、专用材料费、装备购置费、工程建设费、作战费、军用油料费、军队其他运行维护费、被装购置费、专用燃料费、劳务费、委托业务费、工会经费、福利费、其他商品和服务支出。

③对个人和家庭的补贴分设 14 款：离休费、退休费、退职（役）费、抚恤金、生活补助、救济费、医疗费、助学金、奖励金、生产补助、住房公积金、提租补贴、购房补贴、其他对个人或家庭的补助支出。

④对企事业单位的补贴分设 4 款：企业政策性补贴、事业单位补贴、财政贴息、其他对企事业单位的补贴支出。

⑤转移性支出分设 2 款：不同级政府间转移性支出、同级政府间转移性支出。

⑥赠与分设 2 款：对国内的赠与、对国外的赠与。

⑦债务利息支出分设 6 款：国库券付息、向国家银行借款付息、其他国内借款付息、向国外政府借款付息、向国际组织借款付息、其他国外借款付息。

⑧债务还本支出分设 2 款：国内债务还本、国外债务还本。

⑨基本建设支出分设 9 款：房屋建筑物购建、办公设备购置、专用设备购置、交通工具购置、基础设施建设、大型修缮、信息网络购建、物资储备、其他基本建设支出。

⑩其他资本性支出分设 9 款：房屋建筑物购建、办公设备购置、专用设备购置、交通工具购置、基础设施建设、大型修缮、信息网络购建、物资储备、其他资本性支出。

⑪贷款转贷及产权参股分设 6 款：国内贷款、国外贷款、国内转贷、国外转贷、产权参股、其他贷款转贷及产权参股支出。

⑫其他支出分设 5 款：预备费、预留、补充全国社会保障基金、未划分的项目支出、其他支出。

（2）按部门预算的要求进行的分类。按照支出的性质，行政单位的经费支出可分为基本支出和项目支出。基本支出是指行政单位为维持正常运转和完成日常工作任务而发生的各项支出，如行政单位按规定支付给工作人员的基本工资、津贴等；行政单位为完成日常工作所发生的办公费、劳务费、交通费等。基本支出是行政单位的基本资金消耗，如果没有基本支出作保证，行政单位就无法维持正常的运转，也无法完成日常的行政工作任务。项目支出是指行政单位为完成专项工作或特定任务而发生的各项支出。行政单位的项目支出一般包括专项会议支出、房屋建筑物购建支出、基础设施建设支出、专项大型修缮支出、专项任务支出等。行政单位的项目支出一般都有专项资金来源，如果没有专项资金来源，一般即作为基本支出。

知识链接

经费支出的管理

行政单位经费支出的管理需要做好以下工作：做好单位的预算编制工作、严格按照预算确定的用途和数额支用、注意勤俭节约、讲究支出效果、对经费支出的薄弱环节实施重点管理。

行政单位应采用积极有效的措施，对诸如"人、车、会、话"等经费支出的薄弱环节实施重点管理。在人员经费管理方面，行政单位应当严格执行编制主管部门核定的人员编制数，不能突破。在车辆购置方面，行政单位应当严格按照车辆编制及标准配备车辆，不得超编、超标准购置车辆。在会议费管理方面，行政单位应当建立健全会议的审批制度，坚持务实、节约、高效的原则，严格控制会议数量、会期和参加会议的人数，尽可能减少会议支出。在电话费管理方面，行政单位应当严格按规定配备电话等通信设备，未经审批，行政单位不负担购置及消耗费用。

2. 经费支出的核算

"经费支出"账户用于核算行政单位在开展各项业务活动中发生的支出。行政单位发生经费支出时，借记该账户，贷记"拨入经费"、"零余额账户用款额度"、"银行存款"、"现金"等账户；支出收回或冲销转出时，借记有关账户，贷记该账户；平时余额在借方，反映经费支出的累计数，期末将本账户借方余额全数转入"结余"账户，年终结转后本科目应无余额。在"经费支出"总账账户下，应按"基本支出"和"项目支出"分设二级账户，二级账户下按《政府收支分类科目》设置明细账，进行明细核算。行政单位收回本年度已列为经费支出的款项，应当冲减当年的经费支出；收回以前年度已经列为经费支出的款项，应当增加上年结余，不得冲减当年经费支出。

（1）基本支出的核算。

【练中学 6-11】 某行政单位已经纳入财政国库集中支付制度体系，本月发生下列业务：

①收到代理银行转来的财政直接支付入账通知书，财政国库支付中心通过财政零余额账户为单位支付了基本工资 85 000 元，津贴补贴 24 000 元。②收到代理银行转来的财政

直接支付入账通知书，财政国库支付中心通过财政零余额账户为单位支付了购买专用材料的价款共计 56 000 元。该批专用材料直接交付有关部门使用。③收到代理银行转来的财政直接支付入账通知书，财政国库支付中心通过财政零余额账户为行政单位支付了离休费 42 000 元，退休费 38 000 元。④收到代理银行转来的财政直接支付入账通知书，财政国库支付中心通过财政零余额账户为单位支付了办公设备购置费 85 000 元。该办公设备购置费属于基本支出日常公用经费预算项目，并由发展和改革部门安排资金购买。⑤收到代理银行转来的财政直接支付入账通知书，财政国库支付中心通过财政零余额账户为单位支付了交通工具购置费 79 000 元。该交通工具购置费属于基本支出日常公用经费预算项目，并且由非发展和改革部门安排资金购买。⑥单位从仓库领出日常办公用品一批计 24 000 元，交有关部门使用。⑦通过单位零余额账户用款额度支付水费 23 000 元，电费 34 000 元，物业管理费 8 000 元。请根据上述业务，进行账务处理。

①借：经费支出　　　　　　　　　　　　109 000
　　贷：拨入经费——基本支出
　　　　——工资福利支出（基本工资）　85 000
　　　　——基本支出——工资福利支出（津贴补贴）
　　　　　　　　　　　　　　　　　　24 000
②借：经费支出　　　　　　　　　　　　56 000
　　贷：拨入经费——基本支出——商品和服务支出（专用材料费）
　　　　　　　　　　　　　　　　　　56 000
③借：经费支出　　　　　　　　　　　　80 000
　　贷：拨入经费——基本支出——对个人和家庭的补助（离休费）
　　　　　　　　　　　　　　　　　　42 000
　　　　——基本支出——对个人和家庭的补助（退休费）
　　　　　　　　　　　　　　　　　　38 000
④借：经费支出——基本支出——基本建设支出（办公设备购置）
　　　　　　　　　　　　　　　　　　85 000
　　贷：拨入经费　　　　　　　　　　　85 000
同时记，
借：固定资产——办公设备　　　　　　　85 000
　　贷：固定基金　　　　　　　　　　　85 000
⑤借：经费支出——基本支出——其他资本性支出（交通工具购置）
　　　　　　　　　　　　　　　　　　79 000
　　贷：拨入经费　　　　　　　　　　　79 000
借：固定资产——交通工具　　　　　　　79 000
　　贷：固定基金　　　　　　　　　　　79 000
⑥借：经费支出——基本支出——商品和服务支出（办公费）
　　　　　　　　　　　　　　　　　　24 000
　　贷：库存材料　　　　　　　　　　　24 000

⑦借：经费支出——基本支出——商品和服务支出（水费）

                                    23 000

         ——基本支出——商品和服务支出（电费）

                                    34 000

         ——基本支出——商品和服务支出（物业管理费）

                                    8 000

    贷：零余额账户用款额度   65 000

【练中学 6-12】　某行政单位尚未纳入财政国库集中支付制度体系，以银行存款支付租赁费 42 000 元，购房补贴 78 000 元。请根据上述业务，进行账务处理。

    借：经费支出——基本支出——商品和服务支出（租赁费）

                                    42 000

         ——基本支出——对个人和家庭的补助（购房补贴）

                                    78 000

    贷：银行存款   120 000

（2）项目支出的核算。

【练中学 6-13】　某行政单位已经实行财政国库集中支付制度，本月发生下列业务：

①收到代理银行转来的财政直接支付入账通知书，财政国库支付中心通过财政零余额账户为单位支付了本年度办公用房大型修缮费资金 779 000 元。该办公用房大型修缮费支出属于本年度的项目支出预算项目，资金由发展和改革部门计划安排。②通过单位零余额账户支付购买一批专用材料的价款 23 000 元，购买一台专用设备的价款 43 000 元。购买的专用材料和专用设备直接交有关部门使用。单位购买以上专用材料和专用设备的目的，是为了开展某项专业业务活动，该专业业务活动被批准列入项目支出预算。③通过单位零余额账户支付召开有关专门会议的支出共计 82 000 元。其中包括文件资料印刷费 28 000 元，会议场地租用费 54 000 元。该专门会议的有关支出已列入本年度项目支出预算。请根据上述业务，进行账务处理。

    ①借：经费支出——项目支出——基本建设支出（大型修缮）

                                    779 000

    贷：拨入经费   779 000

同时记，

    借：固定资产——房屋和建筑物   779 000

    贷：固定基金   779 000

    ②借：经费支出——项目支出——商品和服务支出（专用材料费）

                                    23 000

         ——项目支出——其他资本性支出（专用设备购置）

                                    43 000

    贷：零余额账户用款额度   66 000

同时记，

借：固定资产——专用设备　　　　　　　　　43 000

　　贷：固定基金　　　　　　　　　　　　　　　43 000

③借：经费支出——项目支出——商品和服务支出（会议费）

　　　　　　　　　　　　　　　　　　　　　82 000

　　贷：零余额账户用款额度　　　　　　　　　82 000

【练中学6-14】　某行政单位尚未实行财政国库集中支付制度，本月发生下列业务：

①通过银行存款账户支付开展有关专项业务活动的支出共计24 000元。其中，手续费7 000元，租赁费12 000元，印刷费5 000元。②通过银行存款账户支付有关专项业务活动的支出共计31 000元。其中，交通费9 000元，差旅费22 000元。请根据上述业务，进行账务处理。

①借：经费支出——项目支出——商品和服务支出（手续费）

　　　　　　　　　　　　　　　　　　　　　7 000

　　　　——项目支出——商品和服务支出（租赁费）

　　　　　　　　　　　　　　　　　　　　　12 000

　　　　——项目支出——商品和服务支出（印刷费）

　　　　　　　　　　　　　　　　　　　　　5 000

　　贷：银行存款　　　　　　　　　　　　　　24 000

②借：经费支出——项目支出——商品和服务支出（交通费）

　　　　　　　　　　　　　　　　　　　　　9 000

　　　　——项目支出——商品和服务支出（差旅费）

　　　　　　　　　　　　　　　　　　　　　22 000

　　贷：银行存款　　　　　　　　　　　　　　31 000

（3）经费支出收回的核算。

已经列作经费支出后又收回的款项，叫做经费支出的收回，其处理方法如下：

①行政单位收回本年度已列为经费支出报销的款项，冲减当年的经费支出。

②收回以前年度的已经列为经费支出的款项，应增加上年度结余，不得冲减。

③材料的盘盈、盘亏和变价处理的差价，一般作为增加或减少所作相应支出处理。

④固定资产按规定处理后的变价收入，应作为其他收入。

【练中学6-15】　某行政单位发生如下有关经费支出收回的业务：

①某专项工程领用材料6 000元，已列为经费基本支出，应由专项工程支出列支，现收回。②收回以前年度已列为经费支出的2 500元。③对材料进行盘点时，发现盘盈甲材料30千克，每千克20元，共600元；盘亏乙材料5千克，每千克10元，共50元。上述盘盈盘亏数额，已经单位领导批准调整账目。单位会计凭批准的材料盘盈、盘亏表填制记账凭单。④出售多余材料甲，成本200元，取得现金240元。请根据上述业务，进行账务处理。

①借：经费支出——项目支出　　　　　　　　6 000

　　贷：经费支出——基本支出　　　　　　　　6 000

②借：银行存款　　　　　　　　　　　　　　2 500

	贷：结余——基本经费结余	2 500	

③借：经费支出——基本支出——其他支出　　50

　　　贷：库存材料——乙材料　　　　　　　　　　50

　借：库存材料——甲材料　　　　　　　600

　　　贷：经费支出——基本支出——其他支出　　　600

④借：现金　　　　　　　　　　　　　240

　　　贷：库存材料——甲材料　　　　　　　　　200

　　　　　经费支出——基本支出——其他支出　　　40

3. 拨出经费的核算

拨出经费是指行政单位按核定预算将财政或上级单位拨入的经费，按预算级次转拨给下属预算单位的资金。行政单位只有在采用实拨资金方式时，才会有拨出经费的业务。在财政国库单一账户制度下，由于财政部门通过财政零余额账户或单位零余额账户直接将预算经费拨付给收款人或用款单位，因此行政单位就不再有拨出经费的业务。

"拨出经费"账户用于核算行政单位按核定的预算和经费领报关系拨付所属单位的预算资金。行政单位转拨预算经费时，借记该账户，贷记"银行存款"等账户；收回或冲销转出时，借记有关账户，贷记该账户；该账户平时借方余额表示拨出经费的累计数。年终将该账户借方余额（不含预拨下年经费）转入"结余"账户时，借记"结余"账户，贷记该账户。该账户应按拨出基本支出经费和拨出项目支出经费分设二级账户，并按所属拨款单位设置明细账。

【练中学 6-16】　某行政单位尚未纳入财政国库单一账户制度体系，本月发生下列业务。

①根据核定的预算，通过开户银行向所属某预算单位拨付预算经费 320 000 元。其中，基本支出经费合计 280 000 元，项目支出经费合计 40 000 元。②收到所属某预算单位缴回的多余专项业务项目经费 1 000 元，存入开户银行。请根据上述业务，进行账务处理。

①借：拨出经费——基本支出——某单位　　280 000

　　　　　　　　——项目支出——某单位　　40 000

　　　贷：银行存款　　　　　　　　　　　　320 000

②借：银行存款　　　　　　　　　　　1 000

　　　贷：拨出经费——项目支出——某单位　　　1 000

4. 结转自筹基建的核算

"结转自筹基建"账户用于核算行政单位经批准用拨入经费以外的资金安排基本建设，而筹集并转存建设银行的资金。

行政单位将自筹的基本建设资金转存建设银行时，借记该账户，贷记"银行存款"账户；基本建设项目完成后剩余资金收回时，作相反的会计分录；年终将该账户借方余额全数转入"结余"账户时，借记"结余"账户，贷记该账户。年终结转后，该账户无余额。

【练中学 6-17】　①某行政单位将自筹的基本建设资金 130 000 元转存建设银行。

②某行政单位某基本建设项目完工，收到建设银行转回的剩余资金 2 400 元。③某行政单位年终将"结转自筹基建"账户借方余额 240 000 元转入"结余"账户。请根据上述业务，进行账务处理。

①借：结转自筹基建   130 000
　　贷：银行存款   130 000
②借：银行存款   2 400
　　贷：结转自筹基建   2 400
③借：结余   240 000
　　贷：结转自筹基建   240 000

三、行政单位净资产的核算

1. 净资产的概念和分类

行政单位的净资产是行政单位资产总额减负债总额的差额，用公式表示为：

净资产＝资产－负债

行政单位净资产反映国家对行政单位资产的所有权，主要包括固定基金和各项结余。固定基金是行政单位固定资产所占用的基金，它体现国家对固定资产的所有权。行政单位的固定资产不提折旧，所以固定基金的数额和固定资产的数额始终是相等的。

结余是行政单位各项收入与支出相抵后的余额。一年计算一次，是全年资金运行以后的余额。行政单位的结余分为当年结余和历年滚存结余。当年结余为当年各项收入减去当年各项支出之后的余额。当年的各项收入包括拨入经费、预算外资金收入和其他收入。当年的各项支出包括经费支出、拨出经费和结转自筹基建。历年滚存结余则为年初结余资金数额与本年结余资金数额之和。用公式表示为：

本年结余资金＝本年收入额－本年支出额＝（拨入经费＋预算外资金收入＋其他收入）－（经费支出＋拨出经费＋结转自筹基建）

历年滚存余额＝年初结余资金＋本年结余资金

2. 固定基金的核算

"固定基金"账户用于核算行政单位固定基金的增减变动情况。借方登记固定资产的减少数，贷方登记固定资产的增加数，期末贷方余额反映行政单位拥有的固定基金总值。

行政单位的固定基金按其形成的方式可分为如下五个方面：行政单位新建或自制固定资产而形成的固定基金；行政单位购入、调入固定资产而形成的固定基金；接受捐赠固定资产而形成的固定基金；接受其他单位投资转入固定资产而形成的固定基金；盘盈固定资产而形成的固定基金。

【练中学 6 - 18】 　某行政单位新建办公大楼一幢，造价 50 000 000 元，已经开工，经验收合格并支付使用。请根据上述业务，进行账务处理。

借：经费支出   50 000 000
　　贷：银行存款   50 000 000
借：固定资产——房屋建筑物   50 000 000

贷：固定基金	50 000 000

【练中学 6-19】 某行政单位经批准将一辆原价为 180 000 元的旧汽车卖给其他单位，售价为 65 000 元，款项已存入银行。请根据上述业务，进行账务处理。

借：银行存款	65 000
贷：其他收入	65 000
借：固定基金	180 000
贷：固定资产——一般设备	180 000

3. 结余的核算

行政单位结余是年度各项收入与支出相抵后的余额。结余的内容可能是收入大于支出的剩余，也可能是支出大于收入的超支数额。

行政单位结余一般由两部分构成：一部分是经常性经费收支相抵后的余额，即经常性结余；另一部分是专项经费收支相抵后的余额，即专项结余。经常性结余的多少，可表明公务活动过程中收入保证支出的程度，是结余的主要部分。结余一般没有限定用途，可用于行政单位公务活动的各个方面，但主要是用于弥补行政单位以后年度收不抵支的差额和补助所属单位等。

"结余"账户用于核算行政单位年度各项收支相抵后的累计余额。年终，单位将各收入账户贷方余额转入本账户的贷方，将各支出账户借方余额转入本账户的借方。有专项资金收支的单位，应将非专项的收支分别转入"结余"账户的"基本结余"明细科目中，将专项收入和支出分别转入"结余"账户的"项目结余"明细科目中。年终本账户贷方余额为行政单位滚存结余。

【练中学 6-20】 年终，某行政单位各收支账户余额如下：

账户名称	余额
拨入经费——基本经费	5 000 000
——项目经费	800 000
预算外资金收入——基本经费	150 000
其他收入	50 000
拨出经费——基本经费	2 000 000
——项目经费	400 000
经费支出——基本支出	2 200 000
——项目支出	370 000
结转自筹基建	750 000

①年终，将经常性收入各账户的余额转入"结余——基本经费结余"账户的贷方。②年终，将经常性支出各账户的余额转入"结余——基本经费结余"账户的借方。③年终，将专项收入各账户余额转入"结余——项目经费结余"账户的贷方。④年终，将专项支出各账户余额转入"结余——项目经费结余"账户的借方。请根据上述业务，进行账务处理。

①借：拨入经费——基本经费	5 000 000
预算外资金收入——基本经费	150 000

```
         其他收入                        50 000
      贷：结余——基本经费结余         5 200 000
②借：结余——基本经费结余          4 950 000
   贷：拨出经费——基本经费        2 000 000
      经费支出——基本支出          2 200 000
      结转自筹基建                   750 000
③借：拨入经费——项目经费            800 000
   贷：结余——项目经费结余          800 000
④借：结余——项目经费结余            770 000
   贷：拨出经费——项目经费          400 000
      经费支出——项目支出           370 000
```

情境回放

　　收入是行政单位为了开展业务活动，依法从财政部门、上级单位或其他单位取得的非偿还性资金，分为拨入经费、预算外资金收入和其他收入三类。

任务检测

一、单项选择题

1. 我国行政单位的收入来源主要是（　　）。

A. 拨入经费　　　　　　　　　　B. 预算外资金收入

C. 财政授权支付额度　　　　　　D. 其他收入

2. 行政单位会计中，有价证券及银行产生的存款利息收入核算账户是（　　）。

A. 拨入经费　　　　　　　　　　B. 预算外资金收入

C. 利息收入　　　　　　　　　　D. 其他收入

3. 行政单位向所属单位转拨财政经费，核算科目是（　　）。

A. 拨出经费　　　　B. 经费支出　　　　C. 其他支出　　　　D. 预算支出

4. 行政单位材料采购、运输过程中发生的差旅费、运杂费等计入（　　）。

A. 库存材料价值　　　B. 暂付款　　　　C. 其他支出　　　　D. 经费支出

5. 行政单位固定资产与固定基金的关系是（　　）。

A. 固定资产大于固定基金　　　　B. 固定资产等于固定基金

C. 固定资产小于固定基金　　　　D. 固定基金大于固定资产

二、多项选择题

1. 行政单位会计中，下列属于收入类账户的是（　　）。

A. 拨入经费　　　　　　　　　　B. 经营收入

C. 事业收入　　　　　　　　　　D. 预算外资金收入

2. 行政单位会计中，支出类账户包括（　　）。

A. 经费支出 　　　　　　　　　B. 拨出经费

C. 预算外资金支出 　　　　　　D. 结转自筹基建

3. 行政单位下列事项中，形成经费支出的有（　　）。

A. 购置零星办公用品 　　　　　B. 购置入库管理的材料

C. 支付办公费用 　　　　　　　D. 领用库存材料

4. 行政单位会计中，净资产账户包括（　　）。

A. 固定基金 　　　B. 专用基金 　　　C. 事业基金 　　　D. 结余

5. 行政单位的下列收入中，需要转入经常性结余的科目是（　　）。

A. 拨入经费——经常性经费 　　　　B. 拨入经费——专项经费

C. 预算外资金收入 　　　　　　　　D. 拨出经费——专项经费

三、判断题（正确的画"√"，错误的画"×"）

1. 在全额上缴方式下，行政单位收到纳入预算外管理的收费即可确认预算外资金收入。（　　）

2. 行政单位的经费支出需要区分为经常性经费（基本经费）和专项经费（项目经费）。（　　）

3. 行政单位的净资产包括"结余"和"固定基金"两个账户。（　　）

4. 政府收支分类改革建立了支出的功能分类和支出的经济分类，这将会影响行政单位收入和支出账户的明细科目。（　　）

5. 行政单位所有的收入、支出类账户在期末都要结转到"结余"账户。（　　）

实训项目 ▶▶

训练一

［资料］某行政单位（未实行国库集中收付制度改革）发生下列会计事项：

(1) 发生车辆修理费用 5 000 元，以存款支付。

(2) 用专项经费，开展某项活动，发生支出 8 000 元，以存款支付。

(3) 经常性业务领用材料价值 7 000 元。

(4) 根据预算转拨给所属单位本月经常性经费 100 000 元，向所属单位转拨专项经费 30 000 元。

(5) 自筹资金 150 000 元用于基本建设，转存建设银行。

［要求］请写出相关会计分录。

训练二

［资料］某行政单位（未实行国库集中收付制度改革）发生下列会计事项：

(1) 收到财政部门拨来的当月经费 300 000 元，其中经常性经费 200 000 元，专项经费 100 000 元。向所属单位转拨经常性经费 60 000 元。

(2) 收到预算外资金性质的收费 80 000 元，按规定的 70% 上缴财政专户，上缴该款项。

(3) 收到社会捐赠收入 100 000 元存入银行。

(4) 收到纳入财政预算管理的收费 120 000 元，并上缴国库。

(5) 用经常性经费购入一台设备，价值 80 000 元，安装费 10 000 元，均以存款支付。

[要求] 请写出相关会计分录。

任务七　行政单位会计报表

任务目标

知识目标

● 理解行政单位会计报表的概念及种类。

● 掌握行政单位资产负债表的编制。

● 掌握行政单位收入支出总表的编制。

● 掌握行政单位会计报表的分析内容及方法。

技能目标

● 能够熟练运用所学理论编制行政单位资产负债表、收入支出总表，并能对会计报表进行综合分析和运用。

情境设置

李明在某行政单位干会计工作近半年，虽说自己还处于实习阶段，但已对一般日常会计业务掌握得八九不离十，就很想做报表，认为会做会计报表了，他对行政单位会计就全面掌握了。于是就主动找到财务处长，想学习怎样编制报表。处长给了他一叠上月的报表，让他看明白了谈谈自己对单位财务的认识。可拿到手后发现所有报表他都不怎么能看懂，每张报表有何用途不能完全理解，报表和报表之间有何内在联系，也不清楚。于是，李明又开始了"恶补"。

请思考：行政单位有哪些报表？

知识准备

一、行政单位会计报表的概念及种类

行政单位会计报表是反映行政单位财务状况和预算执行情况的书面文件。行政单位会计报表按照不同的分类标准可以分为以下几种形式。

1. 按照所反映的经济内容的不同分类

行政单位会计报表可分为资产负债表、收入支出总表、经费支出明细表、附表和会计报表说明书。有专款收支业务的，还应按专款的种类编报专项资金支出明细表。

资产负债表是反映行政单位在某一特定日期（月末、季末、年末）财务状况的报表；收入支出总表是反映行政单位年度收支总规模的报表；经费支出明细表是反映行政单位在一定时期内预算执行情况的报表；专项资金支出明细表是反映行政单位一定时期内专项资金支出明细情况的报表；附表是根据财政部门或主管会计单位要求编制的补充性会计报表，如基本数字表；会计报表说明书是对会计报表的补充说明，包括报表编制技术说明和报表分析说明两部分。

2. 按照编报时间的不同分类

行政单位会计报表可分为月报、季报和年报。月报是反映单位截止报告月度预算资金活动和预算收支情况的报表，主要服务于单位预算和财务管理的需要，一般要求编制资产负债表和经费支出明细表。季报是分析、检查单位季度预算资金活动情况和经费收支执行情况的报表，应在月报的基础上较详细地反映单位经费收支执行的全貌。各单位的季报，一般要求在月报的基础上，加报基本数字表。年报也称年度决算，它是全面反映年度预算资金活动和经费收支结果的报表。年度单位决算报表的种类和要求等，按照财政部门和上级单位下达的有关单位决算编审规定执行。

3. 按照反映的时态不同分类

按照反映的时态不同，行政单位会计报表可分为静态报表和动态报表。静态会计报表是反映一定时点会计要素静态状况的报表，如资产负债表；动态报表是反映一定时期收入、支出等情况的报表，如经费支出明细表。有的会计报表属于动态与静态相结合的报表，既反映一定时点的状况，又反映一定时期的状况，如收入支出总表。

4. 按会计报表编报级次的不同分类

按会计报表编报级次的不同，行政单位会计报表可分为本级报表和汇总报表。本级报表又称单位报表，是反映各单位预算执行情况和财务状况的报表；汇总报表是各主管部门对所属单位会计报表及本单位会计报表汇总之后编制的会计报表。

会计报表是为报表信息使用者提供决策有用的信息，会计报表的编制应满足便于理解、重要性、可靠性、可比性和及时性的要求。

二、行政单位编制会计报表前的准备工作

1. 年终清理

行政单位年终清理包括以下内容：

（1）清理、核对年度预算数字和预算缴拨款数字。

（2）清理各项收支款项。

（3）清理债权债务等往来款项。

（4）清查货币资金和财产物资。

（5）清理核对上下级单位之间除经费拨款以外的资金调拨收支，做到上下级数字一致。

2. 年终结账

（1）年终转账。年终转账是指行政单位在年终清理结束、账目核对无误后，将应对冲结转的各个收入、支出账户的余额转入结余账户内。

年终转账的步骤是：首先计算出各账户借方及贷方的 12 月份合计数和全年累计数，结出 12 月末的余额；其次是根据各总账 12 月末的余额，编制结账前的资产负债表，并进行试算平衡；最后，试算平衡后，将应冲转的各个收入、支出账户的余额按年终冲转办法，填制 12 月 31 日的记账凭证，转入结余账户内，办理结转冲账。

【练中学 7 - 1】 将"拨入经费 5 500 000 元"、"预算外资金收入 800 000 元"和"其他收入 750 000 元"账户的贷方余额转入"结余"账户。请根据上述业务，进行账务处理。

借：拨入经费	5 500 000
预算外资金收入	800 000
其他收入	750 000
贷：结余	7 050 000

【练中学 7 - 2】 将"拨出经费 1 200 000 元"、"经费支出 1 000 000 元"和"结转自筹基建 850 000 元"账户的借方余额转入"结余"账户。请根据上述业务，进行账务处理。

借：结余	3 050 000
贷：拨出经费	1 200 000
经费支出	1 000 000
结转自筹基建	850 000

（2）结清旧账。在年终转账的基础上，进行全年最后的结账工作，结算出全年发生额总累计数和全年最后余额。

（3）记入新账。

三、行政单位会计报表的编制

1. 行政单位资产负债表的编制

资产负债表是反映行政单位在某一特定日期（月末、季末、年末）财务状况的报表。它提供的资料包括行政单位在某一特定日期的资产、负债、净资产以及收入、支出等。

资产负债表分为左右两方。左方是资产部类，具体包括资产类和支出类科目；右方为负债部类，具体包括负债类、收入类和净资产类科目。左右两方总额平衡，即"资产＋支出＝负债＋收入＋净资产"。

资产负债表的月报和季报由资产、支出、负债、净资产和收入五个会计要素组成。年度终了，由于行政单位已将有关的收入和支出全部转入了相应的结余，因此，资产负债表的年报表中就没有收入和支出这两个会计要素了，而只有资产、负债、净资产这三个会计要素。行政单位资产负债表的格式如表 7 - 1 所示。

表 7 - 1   资产负债表

编表单位：   年   月   日   单位：元

资产部类	年初数	期末数	负债部类	年初数	期末数
一、资产类			二、负债类		
现金			应缴预算款		
银行存款			应缴账政专户款		
有价证券			暂存款		
暂付款			应付工资（离退休费）		
库存材料			应付地方（部门）津贴补贴		
固定资产			应付其他个人收入		
零余额账户用款额度			三、净资产		
财政应返还额度			固定基金		
			结余		
			其中：经常性结余		
			专项结余		
五、支出类			四、收入类		
经费支出			拨入经费		
拨出经费			预算外资金收入		
结转自筹基建			其他收入		
资产部类合计			负债部类合计		

本表各项目的内容和填列方法：

（1）"年初数"按上年决算后结转本年的各账户期初数填列。"期末数"应根据不同时间报出的资产负债表区别对待。若是月报，则按截至报告月份止，各总账账户的期末余额填列；若是年报，则按年末转账后各总账账户的年末余额填列。

（2）主管单位汇总本表时，必须把本级会计表与所属单位会计报表之间的重复数字，即本单位"拨出经费"与所属单位报表内的"拨入经费"账户所列数字互相抵消，系统内部本单位的"暂收款"和所属单位的"暂付款"对冲。其余账户都根据本级和所属单位的报表数字直接相加汇编。

（3）资产部类项目的内容和填列方法。

①"暂付款"项目应根据"暂付款"账户的期末余额填列。反映行政单位尚待结算的暂付款项。

②"库存材料"项目，应根据"库存现金"账户的期末余额填列。反映行政单位实际

的库存材料。

③"固定资产"项目，应根据"固定资产"账户的期末余额填列。反映行政单位期末的固定资产。一般情况下，该项目与"固定基金"项目填列数字一致，但也有可能不一致。

④"零余额账户用款额度"项目，应根据"零余额账户用款额度"账户的期末余额填列。反映行政单位在期末尚未支用的额度数。

⑤"财政应返还额度"项目，应根据"财政应返还额度"账户的期末余额填列。若是财政直接支付，反映单位在本年度财政直接支付预算指标数与当年财政直接支付支出数的差额；若是财政授权支付，则反映单位在本年度财政授权支付预算指标数与零余额账户用款额度下达数的差额。

⑥"经费支出"项目，1～11月该项目根据"经费支出"账户的期末余额填列；12月月末该项目为零，不必填列。反映行政单位年内经费实际支出的累计数，并应根据"基本支出"、"项目支出"两个二级科目分别填列。

⑦"拨出经费"项目，1～11月该项目根据"拨出经费"账户的期末余额填列；12月月末该项目空置不必填列。反映行政单位年内实际拨出经费的累计数，并应根据"基本经费"、"项目经费"两个二级科目分别填列。

⑧"结转自筹基建"项目，1～11月该项目根据"结转自筹基建"账户的期末余额填列；12月月末该项目空置不必填列。反映行政单位本年度实际结转的自筹基本建设资金。

（4）负债部类项目的内容和填列方法。

①"应缴预算款"项目，应根据"应缴预算款"账户的期末余额填列。反映行政单位应缴未缴入国家预算的收入。

②"应缴财政专户款"项目，应根据"应缴财政专户款"账户的期末余额填列。反映行政单位应缴未缴入国家预算外资金收入。

③"暂存款"项目，应根据"暂存款"账户的期末余额填列。反映行政单位尚未结算的暂存款项。

④"应付工资（离退休费）"项目，应根据"应付工资（离退休费）"账户的期末余额填列。反映行政单位应付给职工而尚未支付的工资。

⑤"应付地方（部门）津贴补贴"项目，应根据"应付地方（部门）津贴补贴"账户的期末余额填列。反映行政单位应付给职工而尚未支付的津贴补贴。

⑥"应付其他个人收入"项目，应根据"应付其他个人收入"账户的期末余额填列。反映行政单位按国家规定除工资（离退休费）、津贴补贴以外的应付给职工而尚未支付的其他收入。

⑦"固定基金"项目，应根据"固定基金"账户的期末余额填列。反映行政单位期末的固定基金。一般情况下，该项目与"固定资产"项目填列数字一致。

⑧"结余"项目，应根据"结余"账户的期末余额填列。反映行政单位年末拨入经费与拨出经费相抵消的结余数，应根据"基本支出结余"、"项目支出结余"两个二级科目分别填列。

⑨"拨入经费"项目，1～11月该项目根据"拨入经费"账户的期末余额填列；12月月末该项目空置不必填列。反映行政单位年内实际拨入经费的累计数，并应根据"基本经

"费"、"项目经费"两个二级科目分别填列。

⑩ "预算外资金收入"项目，1～11月该项目根据"预算外资金收入"账户的期末余额填列；12月月末该项目为零，不必填列。反映行政单位本年度实际取得的预算外资金的累计数。

2. 行政单位收入支出总表的编制

收入支出总表是反映行政单位年度收支总规模的报表。其作用是反映行政单位各项收入和支出的构成、各项收入和支出的总体完成情况及收支结余构成情况。

行政单位收入支出总表分为三部分，分别为收入、支出和结余部分。收入部分包括：拨入经费、预算外资金收入和其他收入三项内容，结余应列示当年结余、以前年度结余和累计结余，其格式如表7-2所示。

表7-2 收入支出总表

编表单位： 年 月 单位：元

收　入			支　出			结　余
项　目	本月数	本年累计	项　目	本月数	本年累计	
拨入经费			拨出经费			结转当年结余
其中：专项经费			经费支出			其中：专项结余
预算外资金收入			其中：基本支出			以前年度结余
其中：专项经费			项目支出			
其他收入						
			结转自筹基建			
收入总计			支出总计			累计结余

本表各项目的内容和填列方法：

收入支出总表按本单位实有各项收支项目汇总列示。"本月数"和"本年累计"两栏，分别根据有关收入、支出账户的"本月合计数"和"本年累计数"填列，并且在该表中计算出收入总计、支出总计，最后再计算出累计余额。

在编制该表时，应注意两点：一是该表中的专项经费、项目支出及专项结余应单独列示；二是主管单位汇总编制该表时，应将"拨出经费"与所属单位"拨入经费"汇总数对冲后填列。

四、行政单位会计报表的分析

1. 行政单位会计报表的审核

行政单位对已完成的会计报表，应认真进行审核，经确认无误后才能上报。上级单位对所属单位的会计报表也要再一次进行审核，然后再加以汇总。会计报表的审核包括政策性审核和技术性审核两个方面。

（1）政策性审核。政策性审核主要是审核会计报表中反映的各项资金收支是否符合政策、制度的规定，有无违反财经纪律的现象。

①审查各项收入是否符合政策性规定，预算资金的取得是否符合预算和用款计划，其他收入的收费标准是否符合有关规定。

②审查各项支出是否按预算和计划执行，有没有违反国家统一规定的开支范围和开支标准及其他财务制度的规定，有没有将预算外支出挤入预算内报销，是否存在乱拉资金、乱上计划外项目、盲目扩大基本建设规模的问题等。

③审核各项应上缴、下拨的款项是否及时、足额上缴、拨付，有无截留挪用现象。

（2）技术性审核。技术性审核主要审核会计报表的数字是否正确，表内有关项目是否完整，有关数字之间的钩稽关系是否正确，有无漏报和错报的情况，会计报表的报送是否及时等。在审核时应注意审核下面四方面的数字关系。

①审核上下年度有关数字是否一致。如资产负债表、基本数字表、经费拨收支明细表等的年初数和上年年末数是否一致。

②审核上下级单位之间的上缴、下拨数是否一致。如上级单位的经费拨款支出和下级单位的经费拨款收入是否一致；上级单位的专项资金支出和下级单位的拨入专项资金是否一致等。

③审核会计报表中的有关数字和业务部门提供的数字是否一致。

④审核会计报表之间的有关数字是否一致。如资产负债表中的固定资产年末数要与固定资产统计表（附表）数字是否一致，资产负债表中经费支出数与经费支出明细表的支出总数是否一致等。

2. 行政单位会计报表的汇总

会计报表的汇总是指主管会计单位和二级会计单位，根据本级会计报表和经审核无误的所属单位的会计报表所提供的会计资料，进行汇总计算，从而编制出全面反映本单位和所属单位预算执行情况和资金活动情况的汇总会计报表，并报送主管单位或财政部门。

知识链接

会计报表的汇总

汇总会计报表的种类和内容、格式与基层会计单位使用的会计报表相同。汇总时应将相同项目的金额加计总额后填列，但本单位"拨出经费"与所属单位报表内的"拨入经费"账户所列数字应互相抵消，系统内部本单位的暂收款和所属单位的暂付款应对冲，以免重复计算。

3. 行政单位会计报表的分析

会计报表分析是对会计报表所提供的数据进行加工、分解、比较、评价和解释。会计报表分析是会计记账编制报表的继续。行政单位的会计报表虽然反映了单位在一定时期预算执行的结果和财务收支的状况，但由于预算收支错综复杂，单纯通过会计报表不能具体说明预算执行的结果及其成因。为了进一步弄清单位预算执行过程中存在的问题与不足，以肯定成绩、找出差距、揭露矛盾、改进工作，就需要对会计报表的数据资料、各项指标内在因素的相互关系进行全面的分析研究。

（1）会计报表分析的内容。行政单位会计报表分析的内容包括预算执行情况分析、开支水平分析、人员增减情况分析和固定资产利用情况分析等。

①预算执行情况分析。主要分析行政单位实际收支与预算安排之间的差异及其产生的原因。由于行政单位的收入主要依靠国家财政拨款，因此其预算执行情况的分析着重于预算支出执行情况的分析。预算执行情况的分析，可以通过编制"预算支出执行情况分析表"进行，分别列示预算支出各项目的上年实际数、本年预算数、本年实际数以及本年实际数占上年实际数的比重和占本年预算数的比重，并分析各项目本年实际数与预算数产生差异的原因。

②开支水平分析。主要分析行政单位各项支出是否按规定用途使用，是否符合费用开支标准，是否符合费用开支定额，有否超标准开支，有否铺张浪费，有无乱开支和乱摊销。在进行开支水平分析时，可与本单位以前年度比较，也可与其他单位比较，找出差距及其形成原因，以便今后加以改进。

③人员增减情况分析。主要分析行政单位的人员配备是否符合国家核定的人员编制要求。具体包括：各类人员配备在结构上是否合理，在总量上是否超出编制总数，若存在超编现象，应分析超编原因，及超编对支出的影响程度；若存在缺编现象，应分析缺编原因，及缺编对支出的影响程度。

④固定资产利用情况分析。主要分析固定资产是否得到充分有效地运用，是否有不需要的固定资产，是否有未使用的固定资产；在用的固定资产利用程度如何，是否有闲置浪费的现象；在用的固定资产维护保养工作如何，是否存在乱用、滥用、丢失、毁损和非正常报废现象；固定资产的增加、减少，是否正当、合理，手续是否完备。

（2）会计报表分析的方法。

①比较分析法。比较分析法是通过指标对比发现差异的一种分析方法，是以年度预算收支实际数为基础，与预算、上期、上年同期或某一完成情况较好的时期，与其他单位同类指标对比的方法。

A. 与预算对比。将单位预算的实际完成情况同上级核定的预算进行比较，找出差距，分析问题。比较方法可用公式表示如下：

绝对数指标：实际数较计划数增减额＝本期实际完成数－本期预算（计划）数

相对数指标：预算（计划）完成百分比＝本期实际完成数÷本期预算（计划）数×100%

实际数较预算（计划）数增减百分比＝预算（计划）完成百分比－100%

B. 与实际对比。将本期预算（计划）的实际完成情况与上期、上年同期或某一特定时期的实际完成情况对比，以了解不同时期的增减变化情况，考核发展趋势和发展速度。可采用绝对数指标与相对数指标相结合的方法进行分析。

C. 与其他单位对比。将本单位与其他同类型单位的有关指标的完成情况进行对比，以便挖掘潜力，向高标准看齐，提高本单位的预算管理水平。

②因素分析法。因素分析法又叫连环替代法，是当许多因素对某一项经济指标综合作用时，用来确定各因素变动对该指标变动影响程度的一种分析方法。因素分析法一般是将其中的一个因素定为可变量，而将其他因素暂时定为不变量，进行替换，以测定每个因素对该项指标影响的程度。因素分析法的一般程序如下：

A. 根据各个因素，求得指标实际执行数。

B. 将影响指标的各个因素按一定顺序排列，然后逐一对每一项因素变动的结果与前次相比较，两者之间的差数即为该因素变动对总指标的影响。

C. 各因素变动对指标实际执行数的影响数相加，即实际数与计划数之间的总差异。

③结构分析法。结构分析法是指对全局进行概括分析，将相同事务进行分类，分成若干项目，计算出各个组成部分在整体中的比重，从而找出各个项目的变化规律，评价结构或成分的合理性。如运用结构分析法计算出各项收入占总收入的比重、各项支出占总支出的比重，有助于对该单位是否执行了国家的各项方针政策、是否存在违反财务制度的现象作出判断。该方法在使用时往往需要与比较分析法相配合。

（3）会计报表分析指标。通过对会计报表以上相关指标的分析，能够对行政单位的预算执行情况作出客观、公正的评价。行政单位财务分析指标如下：

①支出增长率。该指标衡量行政单位支出增长变化幅度，既可以用于衡量行政单位支出的总变化，也可以用来衡量某一类支出的增长变化。其计算公式如下：

支出增长率＝（本期支出数－上期支出数）÷上期支出数×100％

②人均经费。该指标计算财政拨付经费按人数平均的绝对数。其计算公式如下：

人均经费＝拨入经费÷行政单位人员数

拨入经费包含基本支出和项目支出两部分，将基本支出按单位人员数进行平均，更能体现行政单位人均耗用经费水平，反映出其财务及预算管理能力。

③人员经费、公用经费占总支出比重。该指标用来衡量行政单位经费支出结构。其计算公式如下：

人员经费占总支出的比重＝人员经费÷经费支出×100％

人员经费主要指行政单位支付给在职职工和临时聘用人员的基本工资、津贴补贴、奖金，为上述人员缴纳的各项社会保险费等。

公用经费占总支出比重＝公用经费÷经费支出×100％

公用经费主要反映行政单位购买商品（不包括用于购置固定资产的支出）和劳务的支出。

④专项支出占总支出比重。该指标同样用来衡量行政单位支出结构。其计算公式如下：

专项支出占总支出的比重＝专项支出÷经费支出×100％

专项支出是指行政单位为完成专项工作或特定任务而发生的各项支出，一般包括专项设备购置支出、专项修缮支出、专项会议支出、专项任务支出等。专项支出通常都有专项资金来源。

⑤人车比例。该指标反映行政单位公用车辆的占有及使用情况。其计算公式为：

人车比例＝行政单位人员数÷行政单位拥有车辆数

在计算车辆数时，除了单位固定资产账簿上记载的实有车辆以外，行政单位租用车辆也应该考虑进来，以便综合反映该单位车辆占有及使用情况。

情境回放

行政单位会计报表是反映行政单位财务会计状况和预算执行结果的书面文件。按照所反映的经济内容的不同，行政单位会计报表可分为资产负债表、收入支出总表、经费支出明细表、附表和报表说明书。有专款收支业务的，还应按专款的种类编报专项资金支出明细表。

任务检测

一、单项选择题

1. 行政单位月末编报的资产负债表报表要素有（　　）。

A. 资产、负债、净资产　　　　　　B. 资产、负债、净资产、收入、支出

C. 收入、支出、结余　　　　　　　D. 资产、收入、支出

2. 行政单位的收入支出总表包括（　　）部分。

A. 资产、负债、净资产　　　　　　B. 资产、负债、净资产、收入、支出

C. 收入、支出、结余　　　　　　　D. 资产、收入、支出

3. 行政单位的资产类和支出类科目在资产负债表中属于（　　）。

A. 资产部类　　　　B. 支出部类　　　　C. 收入部类　　　　D. 负债部类

4. 行政单位与企业具有相同名称的报表是（　　）。

A. 现金流量表　　　　　　　　　　B. 预算执行情况表

C. 收入支出总表　　　　　　　　　D. 资产负债表

5. 编制资产负债表的平衡公式为（　　）。

A. 资产＋支出＝负债＋收入＋净资产　　B. 资产＋支出＝负债＋收入

C. 资产＋收入＝负债＋支出＋净资产　　D. 资产＋收入＝负债＋支出

二、多项选择题

1. 会计报表的基本结构分为（　　）。

A. 表头　　　　B. 表体　　　　C. 表中　　　　D. 表尾

2. 行政单位收入支出总表中的结余部分，应当列示（　　）。

A. 当年结余　　　B. 当月结余　　　C. 以前年度结余　　　D. 累计结余

3. 行政单位的资产负债表总体由（　　）两部分构成。

A. 收入部类　　　B. 支出部类　　　C. 资产部类　　　D. 负债部类

4. 行政单位需要编制的会计报表主要包括（　　）。

A. 资产负债表　　B. 预算执行情况表　　C. 收入支出总表　　D. 现金流量表

5. 行政单位会计报表按编报级次不同分为（　　）。

A. 本级报表　　　B. 汇总报表　　　C. 合并报表　　　D. 中期报表

三、判断题（正确的画"√"，错误的画"×"）

1. 行政单位收入支出总表的结余部分，应列示当年结余和以前年度结余。（　　　）
2. 行政单位的资产负债表中"年初数"按本年初的预算数字填列。（　　　）
3. 行政单位的收入支出总表是反映行政单位年度收支总规模的报表。（　　　）
4. 行政单位会计需要编制现金流量表反映现金的流入和流出情况。（　　　）
5. 行政单位会计报表的审核一般包括政策性审核和技术性审核。（　　　）

实训项目 ▶▶▶

［资料］某行政单位 2011 年 12 月份资产负债表如下表 7-3 所示。

表 7-3　　　　　　　　　　　　资产负债表

编表单位：某单位　　　　　　　2011 年 12 月 31 日　　　　　　　　　单位：元

资产部类	年初数	期末数	负债部类	年初数	期末数
一、资产类			二、负债类		
现金		25 800	应缴预算款		17 000 000
银行存款		19 890 000	应缴账政专户款		
有价证券		50 000	暂存款		2 500
暂付款		7 000	应付工资（离退休费）		
库存材料		150 000	应付地方（部门）津贴补贴		
固定资产		700 000	负债合计		17 002 500
零余额账户用款额度			三、净资产		
财政应返还额度			固定基金		700 000
资产合计		20 822 800	结余		1 081 200
			净资产合计		1 781 200
五、支出类			四、收入类		
经费支出		16 089 000	拨入经费		20 100 000
拨出经费		2 000 000	预算外资金收入		34 000
结转自筹基建		35 900	其他收入		30 000
支出合计		18 124 900	收入合计		20 164 000
资产部类合计		38 947 700	负债部类合计		38 947 700

［要求］1. 请将各收入、支出账户的余额转入"结余"。

2. 经过结转后，请做出当年的资产负债表。

📖 项目小结

本项目为行政单位会计，主要讲述了行政单位会计资产、负债、收入、支出和净资产的核算，行政单位会计报表的编制和分析，是预算会计中很重要的内容。在学习中要注意：①熟悉行政单位会计要素的概念和特征。②着重掌握行政单位资产、负债、收入、支出和净资产的会计核算，熟练运用会计科目进行相关业务的处理。③注意行政单位会计与企业会计和事业单位会计的差别。

项目四 财政总预算会计

任务八 财政总预算资产和负债的核算

任务目标

知识目标

● 了解有关财政周转金资产户的核算。

● 熟悉财政性存款和政府采购的概念。

● 掌握财政总预算会计资产的核算。

● 掌握财政总预算会计负债的核算。

技能目标

●能够熟练运用财政总预算会计资产及负债账户进行会计核算。

情境设置

高宇同学通过电视节目了解到"国库单一账户体系"、"政府采购"和"部门预算"是近年来我国财政制度的三大改革。高宇同学想这些改革是不是也影响了财政总预算会计的核算呢?预算会计的教材中有没有这些新内容呢?

知识准备

一、财政总预算资产的核算

1. 财政性存款的核算

(1) 财政性存款的概念和管理原则。财政性存款是财政部门代表政府所掌管的财政资金。财政性存款的支配权属于同级政府财政部门,并由财政总预算会计负责管理,统一收付。财政总预算会计在管理财政性存款中,应当遵循以下原则:

第一,集中资金,统一调度。各种应由财政部门掌管的资金都应纳入财政总预算会计的存款账户,由财政总预算会计统一收纳、支拨和管理,不能由其他职能部门代替。应根据事业进度和资金使用情况,保证满足计划内各项正常支出的需求,并要充分发挥资金效益,把资金用活、用好。

第二，严格控制存款开户。财政部门的预算资金除财政部有明确规定外，一律由财政总预算会计统一在国库或指定的银行开立存款账户。不得在国家规定之外将预算资金或其他财政性资金任意转存其他金融机构。财政周转金因其存款的特殊性，可在中国人民银行批准的金融机构开设计息的存款户。未设国库的乡（镇）财政，可以在其他金融机构开户。粮食风险基金等专用基金经财政部门批准，也可以在相应的其他金融机构开户。

第三，根据年度预算或季度分月用款计划拨付资金。不得办理超预算、无用款计划的拨款。

第四，转账结算，不提现金。财政总预算会计的各种会计凭证都只能用以转账结算，不得提取现金。其主要原因有以下几点：一是财政是分配财政资金的部门，不是资金的具体使用单位，不需提取现金；二是财政拨款的对象是单位而不是个人，不需要提取现金；三是不提取现金有利于管理，保证了库款安全。

第五，在存款余额内支付，不得透支。不得透支，能够促使各级财政部门做好季节间的资金调度工作，确保财政收支平衡。

（2）财政性存款的账户管理制度。目前，我国财政性存款的账户管理制度是国库单一账户制度，也称国库集中收付制度。国库单一账户制度即将政府所有财政性资金（包括预算内资金和预算外资金）集中在国库或国库指定的代理银行开设账户，所有财政收入直接缴入这一账户，所有财政支出直接通过这一账户支付到用款单位或商品、劳务供应者，而不通过有关单位或部门设置的资金账户进行收付。实行国库单一账户制度，虽然不改变各单位、各部门的支出权限，但其作用在于建立起了预算执行的监督管理机制。一方面通过单一账户集中化管理，灵活地调度和使用资金，提高政府资金使用效率，降低成本；另一方面从根本上杜绝在预算执行中的克扣、截留、挪用资金的现象，促进政策资金使用信息公开化、透明化，强化了约束力和社会监督力。

国库单一账户是财政部门在中国人民银行开设的国库存款账户，它与财政零余额账户、单位预算内零余额账户、预算外资金专户和特设专户进行清算，实现财政国库集中支付。国库单一账户用于记录、核算和反映纳入预算管理的财政收入和支出活动，并用于同财政部门在商业银行开设的零余额账户进行清算，实现支付。

财政部门在商业银行为本单位开设的零余额账户，用于财政直接支付和与国库单一账户进行清算；为预算单位开设的零余额账户，用于财政授权支付和与国库单一账户进行清算。零余额账户与财政在中国人民银行开设的国库单一账户相互配合，构成财政资金支付过程的基本账户。为了保证财政资金在支付实际发生前不流出国库单一账户，规定采用先由代理银行支付，每日终了再由代理银行向国库单一账户要款清算的方式。

由于预算外资金来源复杂，支出不定向，目前还难以全部纳入国库单一账户。为了减少改革阻力，现阶段对这部分未纳入预算管理的预算外资金暂实行专户管理，因此，特设置预算外资金财政专户，用于记录、核算和反映预算外资金的收入和支出活动，由财政部门负责管理。代理银行根据财政部门的要求和支付指令，办理预算外资金专户的收入和支出业务。预算内资金不得混入预算外资金核算。随着财税改革的逐步深化，预算外资金最终将逐步纳入国库单一账户管理。

由于我国现在处于改革和发展的关键时期，政策性支出项目较多，对资金的支出有特殊要求，特设置特设专户，用于记录、核算和反映预算单位的特殊专项支出活动，并与国库单一账户清算。预算单位不得将特设专户的资金转入本单位其他账户，也不得将其他账户资金转入本账户核算。

在实施国库单一账户制度后，财政性资金的支付方式有财政直接支付、财政授权支付和财政实拨资金三种。财政直接支付是指由财政部门开具支付令，通过国库单一账户体系直接将财政资金支付到用款单位或商品、劳务供应者账户。实行财政直接支付的支出主要包括工资支出、工程采购支出、物品和服务采购支出、转移支出等。财政授权支付是指预算单位根据财政部门的授权，自行开具支付令，通过国库单一账户体系将资金支付到货物或劳务供应者账户的支付方式。实行财政授权支付的支出主要包括未纳入财政直接支付的购买支出和零星支出。财政实拨资金是指财政部门通过国库存款账户将财政资金实际拨付到预算单位在商业银行开设的银行存款账户上，供预算单位使用的财政资金支付方式。财政直接支付和财政授权支付为财政国库单一账户制度下的财政资金支付方式，财政实拨资金是一种传统的财政资金支付方式。两者的区别是：在国库单一账户制度的财政资金支付方式下，财政资金集中在国库存款账户上；在实拨资金支付方式下，财政资金分散在各预算单位的银行存款账户上。

（3）财政性存款的账务处理。为了核算财政性存款，各级财政总预算会计应设置"国库存款"和"其他财政存款"等账户。

①"国库存款"是资产性质的账户，用于核算各级财政总预算会计在国库的预算资金（含一般预算、基金预算和国有资本经营预算）存款。借方登记国库存款的增加数，贷方登记国库存款的减少数，余额在借方，反映国库存款的结存数。本账户明细账可按"国库存款——一般预算存款"、"国库存款——基金预算存款"和"国库存款——国有资本经营预算存款"设置。这样设置明细科目是为了防止相互挪用。

有外币收支业务的总预算会计，应按外币的种类设置外币存款明细账，并登记外币金额和折合率。年度终了，应将外币账户余额按照期末国家银行公布的人民币外汇汇率折合为人民币，作为外币账户的期末人民币余额。调整后的各种外币账户的人民币余额与原账面余额的差额，作为汇兑损益列入有关预算支出账户。

【练中学8-1】 某市财政收到国库报来"预算收入日报表"，当日一般预算收入为2 000 000元。请根据上述业务，进行账务处理。

借：国库存款——一般预算存款　　　　　　　2 000 000
　贷：一般预算收入　　　　　　　　　　　　　　　2 000 000

【练中学8-2】 某市财政国库支付中心以财政直接支付的方式，通过财政零余额账户存款账户支付预算单位属于一般预算支出的物品采购支出300 000元，市财政收到国库报来的"预算支出结算清单"。请根据上述业务，进行账务处理。

借：一般预算支出　　　　　　　　　　　　　300 000
　贷：国库存款——一般预算存款　　　　　　　　　300 000

②"其他财政存款"是资产性质的账户，用于核算各级财政总预算会计未列入"国库存款"科目反映的各项财政性存款。包括财政周转金存款、未设国库的乡（镇）财政在专业银行的预算资金存款、部分由财政部指定存入专业银行的专用基金存款、特设专户存款

及预算外资金中未纳入预算并实行财政专户管理的资金存款等。借方登记其他财政存款的增加数，贷方登记减少数，余额在借方，反映其他财政存款的结存数，其年终余额结转下年。该账户明细账一般可先按资金性质分设，然后再按交存地点分开户行进行明细分类核算。需要说明的是，以上几项内容不是每个地方财政都有，如有的地方财政周转金已另设专门机构管理，当然财政总预算会计就不必再设"财政周转金存款"明细账。县以上财政及已建立了国库的乡镇财政也不需要设置"预算资金存款"明细账。

【练中学 8-3】 未设国库的某乡财政收到县政府拨来的应归属本级财政的预算收入 1 000 000 元。请根据上述业务，进行账务处理。

借：其他财政存款——预算资金存款　　　　　　1 000 000
　　贷：一般预算收入　　　　　　　　　　　　　　　1 000 000

【练中学 8-4】 某县财政办理未纳入预算并实行财政专户管理的资金安排的支出业务，支付金额 200 000 元。请根据上述业务，进行账务处理。

借：财政专户管理资金支出　　　　　　　　　200 000
　　贷：其他财政存款——未纳入预算并实行财政专户管理的资金存款
　　　　　　　　　　　　　　　　　　　　　　　　　200 000

（4）财政零余额账户存款的核算。"财政零余额账户存款"账户是财政国库支付执行机构要用到的资产性质的账户，用于核算财政国库支付执行机构在代理银行办理财政直接支付的业务。贷方登记财政国库支付机构当天发生的财政直接支付资金数，借方登记当天国库单一账户存款划入冲销数，当日资金结算后，余额为零。

【练中学 8-5】 某市财政国库支付执行机构为预算单位直接支付以一般预算资金安排的支出 1 000 000 元。请根据上述业务，进行账务处理。

借：一般预算支出　　　　　　　　　　　　1 000 000
　　贷：财政零余额账户存款　　　　　　　　　　　1 000 000

【练中学 8-6】 某市财政国库支付执行机构当日汇总"预算支出结算清单"，其中财政直接支付金额 1 000 000 元，该清单已送财政总预算会计结算资金。请根据上述业务，进行账务处理。

借：财政零余额账户存款　　　　　　　　　1 000 000
　　贷：已结报支出——财政直接支付　　　　　　　1 000 000

2. 有价证券的核算

财政总预算会计核算的有价证券是中央财政以信用方式发行的国家公债。各级财政只能用各项财政结余购买国家指定由地方各级政府购买的有价证券。为确保安全，有价证券应视同货币资金妥善保管。

"有价证券"是资产性质的账户，用于核算各级政府按国家统一规定用各项财政结余购买有价证券的库存数。借方登记有价证券的购入数，贷方登记本金的兑付数（利息收入应通过有关收入账户核算，原来用一般预算结余购买的，作为一般预算收入入账；原来用基金预算结余购买的，作为基金预算收入入账），余额在借方，反映有价证券的实际库存数。明细账应按有价证券的种类和资金性质设置。

【练中学 8-7】 ①某市财政用一般预算结余 200 000 元和基金预算结余 100 000 元购买有价证券。②购入的有价证券到期兑付本金及利息，收到利息收入共 30 000 元，其中一般预算结余购入的有价证券利息 20 000 元，基金预算结余购入的有价证券利息 10 000元。请根据上述业务，进行账务处理。

①借：有价证券——一般预算结余购入 　　　　　200 000
　　　　　　——基金预算结余购入 　　　　　100 000
　　贷：国库存款——一般预算存款 　　　　　200 000
　　　　　　——基金预算存款 　　　　　100 000

②收到本金时：
借：国库存款——一般预算存款 　　　　　200 000
　　　　——基金预算存款 　　　　　100 000
　　贷：有价证券——一般预算结余购入 　　　　　200 000
　　　　　　——基金预算结余购入 　　　　　100 000

利息收入入账时：
借：国库存款——一般预算存款 　　　　　20 000
　　　　——基金预算存款 　　　　　10 000
　　贷：一般预算收入 　　　　　20 000
　　　　基金预算收入 　　　　　10 000

3. 在途款的核算

为清理和核实一年的财政收支，保证属于当年的财政收支能全部反映到当年的财政决算中，根据国库制度的规定，年度终了后，支库应设置十天的库款报解整理期。在设置决算清理期的年度，库款报解整理期相应顺延。在库款报解整理期和决算清理期内，有些属于上年度的收入需要补充缴库，有些不合规定的支出需要收回。这些资金活动虽发生在新年度，但其会计事项应属于上一年度。在途款是指在规定的库款报解整理期和决算清理期内，收到的应属于上年度收入的款项和收回的不应在上年度列支的款项或其他需要作为在途款过渡的资金。

"在途款"是资产性质的账户，用于核算决算清理期和库款报解整理期内发生的上下年度收入、支出业务及需要通过本账户过渡处理的资金数。借方登记发生数，贷方登记冲转数。在记入新年度账上后，该科目无余额。

【练中学 8-8】 某市财政在库款报解整理期收到属于上一年度的一般预算收入 200 000元。请根据上述业务，进行账务处理。

在上年度账上：
借：在途款 　　　　　200 000

贷：一般预算收入	200 000

在新年度账上：

借：国库存款——一般预算存款	200 000
贷：在途款	200 000

【练中学 8-9】 某市财政在决算清理期内收回上年度已列支的基金预算支出 60 000 元。请根据上述业务，进行账务处理。

在上年度账上：

借：在途款	60 000
贷：基金预算支出	60 000

在新年度账上：

借：国库存款——基金预算存款	60 000
贷：在途款	60 000

4. 暂付及应收款项的核算

暂付应收款项发生在财政总预算会计与财政机关系统外的预算单位之间和与财政系统内上下级财政机关之间。为体现这两种情况的区别，将财政与预算单位间的暂付应收款项纳入"暂付款"核算（财政与预算单位间的暂存应付款项列入"暂存款"核算，将在负债内容中介绍），将与下级财政间的往来债权纳入"与下级往来"核算（与上级财政间的往来债务列入"与上级往来"核算，将在负债内容中介绍）。

（1）暂付款。暂付款是待结算资金，既可能收回，也可能核销转为支出。在没有收回或转为支出前，财政拥有债权，清理收回或转为支出后，债权消失。暂付款仅限于财政部门对所属预算单位和其他单位的临时急需借款和其他暂付应收款项，不包括上下级财政间的往来款项和借出、借入财政周转金。

"暂付款"是资产性质的账户。用来核算各级财政部门借给所属预算单位或其他单位临时急需的款项。借方登记借出数，贷方登记收回数或转作预算支出数，平时余额在借方，反映尚未结清的暂付数额。本账户应及时进行清理结算，年终，原则上应无余额。明细账按资金性质及借款单位名称设置。

【练中学 8-10】 ①因市教育局紧急维修危险校舍，某市财政借给市教育局 700 000 元。②经批准，市教育局的借款 700 000 元，转作经费拨款。请根据上述业务，进行账务处理。

①借：暂付款——市教育局	700 000
贷：国库存款——一般预算存款	700 000
②借：一般预算支出	700 000
贷：暂付款——市教育局	700 000

（2）与下级往来。在预算执行过程中，预算收支常常出现不平衡，当预算支出大于预算收入时，按规定可以先动用预算周转金，此时，如果预算收支仍不能平衡，下级财政部门就可以向上级财政部门申请短期的借款，当上级财政部门将款项借给下级财政部门时，即为上级财政部门的债权，下级财政部门的债务。为此，上级财政部门在会计上应设置"与下级往来"账户。

"与下级往来"主要是资产性质的账户，用于核算与下级财政的往来待结算款项。借方登记借出数，贷方登记收回数或转作补助支出数，余额一般在借方，反映上级财政应收回下级财政的款项。但是，"与下级往来"账户是往来性质的账户，它既可能出现借方余额，又可能出现贷方余额。当该账户出现贷方余额时，应把它作为负债账户，反映上级财政借用下级财政数或上级财政多收到下级财政归还的借款数，在实际工作中，为了汇总报表的方便，在编制资产负债表时用负数反映。该账户明细账按资金性质和借款单位名称设置。

【练中学 8 - 11】 ①某市财政借给所属某县财政一般预算临时周转金 250 000 元。②市财政收到该县根据库款情况归还 50 000 元临时周转金，另 200 000 元经批准转作市财政对该县财政的补助款。请根据上述业务，进行账务处理。

①借：与下级往来——一般预算——某县　　　　250 000

　　贷：国库存款——一般预算存款　　　　　　250 000

②收到归还的临时周转金：

借：国库存款——一般预算存款　　　　　　　50 000

　　贷：与下级往来——一般预算——某县　　　50 000

转作补助部分：

借：补助支出　　　　　　　　　　　　　　200 000

　　贷：与下级往来——一般预算——某县　　　200 000

5. 预拨款项的核算

财政总预算会计预拨款项是在财政实拨资金方式下存在的，主要核算内容有两类，一类是预拨的预算经费，一类是预拨的用于基本建设项目的款项。

（1）预拨款项应遵循的原则。

为了保证支出预算的正确执行和预算资金的灵活调度，预拨款项应当遵循以下原则：

①对行政事业单位的拨款，应当按照单位领报关系转拨，凡有上级主管部门的单位，不能直接与各级财政部门发生经费领报关系。

②根据核定的年度预算和季度计划拨付，不得办理超预算、无计划的拨款。

③根据事业进度和资金使用情况拨付，既要保证资金的需要，又要防止资金的积压和浪费。以便促进各单位合理、节约、有效地使用预算资金。

④根据财政部门的国库存款情况拨付，以保证预算资金调度的平衡。

为了核算预拨款项，应设置"预拨经费"和"基建拨款"账户。

（2）财务处理。

①预拨经费的账务处理。

预拨经费包括两种情况：一是交通不便的边远地区，当期汇款不能及时到达，影响单位按时支付，需要上级单位提前在上一个月拨付下一个月的经费；二是上年预拨属于下年预算的经费，如今冬明春水利经费，已列入下年的农田水利计划，须在今年抓紧准备或施工，因而往往需要提前拨付，但又不能在本年度列为支出。

"预拨经费"是资产性质的账户，用于核算财政部门预拨给行政事业单位、且尚未列为预算支出的经费。凡拨出的经费属于本期支出的，应直接通过有关支出账户核算。本账户借方登记预拨数，贷方登记各主管会计单位汇总的支出和缴回的拨款数，余额在借方，反映尚未转列支出或尚未收回的预拨数。明细账按拨款单位名称设置。

【练中学 8 - 12】　①某市财政根据下年度计划和水利局申请，拨付下年度农田水利经费 80 000 元。②下年度将预拨水利局的农田水利经费转作一般预算支出。请根据上述业务，进行账务处理。

①借：预拨经费——水利局　　　　　　　　　　　　　80 000

　　贷：国库存款——一般预算存款　　　　　　　　　　　　80 000

②借：一般预算支出　　　　　　　　　　　　　　　　80 000

　　贷：预拨经费——水利局　　　　　　　　　　　　　　　80 000

②基建拨款的账务处理。

基建拨款是指财政部门按照基本建设计划拨付给经办基建支出的专业银行或基本建设财务管理部门的基本建设款项。为了强化预算管理，原来通过中国建设银行办理的基本建设资金，现已收回财政部门管理。财政部门设基本建设财务管理部门专管此项工作。由于基本建设支出以财政机关基本建设财务管理部门或经办基本建设支出的专业银行拨付建设单位数列报支出，当财政总预算会计拨给基本建设财务管理部门或经办基本建设支出的专业银行时，支出尚未形成，所以基建拨款性质为债权。

"基建拨款"是资产性质的账户，用于核算拨付给基本建设财务管理部门或经办基本建设支出的专业银行的基本建设拨款和贷款数。直接拨给建设单位的基本建设资金，不通过本科目核算（一般通过预算支出的账户核算）。本账户借方登记拨款数；贷方登记专业银行报来的"银行支出数"或缴回财政部门数，余额在借方，反映尚未列报支出的拨款数。明细账按拨款单位名称设置。

【练中学 8 - 13】　①某市财政总预算会计根据基本建设计划拨给市财政局基本建设财务管理处基本建设款 700 000 元。②该市财政收到基本建设财务管理处报来的基本建设拨款报表，拨款数为 650 000 元，其余 50 000 元由基本建设财务管理处缴回市财政。请根据上述业务，进行账务处理。

①借：基建拨款——基本建设财务管理处　　　　　　700 000

　　贷：国库存款——一般预算存款　　　　　　　　　　　700 000

②借：一般预算支出　　　　　　　　　　　　　　　650 000

　　　国库存款——一般预算存款　　　　　　　　　 50 000

　　贷：基建拨款——基本建设财务管理处　　　　　　　　700 000

6. 财政周转金资产的核算

财政周转金是指财政部门设置的以信用方式有偿周转使用的资金。财政周转金的使用始于 20 世纪 70 年代，当时叫"小型技改贷款"，在计划经济时代主要用于解决企业资金周转困难。后来，贷款规模越来越大。根据建立公共财政的需要，财政资金从服务于个别企业转向重点投放公共基础设施建设和社会保障支出。因此，各级财政从 20 世纪 90 年代开始逐步清理整顿财政周转金。

整顿财政周转金

根据财政部 1998 年 12 月 15 日发布的《整顿财政周转金方案》的要求，整顿财政周转金，采取内部自我整顿与外部检查督促相结合的办法，全部工作用两年的时间完成。具体分两个阶段：

第一阶段：从 1998 年 12 月 1 日起，各级财政部门用一年左右的时间，完成财政周转金只收不贷的主要工作（中央财政从 1998 年 1 月 1 日起已经实行只收不贷）。具体包括：停止发放新的借款；清理账目；回收到期借款；对部分"保留债权、逐步回收"的借款重新核实债权债务关系；按有关规定处理呆账；安置有关下岗分流人员等。

第二阶段：从 1999 年 12 月 1 日起，各级财政部门用一年左右的时间，彻底解决第一阶段整顿工作的遗留问题。具体包括：继续清理回收已到期的周转金借款；对少量未到期限的借款和回收难度较大的借款进行转投资或核销处理等，彻底解决财政周转金的有关遗留问题。2000 年年底以前，整顿财政周转金工作结束。

虽然财政周转金的整顿工作已经结束，但由于部分财政部门仍有遗留的财政周转金，并且在《财政总预算会计制度》中仍保留有关的财政周转金账户，因此，本书也对有关的财政周转金账户进行介绍。

财政周转金的核算涉及资产、负债、收入、支出和净资产各个会计要素。其中财政周转金放款、借出财政周转金和待处理财政周转金在此介绍。借入财政周转金、财政周转金收入、财政周转金支出和财政周转基金将分别在负债、收入、支出和净资产中介绍。

为了核算有偿使用的财政周转金，应设置"财政周转金放款"、"借出财政周转金"和"待处理财政周转金"账户。

（1）财政周转金放款。"财政周转金放款"是资产性质的账户，用于核算财政有偿资金拨出、贷放及收回情况。借方登记贷放数，贷方登记收回数，余额在借方，反映财政总预算会计掌握的财政有偿资金放款数。明细账按贷放对象设置。

【练中学 8-14】 ①某市财政向用款单位贷放财政周转金 500 000 元。②收到用款单位归还财政周转金 500 000 元，资金占用费收入 20 000 元。请根据上述业务，进行账务处理。

①借：财政周转金放款——某单位　　　　　　500 000
　　贷：其他财政存款——财政周转金存款　　　　　　500 000
②借：其他财政存款——财政周转金存款　　520 000
　　贷：财政周转金放款——某单位　　　　　　　　　500 000
　　　　财政周转金收入　　　　　　　　　　　　　　20 000

（2）借出财政周转金。"借出财政周转金"是资产性质的账户，用于核算上级财政部对下级财政部门周转金的借出和收回情况。借方登记借出数，贷方登记收回数，余额在借方，反映借出周转金尚未收回数。明细账按借款对象设置。

借出财政周转金与财政周转金放款的主要区别是：财政周转金放款是财政部门实际投入使用的财政周转金，而借出财政周转金只是财政周转金在上下级财政之间的融通或结算，并不是实际投入使用。借出财政周转金与下级往来的主要区别是：与下级往来是上下级财政之间无偿财政预算资金的融通或结算，而借出财政周转金是上下级财政之间有偿财政周转金的融通或结算。

【练中学 8－15】 ①某市财政借给所属某县财政部门财政周转金 1 000 000 元。②市财政收到所属县财政部门归还的部分财政周转金 600 000 元。请根据上述业务，进行账务处理。

①借：借出财政周转金——某县   1 000 000

     贷：其他财政存款——财政周转金存款   1 000 000

借：其他财政存款——财政周转金存款   600 000

     贷：借出财政周转金——某县   600 000

（3）待处理财政周转金。待处理财政周转金是指已成呆账或逾期但尚未处理的财政周转金放款，在作出处理决定后，冲减待处理财政周转金。

"待处理财政周转金"是资产性质的账户，用于核算经审核已成为呆账，但尚未按规定程序报经核销的逾期财政周转金转入和核销情况。借方登记逾期未还周转金的转入数，贷方登记按规定程序转销数，余额在借方，反映尚待核销的待处理资金数。明细账按欠款单位名称设置。

【练中学 8－16】 ①某市财政贷放给某单位的财政周转金 300 000 元，经初步审查已成呆账。②该财政周转金放款经清理后，收回 220 000 元，其余 80 000 元按规定程序批准核销财政周转基金。请根据上述业务，进行账务处理。

借：待处理财政周转金——某单位   300 000

     贷：财政周转金放款——某单位   300 000

借：其他财政存款——财政周转金存款   220 000

     财政周转基金   80 000

     贷：待处理财政周转金——某单位   300 000

二、财政总预算负债的核算

1. 暂收及应付款项的核算

暂收及应付款项是指在预算执行期间，在财政与其他单位之间或与其上下级财政之间往来结算中形成的债务。包括暂存款和与上级往来。

（1）暂存款。暂存款是指各级财政部门在预算执行过程中与各预算单位之间，由于某些特殊原因临时发生的暂收、应付和性质不明的款项。暂存款属于待结算款项，结算时可能会退回，也可能会转作收入。暂存款必须及时清理，不能长期挂账。

"暂存款"是负债性质的账户，用于核算各级财政临时发生的暂收、应付和收到的性质不明的款项。贷方登记发生数，借方登记归还数或转销数，余额在贷方，反映尚未结清的暂存款的数额。本账户应及时进行清理结算，年终，原则上应无余额。明细账按资金性质、债权单位或款项来源设置。

【练中学 8-17】 ①某市财政因临时急需资金，向省财政借入款项 900 000 元。②省财政经研究决定落实对该笔借款的预算，该市财政将 900 000 元全部转为收入。请根据上述业务，进行账务处理。

①借：国库存款——一般预算存款   900 000

    贷：暂存款——省财政   900 000

②借：暂存款——省财政   900 000

    贷：一般预算收入   900 000

暂存款和暂付款在政府采购资金财政直接拨付核算中也要用到。政府采购，是指各级国家机关、各类事业单位和团体组织，使用财政性资金采购依法制定的集中采购目录以内的或者采购限额标准以上的货物、工程和服务的行为。政府采购不仅是指具体的采购过程，而且是采购政策、采购程序、采购过程及采购管理的总称，是一种对公共采购管理的制度。政府采购资金是指采购机关获取货物、工程和服务时支付的资金，包括财政性资金（预算资金和预算外资金）和与财政性资金相配套的单位自筹资金。

政府采购资金实行财政直接拨付和单位支付相结合，统一管理，统一核算，专款专用。政府采购资金财政直接拨付分为三种方式，即财政全额直接拨付方式、财政差额直接拨付方式及采购卡支付方式。①全额拨付方式是指财政部门和采购机关按照先集中后支付的原则，在采购活动开始前，采购机关必须先将单位自筹资金和预算外资金汇集到政府采购资金专户；需要支付资金时，财政部门根据合同履行情况，将预算资金和已经汇集的单位自筹资金和预算外资金，通过政府采购资金专户一并拨付给中标供应商。②差额拨付方式是指财政部门和采购机关按照政府采购拼盘项目合同中约定的各方负担的资金比例，分别将预算资金和预算外资金及单位自筹资金支付给中标供应商。采购资金全部为预算资金的采购项目也实行这种支付方式。③采购卡支付方式是指采购机关使用选定的某家商业银行单位借记卡支付采购资金的行为。采购卡支付方式适用于采购机关经常性的零星采购项目。财政国库管理机构应当在代理银行按规定开设用于支付政府采购资金的专户，统称"政府采购资金专户"。政府采购资金专户发生的利息收入，原则上由财政部门按有关程序全额作为收入缴入同级国库。

【练中学 8-18】 ①某市某高校欲采购一批设备，预计需要资金 1 000 000 元，规定设备价款的 50% 由财政预算资金支付，25% 由该校的自筹资金支付，25% 由该校缴入预算外资金财政专户管理的款项支付。②采购合同最终确定设备价款为 800 000 元，市财政按资金比例拨付给供应商款项。③市财政将政府采购所用预算资金 400 000 元列报支出，将节约资金 200 000 元按比例划回原渠道。请根据上述业务，进行账务处理。

①市财政将预算资金 500 000 元拨入政府采购资金专户：

借：暂付款——政府采购款   500 000

    贷：国库存款——一般预算存款   500 000

同时，

借：其他财政存款——政府采购专户   500 000

    贷：暂存款——政府采购款   500 000

市财政收到该高校划入到政府采购资金专户的自筹资金 250 000 元：

借：其他财政存款——政府采购专户　　　　　250 000

　　贷：暂存款——政府采购配套资金——某高校　　250 000

市财政收到预算外资金专户划入到政府采购资金专户的预算外资金 250 000 元：

借：其他财政存款——政府采购专户　　　　　250 000

　　贷：暂存款——政府采购配套资金——某高校　　250 000

②借：暂存款——政府采购款　　　　　　　　400 000

　　　　——政府采购配套资金——某高校　　400 000

　　贷：其他财政存款——政府采购专户　　　　　800 000

③市财政将政府采购所用预算资金 400 000 元列报支出：

借：一般预算支出　　　　　　　　　　　　400 000

　　贷：暂付款——政府采购款　　　　　　　　400 000

市财政将节约的预算资金 100 000 元划回国库：

借：暂存款——政府采购款　　　　　　　　100 000

　　贷：其他财政存款——政府采购专户　　　　100 000

同时，

借：国库存款——一般预算存款　　　　　　100 000

　　贷：暂付款——政府采购款　　　　　　　　100 000

市财政将节约的单位自筹资金 50 000 元划回该高校：

借：暂存款——政府采购配套资金——某高校　　50 000

　　贷：其他财政存款——政府采购专户　　　　　50 000

市财政将节约的预算外资金 50 000 元划回预算外资金专户：

借：暂存款——政府采购配套资金——某高校　　50 000

　　贷：其他财政存款——政府采购专户　　　　　50 000

【练中学 8-19】　①某市财政收到国有商业银行转来政府采购资金专户发生的利息收入 10 000 元。②市财政将利息收入 10 000 元全额作收入，缴入同级国库。请根据上述业务，进行账务处理。

①借：其他财政存款——利息收入　　　　　　10 000

　　贷：暂存款——利息收入　　　　　　　　　10 000

②借：暂存款——利息收入　　　　　　　　　10 000

　　贷：其他财政存款——利息收入　　　　　　10 000

同时，

借：国库存款——一般预算存款　　　　　　10 000

　　贷：一般预算收入　　　　　　　　　　　10 000

（2）与上级往来。与上级往来同与下级往来业务相对应，是上下级财政间由于财政资金的周转调度以及预算补助、上解结算等事项而形成的债务。对于下级财政来说，属于与上级往来；对于上级财政来说，属于与下级往来。

"与上级往来"是负债性质的账户，用于核算与上级财政的往来待结算款项。贷方登记借入数，借方登记偿还数、转作补贴收入数及体制结算中应由上级补给的款项数，余额一般在贷方，反映下级财政应偿还上级财政的数额。但是，"与上级往来"也可能会出现借方余额，此时应把它作为资产账户，反映下级财政借款给上级财政的数额或下级财政多缴上级财政的数额，为了汇总报表的方便，在编制资产负债表时用负数反映。该账户明细账按资金性质和上级财政部门的名称设置。

【练中学 8-20】 ①某市财政为满足财政一般预算资金周转调度的需要，向上级省财政借入 300 000 元。②该市财政向上级省财政归还周转借款 300 000 元。请根据上述业务，进行账务处理。

①借：国库存款——一般预算存款 300 000
　　贷：与上级往来——一般预算——省财政 300 000
②借：与上级往来——一般预算——省财政 300 000
　　贷：国库存款——一般预算存款 300 000

2. 已结报支出的核算

"已结报支出"是国库支付执行机构使用的负债性质的账户，用于核算财政国库资金和财政专户存款资金已结清的支出数额。贷方登记国库支付执行机构当天与财政国库资金和财政专户存款资金已结清的支出数，借方登记年终转账数。当天业务结束后，本科目余额应等于已结清预算内支出和预算外支出之和。年终转账时，将国库支付执行机构计入的一般预算支出、基金预算支出、行政事业支出、专项支出等结转入该账户的借方。

【练中学 8-21】 某市财政国库支付中心收到财政授权支付下代理银行报来的"财政支出日报表"，列示当日一般预算支出 500 000 元，基金预算支出 300 000 元。请根据上述业务，进行账务处理。

借：一般预算支出 500 000
　　基金预算支出 300 000
　　贷：已结报支出——财政授权支付 800 000

通过以上内容的学习，你了解国库支付中心对于财政授权支付如何进行账务处理了吗？

【练中学 8-22】 某县财政国库支付中心年终将预算支出与有关方面核对一致后转账，其中一般预算支出 10 000 000 元，基金预算支出 6 000 000 元。请根据上述业务，进行账务处理。

借：已结报支出 16 000 000
　　贷：一般预算支出 10 000 000
　　　　基金预算支出 6 000 000

3. 借入款的核算

借入款是指中央财政和地方财政按照国家法律和预算举借的债务，包括中央预算按全国人民代表大会批准的额度举借的国内、国外债务和地方政府根据国家法律或国务院规定举借的债务，如政府借款、向国际组织借款、国库券借款等。借入款主要用于弥补财政赤字。

"借入款"是负债性质的账户，用于核算中央财政和地方财政按照法规向社会以发行债券等方式举借的债务。贷方登记发生数，借方登记本金的偿还数，余额在贷方，反映尚未偿还的债务。明细账按债券种类或债权人名称设置。

【练中学 8 - 23】 ①中央财政按全国人民代表大会批准的数额发行某种类国债，当日国库实收 20 000 000 元。②债务到期，偿还本金 20 000 000 元，支付利息 1 200 000 元。请根据上述业务，进行账务处理。

①借：国库存款——一般预算存款　　　　　　　　20 000 000

　　贷：借入款——某种类国债　　　　　　　　　　　20 000 000

②偿还本金：

借：借入款——某种类国债　　　　　　　　　　　20 000 000

　　贷：国库存款——一般预算存款　　　　　　　　　20 000 000

支付利息：

借：一般预算支出　　　　　　　　　　　　　　　1 200 000

　　贷：国库存款——一般预算存款　　　　　　　　　　1 200 000

4. 借入财政周转金的核算

借入财政周转金与借出财政周转金相对应，它是指下级财政部门向上级财政部门借入的财政周转金。借入财政周转金同与上级往来的主要区别，与借出财政周转金同与下级往来的主要区别相同。

"借入财政周转金"是负债性质的账户，用于核算下级财政向上级财政借入的财政周转金。贷方登记借入数，借方登记偿还数，余额在贷方，反映尚未归还的财政周转金数额。明细账按上级财政名称设置。

【练中学 8 - 24】 ①某市财政向上级省财政有偿借入财政周转金 500 000 元。②市财政归还省财政财政周转金 500 000 元，支付利息 20 000 元。请根据上述业务，进行账务处理。

①借：其他财政存款——财政周转金存款　　　　　500 000

　　贷：借入财政周转金——省财政　　　　　　　　　500 000

②借：借入财政周转金——省财政　　　　　　　　500 000

　　　　财政周转金支出　　　　　　　　　　　　　20 000

　　贷：其他财政存款——财政周转金存款　　　　　　520 000

情境回放

"国库单一账户体系"、"政府采购"和"部门预算"是近年来我国财政制度的三大改革，这些改革的确影响了财政总预算会计的核算，在我们这本预算会计的教材中对涉及的新核算内容都做了介绍。

任务检测

一、单项选择题

1. "在途款"账户属于（　　）账户。

A. 资产类　　　　　B. 负债类　　　　　C. 净资产类　　　　　D. 收入类

2. 财政部门借给下级财政部门预算资金时，会计核算科目是（　　）。

A. 暂付款　　　　　B. 与下级往来　　　　C. 借出款　　　　　D. 预拨经费

3. 财政部门与预算单位之间往来发生的负债应采用的会计科目是（　　）。

A. 与上级往来　　　B. 借入款　　　　　C. 暂存款　　　　　D. 暂付款

4. "暂付款"账户属于（　　）账户。

A. 净资产类　　　　B. 负债类　　　　　C. 资产类　　　　　D. 双重性质

5. "与上级往来"科目如果发生（　　）时，在资产负债表中以负数反映。

A. 借方为零　　　　B. 贷方为零　　　　C. 贷方余额　　　　D. 借方余额

二、多项选择题

1. 下列会计科目中，属于资产类中债权科目的有（　　）。

A. 在途款　　　　　B. 暂付款　　　　　C. 与下级往来　　　　D. 基建拨款

2. 财政总预算会计核算的负债内容包括（　　）。

A. 应付款　　　　　　　　　　　　B. 按法定程序及核定的预算举借的债务

C. 收到的性质不明的款项　　　　　D. 欠上级财政款或欠下级财政款

3. 暂付及应收款项属于预算往来业务形成的债权，产生于（　　）。

A. 上下级财政之间　　　　　　　　B. 同级部门之间

C. 财政部门与预算单位之间　　　　D. 预算单位之间

4. 在实施国库单一账户制度后，目前存在的财政性资金的支付方式有（　　）。

A. 财政直接支付　　B. 财政授权支付　　C. 财政实拨资金　　D. 财政预拨资金

5. 在政府采购资金财政直接拨付核算中要用到的会计科目有（　　）。

A. 借入款　　　　　B. 在途款　　　　　C. 暂付款　　　　　D. 暂存款

三、判断题（正确的画"√"，错误的画"×"）

1. 财政性存款可提现金，可以透支。（　　）

2. 所有的财政资金都必须存入国库。（　　）

3. "与下级往来"账户是一个双重性质的账户，余额可能在借方也可能在贷方。（　　）

4. 上下级财政之间的临时借垫款项及暂存款项，在"借入款"中核算。（　　）

5. 上下级财政之间的往来款项，可以通过"暂存款"反映。（　　）

实训项目

训练一

[资料]

(1) 某市财政收到国库报"预算收入日报表",当日一般预算收入为 1 000 000 元。

(2) 某市财政国库支付中心以财政直接支付的方式,通过财政零余额账户存款账户支付预算单位属于一般预算支出的物品采购支出 200 000 元,市财政收到国库报来的"预算支出结算清单"。

(3) 未设国库的某乡财政收到县政府拨来的应归属本级财政的预算收入 2 000 000 元。

(4) 某市财政国库支付执行机构为预算单位直接支付以一般预算资金安排的支出 2 000 000 元。请做出国库执行机构的会计分录。

(5) 某市财政国库支付执行机构当日汇总"预算支出结算清单",其中财政直接支付金额 2 000 000 元,该清单已送财政总预算会计结算资金。请做出国库执行机构的会计分录。

(6) ①某市财政用一般预算结余 400 000 元和基金预算结余 200 000 元购买有价证券。

②购入的有价证券到期兑付本金及利息,收到利息收入共 60 000 元,其中一般预算结余购入的有价证券利息 40 000 元,基金预算结余购入的有价证券利息 20 000 元。

(7) ①因市教育局紧急维修危险校舍,某市财政借给市教育局 600 000 元。

②经批准,市教育局的借款 600 000 元,转作经费拨款。

[要求] 编制财政总预算会计的相关分录。

训练二

[资料]

(1) ①某市财政因临时急需资金,向省财政借入款项 700 000 元。

②省财政经研究决定落实对该笔借款的预算,该市财政将 700 000 元全部转为收入。

(2) ①某市某高校欲采购一批设备,预计需要资金 2 000 000 元,规定设备价款的 50%由财政预算资金支付,25%由该校的自筹资金支付,25%由该校缴入预算外资金财政专户管理的款项支付。

②采购合同最终确定设备价款为 1 600 000 元,市财政按资金比例拨付给供应商款项。

③市财政将政府采购所用预算资金 800 000 元列报支出,将节约资金 400 000 元按比例划回原渠道。

(3) ①某市财政收到国有商业银行转来政府采购资金专户发生的利息收入 20 000 元。

②市财政将利息收入 20 000 元全额作收入,缴入同级国库。

(4) ①某市财政为满足财政一般预算资金周转调度的需要,向上级省财政借入 200 000 元。

②该市财政向上级省财政归还周转借款 200 000 元。

(5) 某市财政国库支付中心收到财政授权支付下代理银行报来的"财政支出日报表",列示当日一般预算支出 600 000 元,基金预算支出 200 000 元。请做出国库支付中心的会计分录。

（6）某县财政国库支付中心年终将预算支出与有关方面核对一致后转账，其中一般预算支出 20 000 000 元，基金预算支出 7 000 000 元。请做出国库支付中心的会计分录。

（7）①中央财政按全国人民代表大会批准的数额发行某种类国债，当日国库实收 10 000 000 元。

②债务到期，偿还本金 10 000 000 元，支付利息 600 000 元。

［要求］编制财政总预算会计的相关分录。

任务九 财政总预算收入、支出和净资产的核算

任务目标

知识目标

● 了解一般预算收入、基金预算收入和国有资本经营预算收入的内容。

● 了解一般预算支出、基金预算支出和国有资本经营预算支出的内容。

● 理解预算收入、支出的相关知识。

● 掌握财政总预算会计收入、支出及净资产的核算。

技能目标

● 能够熟练运用财政总预算会计收入、支出及净资产账户进行会计核算。

情境设置

高宇同学到市财政局去实习，看到桌上放了一本蓝皮的 2011 年《政府收支分类科目》。他翻开书，看到书中内容主要包括：收入分类科目、支出功能分类科目、支出经济分类科目、附录一：一般预算收支科目、附录二：政府性基金预算收支科目、附录三：政府性基金收支科目对照表、附录四：国有资本经营预算收支科目。

请思考：《政府收支分类科目》对财政总预算会计核算有什么作用？

知识准备

一、财政总预算收入的核算

1. 预算收入概述

预算收入，是国家为了行使其职能的需要，通过预算所集中的资金。它是我国进行社会主义经济建设，提高人民群众物质和文化生活水平的财力保证。按照《政府收支分类科目》的规定，政府收支科目包括一般预算收支科目政府性基金预算收支科目和国有资本经

营预算收支科目。根据我国政府收入构成情况，结合国际通行的分类方法，将政府收入分为类、款、项、目四级，"类"下分"款"，"款"下分"项"，"项"下分"目"。我们在以下有关收入的例题中大都仅列出"类"和"款"级明细，个别题目会列出"项"级明细。

（1）预算收入的划分和报解。预算收入的划分和报解是国库按规定将收到的预算收入按所属预算级次，逐级划分，上报和解缴。

根据政府预算"分税制"的管理体制，政府预算收入可分为中央固定收入、地方固定收入、中央与地方共享收入三种。凡属于中央预算的固定收入全部划归中央预算，地方预算不参与分成；凡属于地方预算的固定收入全部划归地方预算，中央预算不参与分成；而对中央与地方共享收入，则按一定的分成比例分成。地方预算收入在各级之间的划分，分为上级预算固定收入、本级预算固定收入、上级预算和本级预算分成收入三种。上级预算固定收入，本级不参与分成，本级预算固定收入，上级不参与分成。上级预算和本级预算分成收入的处理方法，比照中央预算与地方预算分成收入的处理方法办理，具体划分比例，按照地方财政管理体制的规定执行。

预算收入的报解包括"报"和"解"。报就是国库要向各级财政机关报告预算收入的收取情况，以便各级财政机关掌握一般预算收入的收取进度和相关情况。解就是国库要在对预算收入进行划分的基础上，将财政库款解缴到各级财政的预算资金账户上。

各级预算收入款项，以缴入国库为正式入库。征收机关和国库计算入库数字和入库日期，都以国库收纳数额和入库日期为准。

（2）预算收入的征收机关与出纳机关。

①征收机关。根据现行制度规定，政府预算收入分别由各级财政机关、税务机关和海关负责管理、组织征收和监缴，这些机关称为征收机关，具体分工为：

A.财政机关：负责征收国有资产经营收益、行政性收费收入以及其他收入等。

B.税务机关：负责征收工商税收、企业所得税以及按规定由税务机关负责征收的其他预算收入。

C.海关：负责征收关税及其他收入。

D.不属于上述范围的预算收入，以国家规定负责征收管理的单位为征收机关。未经国家批准，不得自行增设征收机关。

②出纳机关。预算收入收纳后要缴入国库。国库又称国家金库，是执行国家预算的出纳机关。负责办理国家预算资金的收纳和支付。国家预算的收入都要通过国库来收纳，支出都要通过国库支付，并且定期将收支和资金结余情况向同级财政部门报告，使财政部门能够及时掌握收支情况，以便对预算资金进行合理的调动和使用。

知识链接

国家金库制度

国家金库制度，分独立金库制、委托金库制和银行制三种。独立金库制是指国家在财政机关内专设机构，负责办理国家预算资金的保管和出纳工作；委托金库制是指国家的预算收入直接存入银行，委托银行负责办理国家预算资金的保管和出纳工作；银行制是指国家不设国库，国家的财政收入作为一般存款存入银行进行管理。我国的国库业务根据规定，由中央银行即中国人民银行管理，属于委托金库制。

我国的国库，按照统一领导、分级管理的财政体制设立，由中国人民银行代理。国库分为总库、分库、中心支库、支库四级。中国人民银行总行设总库；省、自治区、直辖市分行设分库；各地（市）中心支行设中心支库；县（市）支行设支库。在支行以下的办事处、分理处、营业所设国库经收处，业务由专业银行的分支机构办理，负责收纳报解财政库款。国库经收处不是一级独立的国库，其业务工作受支库领导。较大的省辖市分（支）行所属办事处根据需要可设立支库。

国库是国家预算执行工作的重要组成部分，担负着办理国家预算收支、反映国家预算执行情况的重要任务。各级国库在执行国家预算收支任务中，应积极发挥国库的执行、促进和监督作用，其基本职责有：

A. 准确及时地收纳各项国家预算收入。根据国家财政管理体制规定的预算收入级次和上级财政机关确定的分成留解比例或确定的定额上解数额，正确、及时地办理各级财政库款的划分和留解，以保证各级财政预算资金的运用。

B. 按照财政制度的有关规定和银行的开户管理办法，为各级财政机关开立账户。根据财政机关填发的拨款凭证，及时办理同级财政库款的支拨。

C. 对各级财政库款和预算收支进行会计账务核算。按期向上级国库和同级财政、征收机关报送日报、旬报、月报和年度决算报表，定期同财政、征收机关对账，以保证数字准确一致。

D. 协助财政、征收机关组织预算收入及时缴库。根据征收机关填发的凭证核收滞纳金；根据国家税法协助财税机关扣收个别单位屡催不缴的应缴预算收入；按照国家财政制度的规定办理库款的退付。

E. 组织管理和检查指导下级国库和国库经收处的工作，总结交流经验，及时解决存在的问题。

F. 办理国家交办的同国库有关的其他工作。

（3）预算收入的缴库。预算收入缴入国库的方式有如下三种：

①直接缴库。这是由预算单位或缴款人按法律法规规定，直接将收入缴入国库单一账户或预算外资金财政专户（属未纳入预算的预算外资金）的收入缴库方式。实行这种缴库方式的收入包括：税收收入、社会保障缴款、非税收入、转移和捐赠收入、贷款回收本金和产权处置收入及债务收入。在直接缴库方式下，直接缴库的税收收入，由纳税人或税务代理人提出纳税申报，经征收机关审核无误后，由纳税人通过开户银行将税款缴入国库单一账户；直接缴库的其他收入，比照上述程序缴入国库单一账户或预算外资金财政专户。这种缴库方式的优点是既方便缴款单位，又能使预算收入及时入库。

②集中汇缴。这是由征收机关和依法享有征收权限的单位按法律法规的规定，将所收取的应缴收入汇总缴入国库单一账户或预算外资金专户（属未纳入预算的预算外资金）的收入缴库方式。实行这种缴库方式的收入，主要是小额零散税收和非税收入中的现金缴

款。在集中汇缴方式下，小额零散税收和法律另有规定的应缴收入，由征收机关于收缴收入的当日汇总缴入国库单一账户。非税收入中的现金缴款，比照上述程序缴入国库单一账户或预算外资金财政专户。直接缴库和集中汇缴为国库单一账户制度下的预算收入收缴方式。

③自收汇缴。这是一种传统的预算收入缴库方式。为了方便农民个人和走街串巷的小商贩等缴纳小额税款，采取基层税务所、税务专管员或代征单位自收税款，定期结报，由基层税务局、所汇总缴入国库或国库经收处。这种缴库方式的优点是可以防止税源散失。但应注意及时结报入库和税款的安全。自收的税款，要尽可能做到当天存入信用社或银行，不能在税务所或税务人员手中保管。同时，要严格执行限期限额结报制度。税务局、所收到下级结报的自收税款，必须当天汇总缴入国库。各级国库对于税务机关自收汇缴的预算收入有权督促监督。

应当指出，预算收入虽有三种缴库方式，但是采取哪种缴纳方式，缴款人和其主管部门没有决定权，而是由同级财政部门确定的。

（4）预算收入的列报基础。

①各级财政的预算收入一般以本年度缴入基层国库的数额为准。

②已建乡（镇）国库的地区，乡（镇）财政的本级收入以乡（镇）国库收到数为准。未建乡（镇）国库的地区，乡（镇）财政的本级收入以乡（镇）总预算会计收到的县财政返还数为准。

③基层国库在年度库款报解整理期内收到经收处报来的上年度收入记入上年度账。整理期结束后，收到的上年度收入一律记入新年度账。

知识链接

2010 年全国财政收入

2010 年 1～12 月累计，全国财政收入 83 080 亿元，比上年增加 14 562 亿元，增长 21.3%。其中：中央本级收入 42 470 亿元，比上年增加 6 554 亿元，增长 18.3%；地方本级收入 40 610 亿元，比上年增加 8 008 亿元，增长 24.6%。财政收入中的税收收入 73 202 亿元，增长 23%；非税收入 9 878 亿元，增长 9.8%。

2. 一般预算收入的核算

（1）一般预算收入的内容。根据预算收入的来源和性质，现行《政府收支分类科目》中一般预算收入主要包括的"类"和"款"如下：

①税收收入：增值税、消费税、营业税、企业所得税、企业所得税退税、个人所得税、资源税、固定资产投资方向调节税、城市维护建设税、房产税、印花税、城镇土地使用税、土地增值税、车船税、船舶吨税、车辆购置税、关税、耕地占用税、契税、烟叶税、其他税收收入。

②非税收入：专项收入（如其下有排污费收入）、行政事业性收费收入、罚没收入、

国有资本经营收入、国有资源（资产）有偿使用收入、其他收入。

③贷款转贷回收本金收入：国内贷款回收本金收入、国外贷款回收本金收入、国内转贷回收本金收入、国外转贷回收本金收入。

④债务收入：国内债务收入、国外债务收入。

⑤转移性收入：返还性收入、一般性转移支付收入、专项转移支付收入、地震灾后恢复重建补助收入、上年结余收入、调入资金、地震灾后恢复重建调入资金、债券转贷收入。

现行《政府收支分类科目》中作为一般预算收入科目分类的贷款转贷回收本金收入、债务收入和转移性收入，在财政总预算会计中不作为一般预算收入进行分类和核算，而是作为收回债权、发生债务及补助收入、上解收入等类别进行分类和核算。

> 通过以上内容的学习，你了解《政府收支分类科目》一般预算收入与财政总预算会计一般预算收入之间的区别了吗？

（2）一般预算收入的账务处理。财政总预算会计办理一般预算收入的核算主要是以国库报来的"预算收入日报表"和所附的缴款凭证为依据核算。为了核算一般预算收入情况，财政总预算会计应设置"一般预算收入"账户。

"一般预算收入"是收入性质的账户，用于核算各级财政部门组织的纳入预算的各项收入。贷方登记从国库报来的各项预算收入数（如有退库数以红字记入，采用计算机记账的，用负数反映），借方登记年终结转数，平时余额在贷方，反映预算收入的累计数。年终，待全部收入汇齐后，应将本账户贷方余额全部转入"预算结余"账户。明细账按《政府收支分类科目》规定的一般预算收入科目设置。

【练中学 9-1】　某市财政收到国库报来的一般预算收入日报表，其中，增值税 200 000 元，营业税 100 000 元，企业所得税 80 000 元，个人所得税 30 000 元，城市维护建设税 20 000 元，车船税 10 000 元，专项收入 50 000 元。请根据上述业务，进行账务处理。

借：国库存款——一般预算存款　　　　　　　　490 000
　　贷：一般预算收入　　　　　　　　　　　　490 000
再按一般预算收入日报表中所列各项收入，登记一般预算收入明细账如下：
　　　　——税收收入
　　　　　　——增值税　　　　　　　　　　　200 000
　　　　　　——营业税　　　　　　　　　　　100 000
　　　　　　——企业所得税　　　　　　　　　 80 000
　　　　　　——个人所得税　　　　　　　　　 30 000
　　　　　　——城市维护建设税　　　　　　　 20 000

——车船税	10 000
——专项收入	50 000

【练中学 9-2】　某市财政年终将全年"一般预算收入"账户余额结转到"预算结余"账户，"一般预算收入"账户贷方余额 2 000 000 元。请根据上述业务，进行账务处理。

借：一般预算收入　　　　　　　　　　　　2 000 000

　贷：预算结余　　　　　　　　　　　　　　　 2 000 000

同时，财政总预算会计应结清所有一般预算收入明细账的余额。

(3) 一般预算收入的退库和错账更正。各项预算收入缴纳国库后形成国家预算资金。为保证国家预算收入的完整，任何单位和个人都不得任意退付国库款。对一些必须退付的收入，要按国家规定的退付项目和审批程序办理。国家允许办理收入退库的范围是：

①由于工作疏忽，发生技术性差错需要办理退库的。如预算收入错缴、多缴、预算级次划错等情况。

②企业单位改变隶属关系，在办理财务结算时需要退库的。如企业单位将已缴入原预算级次的收入重新调整，需缴入新的预算级次而发生退库。

③企业按计划缴库的税金超过实际应缴数过多，不宜在下期抵缴，需要退库的。

④弥补国有企业计划亏损补贴退库。

⑤其他经财政部明文规定或专项批准的退库项目。

各级预算收入的退库，必须在该级财政库款中退付。中央预算收入的退库，应当从中央国库款中退付；地方预算收入的退库，应当从地方国库款中退付。国库存款余额不足退付时，不得退库。

属于国家规定退库范围的退库事项，在办理退库时，一律先由申请退库单位提出"申请书"，经财政部门或监缴机关审查批准后，开出"收入退还书"，然后交国库将应退收入退还给申请单位。

【练中学 9-3】　某市财政收到国库报来的一般预算收入日报表，当日各种补贴退库数大于实际收缴入库数，收退相抵，当日预算收入为 100 000 元，其中，营业税收入 90 000 元，个人所得税收入 80 000 元，企业所得税退税 270 000 元。请根据上述业务，进行账务处理。

借：国库存款——一般预算存款　　　100 000（红字）

　贷：一般预算收入　　　　　　　　　100 000（红字）

再按一般预算收入日报表中所列各项收入，登记一般预算收入明细账如下：

——税收收入	
——营业税	90 000
——个人所得税	80 000
——企业所得税退税	270 000（红字）

各级财政部门、收入机关和国库，在办理预算收入的缴纳、退还和报解时，都应当加强复核，防止发生差错。如有错误，不论本月发生的，还是以前月份发生的，都应在发现的当月做更正处理，不再变更过去的账表。更正时，由发现错误的一方填制"更正通知书"，由有关单位分别通过红字或蓝字凭证共同更正。

3. 基金预算收入的核算

（1）基金预算收入的内容。基金预算收入是按规定收取、转入或通过当年财政安排，由财政管理并具有指定用途的政府性基金等。现行《政府收支分类科目》中基金预算收入主要包括的"类"和"款"如下：

①非税收入：政府性基金收入（如其下有三峡水库库区基金收入、地方教育附加收入等）。

②转移性收入：政府性基金转移收入、地震灾后恢复重建补助收入、上年结余收入、调入资金。

政府性基金收入科目反映各级政府及其所属部门根据法律、行政法规规定并经国务院或财政部批准，向公民、法人和其他组织征收的政府性基金，以及参照政府性基金管理或纳入基金预算、具有特定用途的财政资金。例如：根据《铁路建设基金管理办法》征收的铁路建设基金，根据《民航机场管理建设费征收使用管理办法》征收的民航机场管理建设费等。政府性基金收入有些属于中央固定收入，有些属于地方固定收入，还有些属于中央与地方共享收入。

现行《政府收支分类科目》中作为基金预算收入科目分类的转移性收入类别，在财政总预算会计中不作为基金预算收入进行分类和核算，而是作为补助收入、上解收入等类别进行分类和核算。

> 通过以上内容的学习，你了解《政府收支分类科目》基金预算收入与财政总预算会计基金预算收入之间的区别了吗？

（2）基金预算收入的账务处理。为了核算基金预算收入的情况，财政总预算会计应设置"基金预算收入"账户。

"基金预算收入"是收入性质的账户，用于核算各级财政部门管理的政府性基金预算收入。贷方登记基金预算收入的取得数，借方登记年末转销数，平时余额在贷方，反映当年基金预算收入的累计数。年终，应将本账户贷方余额全部转入"基金预算结余"账户。明细账按《政府收支分类科目》规定的基金预算收入科目设置。

【练中学9-4】 某市财政收到国库报来的基金预算收入日报表，当日基金预算收入410 000元，其中，铁路建设基金收入200 000元，港口建设费收入100 000元，旅游发展基金收入80 000元，地方教育附加收入30 000元。请根据上述业务，进行账务处理。

借：国库存款——基金预算存款　　　　　　　　　410 000

　贷：基金预算收入　　　　　　　　　　　　　　410 000

再按基金预算收入日报表中所列各项收入，登记基金预算收入明细账如下：

　　——铁路建设基金收入　　　　　　　　　　　200 000

　　——港口建设费收入　　　　　　　　　　　　100 000

——旅游发展基金收入	80 000
——地方教育附加收入	30 000

【练中学 9－5】 某县财政年终将全年"基金预算收入"账户余额结转到"基金预算结余"账户,"基金预算收入"账户贷方余额 1 000 000 元。请根据上述业务,进行账务处理。

借:基金预算收入   1 000 000

    贷:基金预算结余   1 000 000

同时,财政总预算会计应结清所有基金预算收入明细账的余额。

4. 国有资本经营预算收入的核算

(1) 国有资本经营预算收入的内容。国有资本经营预算,是国家以所有者身份依法取得国有资本收益,并对所得收益进行分配而发生的各项收支预算,是国家预算的重要组成部分。国有资本经营预算收入是指各级人民政府及其部门以所有者身份依法取得的国有资本收益,主要包括:国有独资企业按规定上缴国家的利润;国有控股、参股企业国有股权股份获得的股利股息;企业国有产权、国有股份的转让收入;国有独资企业清算净收入,以及国有控股、参股企业国有股权股份分享的公司清算净收入;其他收入等。

知识链接

国有资本经营预算

2007 年 9 月,国务院发布《关于试行国有资本经营预算的意见》,标志着我国开始正式建立国有资本经营预算制度。按照《中华人民共和国企业国有资产法》规定,国有资本经营预算按年度单独编制,纳入本级政府预算,报本级人民代表大会批准。国有资本经营预算支出按照当年预算收入规模安排,不列赤字。

根据现行《政府收支分类科目》,国有资本经营预算收入主要包括的"类"和"款"如下:

① 非税收入:国有资本经营收入(包括利润收入、股利股息收入、产权转让收入、清算收入、其他国有资本经营预算收入)。

② 转移性收入:地震灾后恢复重建补助收入。

现行《政府收支分类科目》中作为国有资本经营预算收入科目的转移性收入类别,在财政总预算会计中不作为国有资本经营预算收入进行分类和核算,而是作为补助收入等类别进行分类和核算。

同学们,通过以上内容的学习,你了解《政府收支分类科目》国有资本经营预算收入与财政总预算会计国有资本经营预算收入之间的区别了吗?

（2）国有资本经营预算收入的账务处理。为了核算国有资本经营预算收入的情况，财政总预算会计应设置"国有资本经营预算收入"账户。

"国有资本经营预算收入"是收入性质的账户，用于核算各级财政部门管理的国有资本经营预算收入。贷方登记国有资本经营预算收入的取得数，借方登记年末转销数，平时余额在贷方，反映当年国有资本经营预算收入的累计数。年终，应将本账户贷方余额全部转入"国有资本经营预算结余"账户。明细账按《政府收支分类科目》规定的国有资本经营预算收入科目设置。

【练中学 9－6】　某市财政收到国库报来的国有资本经营预算收入日报表，其中，烟草企业利润收入 600 000 元，石油石化企业利润收入 900 000 元。请根据上述业务，进行账务处理。

借：国库存款——国有资本经营预算存款　　　1 500 000
　　贷：国有资本经营预算收入　　　　　　　　　　　1 500 000

再按国有企业经营预算收入日报表中所列各项收入，登记国有企业经营预算收入明细账如下：

　　　——国有资本经营收入
　　　　　——利润收入
　　　　　　　——烟草企业利润收入　　　　　600 000
　　　　　　　——石油石化企业利润收入　　　900 000

【练中学 9－7】　某县财政年终将全年"国有资本经营预算收入"账户余额结转到"国有资本经营预算结余"账户，"国有资本经营预算收入"账户贷方余额 1 000 000 元。请根据上述业务，进行账务处理。

借：国有资本经营预算收入　　　　　　　　1 000 000
　　贷：国有资本经营预算结余　　　　　　　　　　1 000 000

同时，财政总预算会计应结清所有国有资本经营预算收入明细账的余额。

5. 专用基金收入的核算

（1）专用基金收入的内容。专用基金收入是指财政总预算会计管理的各项具有专门用途的基金收入，如粮食风险基金收入等。这类收入通常可以从上级财政部门安排取得，也可以通过本级预算安排设置。

专用基金收入与基金预算收入在管理要求上的相同之处是，它们都需要专款专用，不能随意改变用途，而且它们都需要做到先收后支，量入为出。所不同的是，两者在资金的来源渠道和使用管理方面有所区别。从资金来源渠道上看，基金预算收入是财政部门按规定收取的纳入预算管理的资金收入，而专用基金收入是通过一般预算支出后形成的具有专门用途的资金。从存款管理上看，基金预算收入一般要缴入国库，而专用基金收入一般要求开立专户，存入指定的政策性银行，如粮食风险基金须在农业发展银行开户。

粮食风险基金

在国发〔1994〕31号《粮食风险基金实施意见》文件中，第一次明确提出要建立粮食风险基金制度。所谓粮食风险基金，是指中央和地方政府用于平抑粮食市场价格，维护粮食正常流通秩序，实施经济调控的专项资金。主要用于国家储备粮油、国家专项储备粮食的利息、费用支出和在特殊情况下需动用中央储备粮调节粮食市场价格时所需的开支，还用于地方政府为平抑粮食市场价格吞吐粮食发生的利息、费用和价差支出，对贫困地区吃返销粮的农民由于粮价提高而增加的开支的补助。当年节余的粮食风险基金结转到下年度滚动使用。这是我国针对关系国计民生的重要商品而建立的第一个专项宏观调控基金。

为了核算专用基金收入的情况，财政总预算会计应设置"专用基金收入"账户。

（2）专用基金收入的账户处理。"专用基金收入"是收入性质的账户，用于核算财政部门按规定取得或设置的专用基金收入。贷方登记专用基金收入的取得数，借方登记年末转销数，平时余额在贷方，反映当年专用基金收入的累计数。年终，应将本账户贷方余额转入"专用基金结余"账户。

【练中学9-8】 某县财政收到上级财政部门拨付的粮食风险基金2 000 000元。请根据上述业务，进行账务处理。

借：其他财政存款——专用基金存款　　　　　　2 000 000

贷：专用基金收入——粮食风险基金　　　　　　2 000 000

【练中学9-9】 某县财政年终将全年"专用基金收入"账户余额结转到"专用基金结余"账户，"专用基金收入"账户贷方余额500 000元。请根据上述业务，进行账务处理。

借：专用基金收入　　　　　　　　　　　　　　500 000

贷：专用基金结余　　　　　　　　　　　　　　500 000

6. 转移性收入的核算

转移性收入是根据财政体制规定在中央与地方、地方各级财政之间，因共享收入的分配、体制结算等原因而产生的上下级财政资金调拨（纵向调拨：补助、上解），以及同级财政因平衡预算收支发生的资金调拨（横向调剂：调入、调出）而形成的收入，主要包括补助收入、上解收入和调入资金。

根据现行《政府收支分类科目》的分类，在一般预算收入科目、政府性基金预算收入科目和国有资本经营预算收入科目中均包括转移性收入"类"级科目，在该"类"下综合三个收入科目包括的"款"级科目有：①返还性收入（如其下有增值税和消费税税收返还收入）。②一般性转移支付收入（如其下有民族地区转移支付补助收入）。③专项转移支付收入（如其下有教育）。④政府性基金转移收入。⑤地震灾后恢复重建补助收入。⑥调入资金。⑦地震灾后恢复重建调入资金。⑧上年结余收入。⑨债券转贷收入。

其中，上年结余收入是财政总预算会计核算当年收支的结果，在财政总预算会计中不作为一个单独的收入类别；债券转贷收入在财政总预算会计中作为负债类别。这两个"款"级科目在财政总预算会计中均不作为收入分类。

> 通过以上内容的学习，你了解《政府收支分类科目》转移性收入与财政总预算会计转移性收入之间的区别了吗？

（1）补助收入。补助收入是指上级财政按财政体制规定或因专项需要补助给本级财政的款项收入。按具体内容又可分为体制补助和专项（临时）补助。体制补助是指上级财政部门对于预算支出大于预算收入的地区，在财政体制划定的预算收支范围内弥补其预算支出大于预算收入部分的补助款项，具体补助方式一般可采用"定额补助"等。专项（临时）补助是指在年终单独结算，由上级财政专项补助的款项以及一些临时的、特殊的单项补助款项，如自然灾害救济、价格调整补贴等。

为了核算补助收入的情况，财政总预算会计应设置"补助收入"账户。

"补助收入"是收入性质的账户，用于核算上级财政部门拨来的补助款。贷方登记拨入数，借方登记退转数，平时余额在贷方，反映当期上级补助收入的累计数。年终，将贷方余额全部转入"预算结余"或"基金预算结余"账户。明细账按上级补助的资金性质和《政府收支分类科目》设置。上级财政的"补助支出"账户金额，应与所属下级财政的"补助收入"账户金额相等。

【练中学9-10】　某市财政收到同级国库报来的一般预算收入日报表，收到上级省财政一般预算补助2 000 000元，其中返还性收入1 000 000元，一般性转移支付收入700 000元，专项转移支付收入300 000元。请根据上述业务，进行账务处理。

借：国库存款——一般预算存款　　　　　　　2 000 000
　　贷：补助收入——一般预算补助收入　　　　　　2 000 000
再在补助收入明细账贷方登记：
　　——返还性收入　　　　　　　　　　　　　1 000 000
　　——一般性转移支付收入　　　　　　　　　　700 000
　　——专项转移支付收入　　　　　　　　　　　300 000

【练中学9-11】　地震灾区某县财政收到浙江省用国有资本经营预算资金进行的补助800 000元。请根据上述业务，进行账务处理。

借：国库存款——国有资本经营预算存款　　　800 000
　　贷：补助收入——国有资本经营预算补助收入　　800 000
再在补助收入明细账贷方登记：
　　——地震灾后恢复重建补助收入（浙江）　　　800 000

【练中学9-12】　某市财政年终将"补助收入"账户贷方余额80 000元（其中，一般预算补助50 000元，基金预算补助30 000元）转入"预算结余"、"基金预算结余"账户。请根据上述业务，进行账务处理。

借：补助收入——一般预算补助收入	50 000
——基金预算补助收入	30 000
贷：预算结余	50 000
基金预算结余	30 000

同时，财政总预算会计应结清所有补助收入明细账的余额。

（2）上解收入。上解收入是指按财政体制规定由下级财政上交给本级财政的款项，按具体内容又可分为体制上解和专项上解。体制上解是指上级财政部门对预算收入大于预算支出的地区，核定上解比例或数额，由国库逐日根据预算收入的入库情况和规定的上解比例办理分成上解，由国库将下级财政预算收入直接划解给本级财政部门，年终再按体制和已上解数额进行结算。专项上解是指按财政体制结算后下级财政部门补缴给本级财政部门的款项以及一些一次性或临时性的上解款项。

为了核算上解收入的情况，财政总预算会计应设置"上解收入"账户。

"上解收入"是收入性质的账户，用于核算下级财政上缴的预算上解。贷方登记收到的上解数，借方登记退转数，平时余额在贷方，反映下级上解收入的累计数。年终，将贷方余额全部转入"预算结余"或"基金预算结余"账户。明细账应按资金性质、《政府收支分类科目》和上解地区设置。本级财政的"上解收入"账户金额，应与所属下级财政的"上解支出"账户金额相等。

【练中学9-13】 某市财政在年终结算中按财政管理体制规定应收所属某县财政应解未解政府性基金转移收入款项200 000元。请根据上述业务，进行账务处理。

借：与下级往来——基金预算——某县	200 000
贷：上解收入——基金预算上解收入	200 000
再在上解收入明细账贷方登记：	
——政府性基金转移收入（某县）	200 000

【练中学9-14】 某市财政年终将"上解收入"账户贷方余额80 000元（其中，一般预算上解收入50 000元，基金预算上解收入30 000元）转入"预算结余"、"基金预算结余"账户。请根据上述业务，进行账务处理。

借：上解收入——一般预算上解收入	50 000
——基金预算上解收入	30 000
贷：预算结余	50 000
基金预算结余	30 000

同时，财政总预算会计应结清所有上解收入明细账的余额。

（3）调入资金。调入资金是指各级财政部门为平衡一般预算收支从基金预算和其他渠道（如预算外资金）调入的预算资金，以及为平衡基金预算收支从一般预算资金结余和其他渠道（如预算外资金）调入的基金预算资金。调入资金仅限于地方弥补财政决算赤字。在年终决算时一次性使用。未经财政部门批准，不得扩大调入资金范围。

为核算调入资金的情况，财政总预算会计应设置"调入资金"账户。

"调入资金"是收入性质的账户，用于核算各级财政部门用于平衡一般预算收支或基金预算收支调入的资金。贷方登记调入数，借方登记退转数，平时余额在贷方，反映当期调入资金的累计数。年终，将贷方余额全部转入"预算结余"或"基金预算结余"账户。明细账按调入增加的资金性质设置。

【练中学 9-15】　某市财政为平衡一般预算，从基金预算结余的款项中调入资金600 000元。请根据上述业务，进行账务处理。

借：国库存款——一般预算存款　　　　　　　　　　600 000

　　贷：调入资金——一般预算调入资金　　　　　　　　　600 000

【练中学 9-16】　某市财政年终将"调入资金"账户贷方余额80 000元（其中调入一般预算资金30 000元，调入基金预算资金50 000元）分别转入"预算结余"、"基金预算结余"账户。请根据上述业务，进行账务处理。

借：调入资金——一般预算调入资金　　　　　　　　30 000

　　　　　　——基金预算调入资金　　　　　　　　　50 000

　　贷：预算结余　　　　　　　　　　　　　　　　　　30 000

　　　　基金预算结余　　　　　　　　　　　　　　　　50 000

7. 财政专户管理资金收入的核算

为适应预算外资金纳入预算管理的需要，规范教育收费等未纳入预算并实行财政专户管理资金的会计核算，从2011年1月1日起，未纳入预算并实行财政专户管理资金会计核算执行《财政总预算会计制度》，同时，对《财政总预算会计制度》作相应调整，增设了三个会计科目："财政专户管理资金收入"、"财政专户管理资金支出"和"财政专户管理资金结余"。财政专户管理资金收入是指未纳入预算并实行财政专户管理的资金收入，包括教育收费、彩票发行机构和彩票销售机构的业务费用等收入。

为核算财政专户管理资金收入的情况，财政总预算会计应设置"财政专户管理资金收入"账户。

"财政专户管理资金收入"是收入性质的账户，用于核算未纳入预算并实行财政专户管理的资金收入情况。贷方登记资金收入的取得数，借方登记转销数，平时余额在贷方，反映当年财政专户管理的资金收入累计数。年终，应将贷方余额全部转入"财政专户管理资金结余"账户。明细账应按《政府收支分类科目》中收入分类科目设置，同时，根据管理需要，按部门进行明细核算。

【练中学 9-17】　某市财政收到市教育局某中学交入财政专户的普通高中学费200 000元。请根据上述业务，进行账务处理。

借：其他财政存款——未纳入预算并实行财政

　　　　　　　　　　专户管理的资金存款　　　　　200 000

　　贷：财政专户管理资金收入　　　　　　　　　　　200 000

再在财政专户管理资金收入明细账贷方登记：

　　——非税收入

　　　　——行政事业性收费收入

　　　　　　——教育行政事业性收费收入　　　　　　200 000

【练中学 9-18】　某市财政年终将全年"财政专户管理资金收入"账户余额结转到

"财政专户管理资金结余"账户,"财政专户管理资金收入"账户贷方余额 2 000 000 元。请根据上述业务,进行账务处理。

借:财政专户管理资金收入   2 000 000

  贷:财政专户管理资金结余   2 000 000

同时,财政总预算会计应结清所有财政专户管理资金收入明细账的余额。

8. 财政周转金收入的核算

财政周转金收入是指财政周转金管理机构收取的资金占用费及利息收入等。其中,资金占用费收入是指因财政周转金放款和借出财政周转金而收取的资金占用费收入,利息收入是指财政周转金存放在银行的利息收入。

"财政周转金收入"是收入性质的账户,用于核算财政周转金资金占用费及利息收入情况。贷方登记占用费收入及利息收入的取得数,借方登记"财政周转金支出"的转入数,平时余额在贷方,反映当年财政周转金收支结余数。年终,应将贷方余额全部转入"财政周转基金"账户。明细账分别按"占用费收入"和"利息收入"设置。

【练中学 9-19】 某市财政收到某财政周转金使用单位缴来的资金占用费 10 000 元。请根据上述业务,进行账务处理。

借:其他财政存款——财政周转金存款   10 000

  贷:财政周转金收入——占用费收入   10 000

【练中学 9-20】 某市财政年终将"财政周转金支出"账户借方余额 20 000 元转入"财政周转金收入"账户,然后,再将"财政周转金收入"账户贷方余额 10 000 元转入"财政周转基金"账户。请根据上述业务,进行账务处理。

①将"财政周转金支出"借方余额转入"财政周转金收入"时:

借:财政周转金收入   20 000

  贷:财政周转金支出   20 000

②将"财政周转金收入"贷方余额转入"财政周转基金"时:

借:财政周转金收入   10 000

  贷:财政周转基金   10 000

二、财政总预算支出的核算

1. 预算支出概述

预算支出是一级政府为实现其职能,对财政资金进行的再分配,是列入各级财政预算,用预算收入安排的支出。预算支出是国家用于发展经济、提高人民物质和文化生活水平,加强国家行政管理,巩固国防等方面的开支,它是国家预算资金分配的一种重要形式。根据社会主义市场经济条件下政府职能活动情况及国际通行做法,将政府支出分为类、款、项三级。我们在以下有关支出的例题中大都仅列出"类"和"款"级明细,个别题目会列出"项"级明细。

(1)办理预算支出的基本规定。

①严格执行《中华人民共和国预算法》。办理拨款支出必须以预算为准。预备费的动用必须经同级人民政府批准。不得列报超预算的支出;不得任意改列预算支出科目;未拨

付的经费，不得列报支出。

②对主管部门（主管会计单位）提出的季度分月用款计划及分"款"、"项"填制的"预算经费请拨单"，应认真审核。根据经审核批准的拨款申请，结合库款余存情况按时向用款单位拨款。

③财政总预算会计应根据预算管理要求和拨款的实际情况，分"款"、"项"核算，列报当期预算支出。

④主管会计单位应按计划控制用款，不得随意改变资金用途。"款"、"项"之间如确需调剂，应填制"科目流用申请书"，报经同级财政部门核准后使用。财政总预算会计凭核定的流用数调整预算支出明细账。

（2）预算支出的列报基础。

①对于采用财政直接支付方式和财政授权支付方式支付的预算资金，财政总预算会计应根据国库执行机构每日报来的《预算支出结算清单》，在与中国人民银行报来的《财政直接支付申请划款凭证》或《财政授权支付申请划款凭证》核对无误后，列报预算支出。

②对于采用财政实拨资金方式支付的预算资金，财政总预算会计应根据经审核批准的《预算经费请拨单》，按实际财政拨款数列报预算支出。

③凡属预拨以后各期的经费，不得直接按预拨数列作本期支出，而应作预拨款项处理。到期后再按有关规定列报口径转列预算支出。

④对于收回以前年度已列支出的款项，除财政部门另有规定外，均应冲销当年有关支出。

知识链接

财政部 2010 年财政拨款开支的"三公经费"支出决算

根据现行预算管理体制，财政部部门预算中使用财政拨款开支因公出国（境）费、公务用车购置及运行费和公务接待费的单位共有 56 个，包括：财政部机关，财政部驻 35 个省、自治区、直辖市、计划单列市财政监察专员办事处，以及财政部国库支付中心、干部教育中心、财政科学研究所、信息网络中心等 20 个部属单位。

2010 年，财政部财政拨款开支的"三公经费"实际发生额为 4 172.01 万元，包括使用当年财政拨款和上年财政拨款结转结余资金发生的支出。其中：因公出国（境）费支出 2 026.81 万元，公务用车购置及运行费支出 1 776.73 万元，公务接待费支出 368.47 万元。

2. 一般预算支出的核算

（1）一般预算支出的内容。一般预算支出是指一级政府对集中的一般预算收入有计划地进行分配和使用而安排的各项支出。一般预算支出按功能分类主要反映政府活动的不同功能和政策目标。现行《政府收支分类科目》中主要包括的一般预算支出的"类"如下：

①一般公共服务（如其下有人大事务、政协事务、海关事务）。

②外交。

③国防。

④公共安全。

⑤教育。

⑥科学技术。

⑦文化体育与传媒。

⑧社会保障和就业。

⑨医疗卫生。

⑩节能环保。

⑪城乡社区事务（如其下有城乡社区管理事务、城乡社区环境卫生）。

⑫农林水事务。

⑬交通运输。

⑭资源勘探电力信息等事务。

⑮商业服务业等事务。

⑯金融监管等事务支出。

⑰地震灾后恢复重建支出。

⑱国土资源气象等事务。

⑲住房保障支出。

⑳粮油物资管理事务。

㉑储备事务支出（如其下有能源储备、粮油储备、重要商品储备）。

㉒预备费。

㉓国债还本付息支出。

㉔其他支出（如其下有年初预留、汶川地震捐赠支出）。

㉕转移性支出。

在《政府收支分类科目》的一般预算支出科目中，"预备费"和"其他支出"中的"年初预留"在财政总预算会计中一般不作为一般预算支出会计科目进行核算，只有当政府分配或使用了预备费或年初预留的款项时，财政总预算会计才将其作为有关的支出进行会计核算。国债还本支出和转移性支出，在财政总预算会计中不作为一般预算支出进行分类和核算，而是作为偿还债务及补助支出、上解支出等类别进行分类和核算。

> 通过以上内容的学习，你了解《政府收支分类科目》一般预算支出与财政总预算会计一般预算支出之间的区别了吗？

（2）一般预算支出的账务处理。为核算一般预算支出的情况，财政总预算会计应设置"一般预算支出"账户。

"一般预算支出"是支出性质的账户，用于核算各级财政总预算会计办理的应由一般预算资金支付的各项支出。借方登记财政部门的支出数，贷方登记本年度支出的回收数及冲销数，平时余额在借方，反映一般预算支出的累计数。年终，将本账户借方余额全部转入"预算结余"账户。明细账根据《政府收支分类科目》设置。

【练中学 9-21】 某市财政收到国库支付执行机构报来的"预算支出结算清单"，根据预算支付一般预算支出的款项 600 000 元，其中向人大拨付经费 300 000 元，向政协拨付经费 200 000 元，向统计局拨付经费 100 000 元。请根据上述业务，进行账务处理。

借：一般预算支出 600 000

贷：国库存款——一般预算存款 600 000

再按拨出经费的预算科目，登记一般预算支出明细账如下：

——一般公共服务

——人大事务 300 000

——政协事务 200 000

——统计信息事务 100 000

【练中学 9-22】 某市财政年终将"一般预算支出"账户借方余额 1 200 000 元转入"预算结余"账户。请根据上述业务，进行账务处理。

借：预算结余 1 200 000

贷：一般预算支出 1 200 000

同时，财政总预算会计应结清所有一般预算支出明细账的余额。

3. 基金预算支出的核算

（1）基金预算支出的内容。基金预算支出是指用基金预算收入安排的支出。现行《政府收支分类科目》中主要包括的基金预算支出的"类"和"款"如表 9-1 所示。

表 9-1　　　　　　　　基金预算支出的"类"和"款"

类	款
一般公共服务	商贸事务
公共安全	司法
教育	地方教育附加安排的支出、江苏省地方教育基金支出
文化体育与传媒	体育、文化事业建设费安排的支出、国家电影事业发展专项资金支出
社会保障和就业	大中型水库移民后期扶持基金支出、小型水库移民扶助基金支出、残疾人就业保障金支出
城乡社区事务	政府住房基金支出、国有土地使用权出让收入安排的支出、城镇公用事业附加安排的支出、国有土地收益基金支出、农业土地开发资金支出、新增建设用地有偿使用费安排的支出、城市基础设施配套费安排的支出
农林水事务	新菜地开发建设基金支出、育林基金支出、森林植被恢复费安排的支出、中央水利建设基金支出、地方水利建设基金支出、山西省水资源补偿费安排的支出、大中型水库库区基金支出、三峡水库库区基金支出、南水北调工程基金支出、国家重大水利工程建设基金支出

类	款
交通运输	公路水路运输、海南省高等级公路车辆通行附加费安排的支出、转让政府还贷道路收费权收入安排的支出、车辆通行费安排的支出、港口建设费安排的支出、铁路建设基金支出、福建省铁路建设附加费安排的支出、民航基础设施建设基金支出、民航机场管理建设费安排的支出
资源勘探电力信息等事务	电力监管支出、散装水泥专项资金支出、新型墙体材料专项基金支出、农网还贷资金支出、山西省煤炭可持续发展基金支出
商业服务业等事务	旅游发展基金支出
金融监管等事务支出	金融调控支出
其他支出	其他政府性基金支出、彩票公益金安排的支出
转移性支出	政府性基金转移支付、地震灾后恢复重建补助支出、调出资金、年终结余

现行《政府收支分类科目》中作为基金预算支出科目分类的转移性支出类别，在财政总预算会计中不作为基金预算支出进行分类和核算，而是作为补助支出、上解支出等类别进行分类和核算。

> 通过以上内容的学习，你了解《政府收支分类科目》基金预算支出与财政总预算会计基金预算支出之间的区别了吗？

需要注意，虽然有的基金预算支出所包括的"类"和"款"与一般预算支出相同，但相同的"类"和"款"下，其"项"是不同的。比如基金预算支出和一般预算支出都有"公共安全"类，"司法"款，但基金预算支出中的项"涉外、涉港澳台证书工本费安排的支出"是一般预算支出中的项所没有的。并且基金预算支出是用基金预算收入安排的支出。

（2）基金预算支出的账务处理。为核算基金预算支出的情况，财政总预算会计应设置"基金预算支出"账户。

"基金预算支出"是支出性质的账户，用于核算各级财政部门用基金预算收入安排的支出。借方登记支出的发生数，贷方登记支出的收回及转销数，平时余额在借方，反映基金预算支出的累计数。年终，将本账户借方余额全部转入"基金预算结余"账户。明细账根据《政府收支分类科目》设置。

【练中学9-23】　某市财政收到国库支付执行机构报来的"预算支出结算清单"，根据基金预算拨付育林基金支出200 000元，新菜地开发建设基金支出120 000元。请根据上述业务，进行账务处理。

借：基金预算支出　　　　　　　　　　　　　　　　320 000

　　贷：国库存款——基金预算存款　　　　　　　　320 000

再按拨付基金的预算科目，登记基金预算支出明细账如下：

　　——农林水事务

　　　　——育林基金支出　　　　　　　　　　　　200 000

　　　　——新菜地开发建设基金支出　　　　　　　120 000

【练中学 9 - 24】 某市财政年终将"基金预算支出"账户借方余额 1 200 000 元转入"基金预算结余"账户。请根据上述业务，进行账务处理。

　　借：基金预算结余　　　　　　　　　　　　　　1 200 000

　　　贷：基金预算支出　　　　　　　　　　　　　　1 200 000

同时，财政总预算会计应结清所有基金预算支出明细账的余额。

4. 国有资本经营预算支出的核算

（1）国有资本经营预算支出的内容。国有资本经营预算支出是指用国有资本经营预算收入安排的支出。国有资本经营预算单独编制，预算支出按当年预算收入规模安排，不列赤字。现行《政府收支分类科目》主要包括的国有资本经营预算支出功能分类的"类"和"款"如表 9 - 2 所示。

表 9 - 2　　　　　　　　　国有资本经营预算支出功能分类的"类"和"款"

类	款
教育	其他教育支出
科学技术	其他科学技术支出
文化体育与传媒	文化、体育、广播影视、新闻出版
节能环保	污染防治
城乡社区事务	其他城乡社区事务支出
农林水事务	农业、林业、水利
交通运输	公路水路运输、铁路运输、民用航空运输、邮政业支出、其他交通运输支出
资源勘探电力信息等事务	资源勘探开发和服务支出、制造业、建筑业、电力监管支出、工业和信息产业监管支出、其他资源勘探电力信息等事务支出
商业服务业等事务	商业流通事务、旅游业管理与服务支出、涉外发展服务支出、其他商业服务业等事务支出
地震灾后恢复重建支出	工商企业恢复生产和重建
转移性支出	地震灾后恢复重建补助支出、调出资金

现行《政府收支分类科目》中作为国有资本经营预算支出科目的转移性支出类别，在财政总预算会计中不作为国有资本经营预算支出进行分类和核算，而是作为补助支出等类别进行分类和核算。

通过以上内容的学习,你了解《政府收支分类科目》国有资本经营预算支出与财政总预算会计国有资本经营预算支出之间的区别了吗?

(2) 国有资本经营预算支出的账务处理。为核算国有资本经营预算支出的情况,财政总预算会计应设置"国有资本经营预算支出"账户。

"国有资本经营预算支出"是支出性质的账户,用于核算各级财政部门用国有资本经营预算收入安排的支出。借方登记国有资本经营预算支出的发生数,贷方登记年末转销数,平时余额在借方,反映当年国有资本经营预算支出的累计数。年终,应将本账户借方余额全部转入"国有资本经营预算结余"账户。明细账按《政府收支分类科目》规定的国有资本经营预算支出科目设置。

【练中学 9-25】 某市财政根据预算向某国有资本经营预算资金使用单位拨付资金 1 500 000 元,其中文化企业国有资本经营预算支出 600 000 元,体育企业国有资本经营预算支出 900 000 元。请根据上述业务,进行账务处理。

借:国有资本经营预算支出　　　　　　　　　　1 500 000

　　贷:国库存款——国有资本经营预算存款　　　1 500 000

再按拨付资金的预算科目,登记国有资本经营预算支出明细账如下:

　　　　——文化体育与传媒

　　　　　　——文化

　　　　　　　　——文化企业国有资本经营预算支出　　600 000

　　　　　　——体育

　　　　　　　　——体育企业国有资本经营预算支出　　900 000

【练中学 9-26】 某县财政年终将全年"国有资本经营预算支出"账户余额结转到"国有资本经营预算结余"账户,"国有资本经营预算支出"账户借方余额 1 000 000 元。请根据上述业务,进行账务处理。

借:国有资本经营预算结余　　　　　　　　　　1 000 000

　　贷:国有资本经营预算支出　　　　　　　　　1 000 000

同时,财政总预算会计应结清所有国有资本经营预算支出明细账的余额。

5. 专用基金支出的核算

专用基金支出是指用专用基金收入安排的支出。为核算专用基金支出的情况,财政总预算会计应设置"专用基金支出"账户。

"专用基金支出"是支出性质的账户,用于核算各级财政部门用专用基金收入安排的支出。借方登记支出的发生数,贷方登记支出的收回及转销数,平时余额在借方,反映专用基金预算支出的累计数。年终,将本账户借方余额全部转入"专用基金结余"账户。

【练中学 9-27】 某市财政根据有关文件拨付粮食部门粮食风险基金 300 000 元。请根据上述业务,进行账务处理。

借:专用基金支出——粮食风险基金　　　　　　300 000

贷：其他财政存款——专用基金存款　　　　　　　300 000

【练中学 9 - 28】 某市财政年终将"专用基金支出"账户借方余额 100 000 元转入"专用基金结余"账户。请根据上述业务，进行账务处理。

借：专用基金结余　　　　　　　　　　　　　　100 000

贷：专用基金支出　　　　　　　　　　　　　　　　100 000

6. 转移性支出的核算

转移性支出是指政府的转移支付及不同性质资金之间的调拨支出，主要包括补助支出、上解支出、调出资金和国有资本经营预算调出资金。

根据现行《政府收支分类科目》的分类，在一般预算支出科目、政府性基金预算支出科目和国有资本经营预算支出科目中均包括转移性支出"类"级科目，在该"类"下综合三个支出科目包括的"款"级科目有：①返还性支出（如其下有增值税和消费税税收返还支出）。②一般性转移支出（如其下有调整工资转移支付支出）。③专项转移支付（如其下有文化体育与传媒支出）。④政府性基金转移支付。⑤地震灾后恢复重建补助支出。⑥调出资金。⑦年终结余。⑧债券转贷支出。

其中，年终结余是财政总预算会计核算当年收支的结果，在财政总预算会计中不作为一个单独的支出类别；债券转贷支出在财政总预算会计中作为资产类别。这两个款级科目在财政总预算会计中均不作为支出分类。

通过以上内容的学习，了解政府收支分类科目转移性支出与财政总预算会计转移性支出之间和区别了吗？

（1）补助支出。补助支出是本级财政按财政体制规定或因专项、临时性资金需求补助给下级财政的款项以及其他转移支付的支出，包括：税收返还支出、按财政体制结算应补助给下级财政的款项、对下级的专项补助或临时性补助。

为核算补助支出的情况，财政总预算会计应设置"补助支出"账户。

"补助支出"是支出性质的账户，用于核算本级财政对下级财政的补助支出。借方登记补助支出的发生数，贷方登记收回及冲销数，平时余额在借方，反映补助支出的累计数。年终，将本账户借方余额全部转入"预算结余"或"基金预算结余"账户。明细账按资金性质、《政府收支分类科目》及补助地区设置。

上级财政的"补助支出"账户金额与所属下级财政的"补助收入"账户金额有什么关系？

【练中学 9 - 29】 某市财政向所属某县财政拨付一般性转移性支付 2 000 000 元，其中调整工资转移支付支出 1 000 000 元，农村税费改革转移支付支出 1 000 000 元。请根据上述业务，进行账务处理。

借：补助支出——一般预算补助支出　　　　　　2 000 000

　　贷：国库存款——一般预算存款　　　　　　　　　　2 000 000

再在补助支出明细账借方登记：

　　　　——一般性转移支付

　　　　　　——调整工资转移支付支出（某县）　　1 000 000

　　　　　　——农村税费改革转移支付支出（某县）　1 000 000

【练中学 9-30】　某市财政向地震灾区汶川县进行国有资本经营预算补助 800 000 元。请根据上述业务，进行账务处理。

借：补助支出——国有资本经营预算补助支出　　800 000

　　贷：国库存款——国有资本经营预算存款　　　　　　800 000

再在补助支出明细账借方登记：

　　　　——地震灾后恢复重建补助支出（汶川县）　　800 000

【练中学 9-31】　某市财政年终将"补助支出"账户借方余额 100 000 元（其中，一般预算补助支出 50 000 元，基金预算补助支出 30 000 元，国有资本经营预算补助支出 20 000 元）转入"预算结余"、"基金预算结余"、"国有资本经营预算结余"账户。请根据上述业务，进行账务处理。

借：预算结余　　　　　　　　　　　　　　　　50 000

　　基金预算结余　　　　　　　　　　　　　　30 000

　　国有资本经营预算结余　　　　　　　　　　20 000

　　贷：补助支出——一般预算补助支出　　　　　　　　50 000

　　　　　　——基金预算补助支出　　　　　　　　　　30 000

　　　　　　——国有资本经营预算补助支出　　　　　　20 000

同时，财政总预算会计应结清所有补助支出明细账的余额。

（2）上解支出。上解支出是按财政体制规定由本级财政上缴给上级财政的款项，包括：按体制由国库在本级预算收入中直接划解给上级财政的款项、按体制结算补解给上级财政款项和各种专项上解款项。为核算上解支出的情况，财政总预算会计应设置"上解支出"账户。

"上解支出"是支出性质的账户，用于核算解缴上级财政的款项。借方登记上解数，贷方登记收回及冲销数，平时余额在借方，反映上解支出的累计数。年终，将本账户借方余额全部转入"预算结余"或"基金预算结余"账户。明细账按资金性质及《政府收支分类科目》设置。

> 上级财政的"上解收入"账户金额与所属下级财政的"上解支出"账户金额有什么关系？

【练中学 9-32】 某市财政在年终决算中按财政管理体制规定应上解省财政基金预算款项 200 000 元，属于政府性基金转移支付的政府性基金上解支出。请根据上述业务，进行账务处理。

借：上解支出——基金预算上解支出　　　　　　200 000
　　贷：与上级往来——基金预算——省财政　　　　200 000
再在上解支出明细账借方登记：
　　　　——政府性基金转移支付
　　　　——政府性基金上解支出　　　　　　　　200 000

【练中学 9-33】 某市财政年终将"上解支出"账户借方余额 80 000 元（其中，一般预算上解支出 50 000 元，基金预算上解支出 30 000 元）转入"预算结余"、"基金预算结余"账户。请根据上述业务，进行账务处理。

借：预算结余　　　　　　　　　　　　　　　50 000
　　基金预算结余　　　　　　　　　　　　　30 000
　　贷：上解支出——一般预算上解支出　　　　　50 000
　　　　　　　——基金预算上解支出　　　　　30 000
同时，财政总预算会计应结清所有上解支出明细账的余额。

（3）调出资金。调出资金是指不同预算性质的资金的相互调出，如为了平衡一般预算收支而从基金预算资金中调出资金，或为了平衡基金预算收支而从一般预算资金中调出的资金。为核算调出资金的情况，财政总预算会计应设置"调出资金"账户。

"调出资金"是支出性质的账户，用于核算不同性质资金的调出。借方登记调出数，贷方登记转销数，平时余额在借方，反映当期调出资金的累计数。年终，将贷方余额全部转入"预算结余"或"基金预算结余"账户。明细账按调出资金性质设置。

【练中学 9-34】 某市财政为平衡一般预算，从基金预算结余的款项中调出资金 600 000 元。请根据上述业务，进行账务处理。

借：调出资金——基金预算调出资金　　　　　600 000
　　贷：国库存款——基金预算存款　　　　　　600 000

【练中学 9-35】 某市财政年终将"调出资金"账户借方余额 80 000 元（其中，从一般预算调出资金 50 000 元，从基金预算调出资金 30 000 元）分别转入"预算结余"、"基金预算结余"账户。请根据上述业务，进行账务处理。

借：预算结余　　　　　　　　　　　　　　　50 000
　　基金预算结余　　　　　　　　　　　　　30 000
　　贷：调出资金——一般预算调出资金　　　　　50 000
　　　　　　　——基金预算调出资金　　　　　30 000

（4）国有资本经营预算调出资金。国有资本经营预算调出资金是各级财政部门从国有资本经营预算收入中调出，用于一般预算支出的资金。为核算国有资本经营预算调出资金的情况，财政总预算会计应设置"国有资本经营预算调出资金"账户。

"国有资本经营预算调出资金"是支出性质的账户，用于核算国有资本经营预算资金的调出。借方登记调出数，贷方登记转销数，平时余额在借方，反映当期国有资本经营预算调出资金的累计数。年终，将贷方余额全部转入"国有资本经营预算结余"账户。

【练中学 9-36】　某市财政为平衡一般预算，从国有资本经营预算资金中调出资金 600 000 元。请根据上述业务，进行账务处理。

借：国有资本经营预算调出资金　　　　　　　　600 000

　　贷：国库存款——国有资本经营预算存款　　　　600 000

【练中学 9-37】　某市财政年终将"国有资本经营预算调出资金"账户借方余额 80 000元转入"国有资本经营预算结余"账户。请根据上述业务，进行账务处理。

借：国有资本经营预算结余　　　　　　　　　　80 000

　　贷：国有资本经营预算调出资金　　　　　　　　80 000

7. 财政专户管理资金支出的核算

财政专户管理资金支出是指未纳入预算并实行财政专户管理的资金安排的支出。

为核算财政专户管理资金支出的情况，财政总预算会计应设置"财政专户管理资金支出"账户。

"财政专户管理资金支出"是支出性质的账户，用于核算未纳入预算并实行财政专户管理的资金安排的支出情况。借方登记资金支出的发生数，贷方登记转销数，平时余额在借方，反映当年财政专户管理的资金支出累计数。年终，应将借方余额全部转入"财政专户管理资金结余"账户。明细账应按《政府收支分类科目》中支出功能分类科目设置，同时，根据管理需要，按部门进行明细核算。

【练中学 9-38】　某市财政从预算外财政专户拨付某福利彩票销售机构业务费用支出 20 000 元。请根据上述业务，进行账务处理。

借：财政专户管理资金支出　　　　　　　　　　20 000

　　贷：其他财政存款——未纳入预算并实行财政

　　　　　　专户管理的资金存款　　　　　　　　20 000

再在财政专户管理资金支出明细账借方登记：

　　——其他支出

　　　——彩票发行销售机构业务费安排的支出　20 000

【练中学 9-39】　某市财政年终将全年"财政专户管理资金支出"账户余额结转到"财政专户管理资金结余"账户，"财政专户管理资金支出"账户借方余额 1 000 000 元。请根据上述业务，进行账务处理。

借：财政专户管理资金结余　　　　　　　　　　1 000 000

　　贷：财政专户管理资金支出　　　　　　　　　　1 000 000

同时，财政总预算会计应结清所有财政专户管理资金支出明细账的余额。

8. 财政周转金支出的核算

财政周转金支出是指地方财政部门从上级借入财政周转金所支付的占用费，以及财政周转金管理使用过程中按规定开支的相关费用。

为核算财政周转金支出情况，财政总预算会计应设置"财政周转金支出"账户。

"财政周转金支出"是支出性质的账户，用于核算有关财政周转金发生的支出。借方登记支付的占用费及手续费的发生数，贷方登记转销数，平时余额在借方，反映已经支付的占用费及手续费的数额。年终，将本账户借方余额全部转入"财政周转金收入"账户后应无余额。明细账分别按"占用费支出"和"业务费支出"设置。其中"占用费支出"核算因借入上级财政周转金而支付的资金占用费，"业务费支出"核算委托银行放款支付的手续费以及经财政部门确定的有关费用支出。

【练中学 9－40】　某市财政支付向上级省财政借入财政周转金的资金占用费 10 000元。请根据上述业务，进行账务处理。

　　借：财政周转金支出——占用费支出　　　　　　10 000
　　　　贷：其他财政存款——财政周转金存款　　　　　　　10 000

【练中学 9－41】　某市财政年终将"财政周转金支出"账户借方余额 20 000 元进行转账。请根据上述业务，进行账务处理。

　　借：财政周转金收入　　　　　　　　　　　　20 000
　　　　贷：财政周转金支出　　　　　　　　　　　　　　20 000

三、财政总预算净资产的核算

1. 结余的核算

结余是财政收支的执行结果。财政各项结余包括预算结余、基金预算结余、国有资本经营预算结余、专用基金结余和财政专户管理资金结余。各项结余必须分别核算，不得混淆。各项结余应每年结算一次，年终将各项收入与相应的支出相抵后，即成为该项资金的当年结余。当年结余加上滚存结余为本年年末滚存结余。

（1）预算结余。预算结余是指一般预算类收入减去一般预算类支出后的差额。它是各级财政执行政府一般预算的结果。一般预算类收入包括一般预算收入、补助收入中的一般预算补助收入、上解收入中的一般预算上解收入、调入资金中的一般预算调入资金等；一般预算类支出包括一般预算支出、补助支出中的一般预算补助支出、上解支出中的一般预算上解支出、调出资金中的一般预算调出资金等。预算结余每年年终结算一次，平时不结算。

为核算预算结余的情况，财政总预算会计应设置"预算结余"账户。

"预算结余"是净资产性质的账户，用于核算各级财政预算收支的年终执行结果。贷方登记年终从"一般预算收入"、"补助收入——一般预算补助收入"、"上解收入——一般预算上解收入"、"调入资金——一般预算调入资金"等账户转来的全年收入数，借方登记年终从"一般预算支出"、"补助支出——一般预算补助支出"、"上解支出——一般预算上解支出"、"调出资金——一般预算调出资金"等账户转来的全年支出数。本账户年终贷方余额反映本年的预算滚存结余（含有价证券），转入下一年度。明细账不单独设置。

【练中学 9－42】　某市财政年终结转一般预算类收入账户，结转前"一般预算收入"账户贷方余额 200 000 000 元，"补助收入——一般预算补助收入"账户贷方余额 5 000 000元，"上解收入——一般预算上解收入"账户贷方余额 8 000 000 元，"调入资金——一般预算调入资金"账户贷方余额 1 000 000 元。请根据上述业务，进行账务处理。

　　借：一般预算收入　　　　　　　　　　　　200 000 000
　　　　补助收入——一般预算补助收入　　　　　　5 000 000

上解收入——一般预算上解收入		8 000 000
调入资金——一般预算调入资金		1 000 000
贷：预算结余		214 000 000

同时，财政总预算会计应结清所有一般预算类收入明细账的余额。

【练中学 9-43】 某市财政年终结转一般预算类支出账户，结转前"一般预算支出"账户借方余额 198 000 000 元，"补助支出——一般预算补助支出"账户借方余额 4 600 000 元，"上解支出——一般预算上解支出"账户借方余额 7 800 000 元，"调出资金——一般预算调出资金"账户借方余额 1 000 000 元。请根据上述业务，进行账务处理。

借：预算结余	211 400 000
贷：一般预算支出	198 000 000
补助支出——一般预算补助支出	4 600 000
上解支出——一般预算上解支出	7 800 000
调出资金——一般预算调出资金	1 000 000

同时，财政总预算会计应结清所有一般预算类支出明细账的余额。

（2）基金预算结余。基金预算结余是指基金预算类收入减去基金预算类支出后的差额。它是各级财政执行政府基金预算的结果。基金预算类收入包括基金预算收入、补助收入中的基金预算补助收入、上解收入中的基金预算上解收入、调入资金中的基金预算调入资金等；基金预算类支出包括基金预算支出、补助支出中的基金预算补助支出、上解支出中的基金预算上解支出、调出资金中的基金预算调出资金等。基金预算结余每年年终结算一次，平时不结算。

为核算基金预算结余的情况，财政总预算会计应设置"基金预算结余"账户。

"基金预算结余"是净资产性质的账户，用于核算各级财政管理的政府性基金收支的年终执行结果。贷方登记年终从"基金预算收入"、"补助收入——基金预算补助收入"、"上解收入——基金预算上解收入"、"调入资金——基金预算调入资金"等账户转来的全年收入数，借方登记年终从"基金预算支出"、"补助支出——基金预算补助支出"、"上解支出——基金预算上解支出"、"调出资金——基金预算调出资金"等账户转来的全年支出数。本账户年终贷方余额反映本年的基金预算滚存结余，转入下一年度。明细账根据《政府收支分类科目》中的基金预算收入科目设置。

【练中学 9-44】 某市财政年终结转基金预算类收入账户，结转前"基金预算收入"账户贷方余额 100 000 000 元，"补助收入——基金预算补助收入"账户贷方余额 5 000 000 元，"上解收入——基金预算上解收入"账户贷方余额 8 000 000 元，"调入资金——基金预算调入资金"账户贷方余额 1 000 000 元。请根据上述业务，进行账务处理。

借：基金预算收入	100 000 000
补助收入——基金预算补助收入	5 000 000
上解收入——基金预算上解收入	8 000 000
调入资金——基金预算调入资金	1 000 000
贷：基金预算结余	114 000 000

同时，财政总预算会计应将所有基金预算类收入明细账的余额结转入基金预算结余明

细账。

【练中学 9 - 45】 某市财政年终结转基金预算类支出账户，结转前"基金预算支出"账户借方余额 98 000 000 元，"补助支出——基金预算补助支出"账户借方余额 4 600 000 元，"上解支出——基金预算上解支出"账户借方余额 7 800 000 元，"调出资金——基金预算调出资金"账户借方余额 1 000 000 元。请根据上述业务，进行账务处理。

借：基金预算结余　　　　　　　　　　　　111 400 000

　　贷：基金预算支出　　　　　　　　　　　　　 98 000 000

　　　　补助支出——基金预算补助支出　　　　　　4 600 000

　　　　上解支出——基金预算上解支出　　　　　　7 800 000

　　　　调出资金——基金预算调出资金　　　　　　1 000 000

同时，财政总预算会计应将所有基金预算类支出明细账的余额结转入基金预算结余明细账。

（3）国有资本经营预算结余。国有资本经营预算结余是指国有资本经营预算类收入减去国有资本经营预算类支出后的差额。它是各级财政执行国有资本经营预算的结果。国有资本经营预算类收入包括国有资本经营预算收入、补助收入中的国有资本经营预算补助收入等；国有资本经营预算类支出包括国有资本经营预算支出、补助支出中的国有资本经营预算补助支出，国有资本经营预算调出资金等。国有资本经营预算结余每年年终结算一次，平时不结算。

为核算国有资本经营预算结余的情况，财政总预算会计应设置"国有资本经营预算结余"账户。

"国有资本经营预算结余"是净资产性质的账户，用于核算各级财政国有资本经营收支的年终执行结果。贷方登记年终从"国有资本经营预算收入"、"补助收入——国有资本经营预算补助收入"等账户转来的全年收入数，借方登记年终从"国有资本经营预算支出"、"补助支出——国有资本经营预算补助支出"、"国有资本经营预算调出资金"等账户转来的全年支出数。本账户年终贷方余额反映本年的国有资本经营预算滚存结余，转入下一年度。

【练中学 9 - 46】 某市财政年终结转国有资本经营预算类收入账户，结转前"国有资本经营预算收入"账户贷方余额 2 000 000 元，"补助收入——国有资本经营预算补助收入"账户贷方余额 500 000 元。请根据上述业务，进行账务处理。

借：国有资本经营预算收入　　　　　　　 2 000 000

　　补助收入——国有资本经营预算补助收入 　 500 000

　　贷：国有资本经营预算结余　　　　　　　　　 2 500 000

同时，财政总预算会计应结清所有国有资本经营预算类收入明细账的余额。

【练中学 9 - 47】 某市财政年终结转国有资本经营预算类支出账户，结转前"国有资本经营预算支出"账户借方余额 1 500 000 元，"补助支出——国有资本经营预算补助支出"账户借方余额 300 000 元，"国有资本经营预算调出资金"账户借方余额 500 000 元。请根据上述业务，进行账务处理。

借：国有资本经营预算结余　　　　　　　 2 300 000

　　贷：国有资本经营预算支出　　　　　　　　　 1 500 000

补助支出——国有资本经营预算补助支出　　300 000
国有资本经营预算调出资金　　500 000

同时，财政总预算会计应结清所有国有资本经营预算类支出明细账的余额。

（4）专用基金结余。专用基金结余是指专用基金收入减去专用基金支出后的差额。它是财政总预算会计管理的专用基金收支的年终执行结果。专用基金结余每年年终结算一次，平时不结算。

为核算专用基金结余的情况，财政总预算会计应设置"专用基金结余"账户。

"专用基金结余"是净资产性质的账户，用于核算总预算会计管理的专用基金收支的年终执行结果。贷方登记"专用基金收入"账户的转入数，借方登记"专用基金支出"账户的转入数。本账户年终贷方余额，反映本年专用基金的滚存结余，转入下一年度。

【练中学 9-48】　某市财政年终结转"专用基金收入"贷方余额 500 000 元。请根据上述业务，进行账务处理。

借：专用基金收入　　500 000
　　贷：专用基金结余　　500 000

【练中学 9-49】　某市财政年终结转"专用基金支出"借方余额 300 000 元。请根据上述业务，进行账务处理。

借：专用基金结余　　300 000
　　贷：专用基金支出　　300 000

（5）财政专户管理资金结余。财政专户管理资金结余是指未纳入预算并实行财政专户管理的资金收支相抵形成的结余，包括教育收费、彩票发行机构和彩票销售机构业务费用等资金的结余。

为核算财政专户管理资金结余的情况，财政总预算会计应设置"财政专户管理资金结余"账户。

"财政专户管理资金结余"是净资产性质的账户，用于核算未纳入预算并实行财政专户管理的资金收支的年终执行结果。贷方登记"财政专户管理资金收入"账户的转入数，借方登记"财政专户管理资金支出"账户的转入数。本账户年终贷方余额，反映未纳入预算并实行财政专户管理的资金收支相抵后的滚存结余，转入下一年度。明细账根据管理需要，按部门核算。

【练中学 9-50】　某市财政年终结转财政专户管理资金收入账户，结转前"财政专户管理资金收入"账户贷方余额 20 000 000 元。请根据上述业务，进行账务处理。

借：财政专户管理资金收入　　20 000 000
　　贷：财政专户管理资金结余　　20 000 000

同时，财政总预算会计应结清所有财政专户管理资金收入明细账的余额。

【练中学 9-51】　某市财政年终结转财政专户管理资金支出账户，结转前"财政专户管理资金支出"账户借方余额 15 000 000 元。请根据上述业务，进行账务处理。

借：财政专户管理资金结余　　15 000 000
　　贷：财政专户管理资金支出　　15 000 000

同时，财政总预算会计应结清所有财政专户管理资金支出明细账的余额。

2. 预算周转金的核算

预算周转金是指各级财政为调剂年度预算内季节性预算收支差额，保证及时用款而设置的周转资金。首先，由于预算收支有季节性差异，即使全年预算收支平衡，但季度之间、月份之间常有不平衡的情况发生，有可能收大于支，或支大于收；其次，由于预算收入总是逐日收取的，而预算支出是集中拨付的，造成收支时间上的脱节。因此，为了平衡季节性收支，调节预算资金的余缺，需要设置一定数量的周转资金。

预算周转金的来源渠道，一般有两个：由上级财政部门拨入或从本级财政预算净结余中设置和补充。一般来说，成立新的一级财政时，原来没有预算周转金，上级财政在财力许可的范围内给予一定数量周转金，随着财政收支逐步增大，周转金需要逐步增加，本级财政应从本级的结余中逐步补充预算周转金。

预算周转金专做执行年度预算周转金用，不能安排支出，即预算周转金的余额只能增加不能减少。预算周转金存入国库存款之中，不另设存款户。动用预算周转金时，作为国库存款的减少，预算周转金不减少。若"国库存款"余额小于"预算周转金"，则表明预算周转金已经动用。

为核算预算周转金的情况，财政总预算会计应设置"预算周转金"账户。

"预算周转金"是净资产性质的账户，用于核算各级财政设置的用于平衡季节性预算收支差额周转使用的资金。贷方登记设置或补充数，借方一般无发生额，贷方余额反映预算周转金的实有数。明细账不单独设置。

【练中学 9－52】 某县财政用预算结余 1 000 000 元补充预算周转金。请根据上述业务，进行账务处理。

借：预算结余　　　　　　　　　　　　　　　　1 000 000
　贷：预算周转金　　　　　　　　　　　　　　　　1 000 000

3. 财政周转基金的核算

财政周转基金是指各级财政部门按规定设置供有偿周转使用的资金。它反映一级财政设置的财政周转金的规模。财政周转基金的资金来源主要有两个：一是预算支出安排，在列报支出的同时转入财政周转基金；二是财政周转金的占用费收入或利息收入按规定扣除必要的业务费用后补充财政周转基金。

为核算财政周转基金的情况，财政总预算会计应设置"财政周转基金"账户。

"财政周转基金"是净资产性质的账户，用于核算各级财政部门设置的有偿使用资金。贷方登记转入数，借方登记冲销数，贷方余额反映财政部门财政周转基金总额。年终余额结转下年。明细账可按实际需要设置。

【练中学 9－53】 某市财政经批准用一般预算资金增补财政周转基金 600 000 元。请根据上述业务，进行账务处理。

借：一般预算支出　　　　　　　　　　　　　600 000
　贷：国库存款——一般预算存款　　　　　　　　600 000
同时，
借：其他财政存款——财政周转金存款　　　　600 000
　贷：财政周转基金　　　　　　　　　　　　　　600 000

【练中学 9-54】 某市财政待处理财政周转金 100 000 元已成坏账，经批准予以核销。请根据上述业务，进行账务处理。

借：财政周转基金   100 000

贷：待处理财政周转金   100 000

情境回放

《政府收支分类科目》是指导财政总预算会计工作人员进行收入和支出的分类核算的用书，其中所列的收入、支出科目与财政总预算会计收入、支出科目既有联系又有区别。

任务检测

一、单项选择题

1. 已缴入国库的各项预算收入，即成为国家预算资金，它的支配权属于（   ）。

  A. 同级税务机关   B. 同级国库

  C. 同级国库经收处   D. 同级财政机关

2. 财政总预算会计对于收回以前年度已列支出的款项，除财政部门另有规定外，应（   ）。

  A. 冲销以前年度支出   B. 冲销以前年度结余

  C. 冲销当年支出   D. 增加当年结余

3. "专用基金支出"账户的年终余额应转入（   ）账户。

  A. "专用基金收入"   B. "专用基金结余"

  C. "预算结余"   D. "基金预算结余"

4. "预算周转金"账户属于（   ）账户。

  A. 净资产类   B. 负债类   C. 资产类   D. 支出类

5. 财政总预算会计的各项结余应（   ）结算一次。

  A. 每月   B. 每年   C. 每旬   D. 每季

二、多项选择题

1. 预算收入的征收机关有（   ）。

  A. 财政机关   B. 国库   C. 税务机关   D. 海关

2. 下列收入中，可以列入"上解收入"的有（   ）。

  A. 体制规定由下级预算收入中划给本级财政的款项

  B. 体制结算后由下级财政补缴给本级财政的款项

  C. 下级财政的各种专项上解款项

  D. 上级财政补助本级财政的款项

3. 转移性收入中年终转入"预算结余"的有（   ）。

  A. 补助收入   B. 上解收入   C. 调入资金   D. 调出资金

4. 转移性支出中年终转入"基金预算结余"的有（   ）。

  A. 补助支出   B. 上解支出

C. 调出资金　　　　　　　　　　D. 国有资本经营预算调出资金

5. 财政周转基金的对应账户有（　　　）。

A. 财政周转金收入　　　　　　　B. 财政周转金支出

C. 其他财政存款　　　　　　　　D. 待处理财政周转金

三、判断题（正确的画"√"，错误的画"×"）

1. "上解支出"与"上解收入"是相互对应的两个科目，本级财政发生的"上解支出"必然导致某下级财政发生"上解收入"，且数额相等。（　　　）

2. "补助支出"和"补助收入"是相互对应的两个科目，本级财政发生的"补助支出"必然导致某下级财政发生"补助收入"，且数额相等。（　　　）

3. 财政净资产是一级政府财政所掌握的资产净值，财政净资产每月结算一次。（　　　）

4. 财政在调度资金时，长期出现"国库存款"余额小于"预算周转金"余额属正常现象。（　　　）

5. 各级预算收入的退库，原则上通过转账办理，对个别特殊情况可退付现金。（　　　）

实训项目 ▶▶▶

训练一

[资料]

(1) 某市财政收到国库报来的一般预算收入日报表，其中，增值税 300 000 元，营业税 200 000 元，企业所得税 90 000 元，个人所得税 40 000 元，城市维护建设税 10 000 元，车船税 10 000 元，专项收入 30 000 元。

(2) 某市财政收到国库报来的基金预算收入日报表，当日基金预算收入 580 000 元，其中，铁路建设基金收入 300 000 元，港口建设费收入 200 000 元，旅游发展基金收入 60 000 元，地方教育附加收入 20 000 元。

(3) 某市财政收到国库报来的国有资本经营预算收入日报表，其中，烟草企业利润收入 700 000 元，石油石化企业利润收入 600 000 元。

(4) 某市财政收到同级国库报来的一般预算收入日报表，收到上级省财政一般预算补助 2 200 000 元，其中返还性收入 1 100 000 元，一般性转移支付收入 500 000 元，专项转移支付收入 600 000 元。

(5) 地震灾区某县财政收到浙江省用国有资本经营预算资金进行的补助 500 000 元。

(6) 某市财政为平衡一般预算，从基金预算结余的款项中调入资金 700 000 元。

(7) 某市财政收到市教育局某中学交入财政专户的普通高中学费 300 000 元。

[要求] 编制财政总预算会计的相关分录。

训练二

[资料]

(1) 某市财政收到国库支付执行机构报来的"预算支出结算清单"，根据预算支付一般预算支出的款项 900 000 元，其中向人大拨付经费 500 000 元，向政协拨付经费 300 000 元，向统计局拨付经费 100 000 元。

(2) 某市财政根据有关文件拨付粮食部门粮食风险基金 500 000 元。

(3) 某市财政向所属某县财政拨付款项，支付一般性转移性支付 2 200 000 元，其中调整工资转移支付支出 1 200 000 元，农村税费改革转移支付支出 1 000 000 元。

(4) 某市财政向地震灾区汶川县进行国有资本经营预算补助 900 000 元。

(5) 某市财政年终将"补助支出"账户借方余额 200 000 元（其中，一般预算补助支出 90 000 元，基金预算补助支出 70 000 元，国有资本经营预算补助支出 40 000 元）转入"预算结余"、"基金预算结余""国有资本经营预算结余"账户。

(6) 某市财政在年终决算中按财政管理体制规定应上解省财政基金预算款项 100 000 元，属于政府性基金转移支付的政府性基金上解支出。

[要求] 编制财政总预算会计的相关分录。

训练三

[资料]

(1) 市财政年终结转一般预算类收入账户，结转前"一般预算收入"账户贷方余额 300 000 000 元，"补助收入——一般预算补助收入"账户贷方余额 6 000 000 元，"上解收入——一般预算上解收入"账户贷方余额 9 000 000 元，"调入资金——一般预算调入资金"账户贷方余额 1 000 000 元。

(2) 某市财政年终结转基金预算类支出账户，结转前"基金预算支出"账户借方余额 198 000 000 元，"补助支出——基金预算补助支出"账户借方余额 5 600 000 元，"上解支出——基金预算上解支出"账户借方余额 8 800 000 元，"调出资金——基金预算调出资金"账户借方余额 1 000 000 元。

(3) 某市财政年终结转国有资本经营预算类收入账户，结转前"国有资本经营预算收入"账户贷方余额 3 000 000 元，"补助收入——国有资本经营预算补助收入"账户贷方余额 600 000 元。

(4) 某市财政年终结转国有资本经营预算类支出账户，结转前"国有资本经营预算支出"账户借方余额 1 600 000 元，"补助支出——国有资本经营预算补助支出"账户借方余额 400 000 元，"国有资本经营预算调出资金"账户借方余额 600 000 元。

(5) 某市财政年终结转财政专户管理资金收入账户，结转前"财政专户管理资金收入"账户贷方余额 30 000 000 元。

(6) 某市财政经批准用一般预算资金增补财政周转基金 700 000 元。

[要求] 编制财政总预算会计的相关分录。

任务十 财政总预算会计报表

任务目标

知识目标

● 理解财政总预算会计报表的概念和种类。

● 掌握财政总预算年终结账的方法。

● 掌握财政总预算会计报表的编报程序、方法及审核技巧。

技能目标

● 能够熟练运用科学的方法编制财政总预算会计报表并对会计报表进行综合分析和运用。

情境设置

李然是某市财政局财务人员，正在编制本级财政的汇总财务报表，他把本级财政局"税收收入——增值税收入"与下级财政汇总的"税收收入——增值税收入"合计作为本级财政"一般预算收支决算总表"的"税收收入——增值税收入"金额。把本级财政的"与下级往来"的金额与在下级送交上来会计资料中的"与上级往来"科目相互核对后互相抵消，没有直接相加作为汇总资产负债表中的相关数额。

请思考：汇总资产负债表要注意什么？

知识准备

一、财政总预算会计报表的概念及种类

1. 财政总预算会计报表的概念

财政总预算会计报表是反映政府财政资金状况和预算收支执行情况及结果的定期书面报告，是各级政府和财政部门了解财政收支情况、制定财政政策、指导预算执行工作的重要依据。各级总预算会计必须定期编制和汇总预算会计报表。

2. 财政总预算会计报表的种类

（1）按编报的时间分为旬报、月报和年报。旬报是反映各级政府财政部门从月初至本旬为止的预算收支主要完成情况的报表；月报是反映各级政府财政部门从年初至本月末为止的财政资金状况和预算收支执行情况的报表；年报是反映各级政府财政收支的决算报表，是各级政府全年政治经济活动在财政上的集中反映。

（2）按报表的性质和经济内容分为资产负债表、预算执行情况表、财政周转金报表及其他附表等。资产负债表是反映各级政府财政部门在某一特定时日实际所控制的资产、承担的负债以及拥有的净资产情况的会计报表；预算执行情况表是反映各级政府财政部门某一时期预算收支执行进度、构成等情况的报表；财政周转金报表是反映财政总预算会计核算的财政周转金情况的会计报表，包括财政周转金收支情况表、财政周转金投放情况表、财政周转基金变动情况表等；其他附表有基本数字表、行政事业单位收支汇总表以及所附会计报表。

（3）按报表的内容范围和编制单位分为本级报表和汇总报表。本级报表是反映一级政府财政本级的财政资金状况和预算执行情况的报表；汇总报表是一级政府财政总预算会计根据本级政府和经审核的所属下级政府的财政总预算会计报表汇总编制的反映本级政府和

所属下级政府总的财政资金状况和预算执行情况的报表。

知识链接

财政总预算会计报表的编制程序

财政总预算会计报表由乡（镇）、县（市）、市（设区的市）、省（自治区、直辖市）以及计划单列市的财政机关根据统一规定的会计科目、编制口径和报送时间，从基层预算单位开始，逐级汇总编报，不得估列代编。

各预算单位的会计报表是同级财政总预算会计报表的组成部分，由各行政事业单位逐级汇总，最后由各主管部门汇总后报送同级财政机关。

参与政府预算执行的国家金库和中国建设银行、农业银行及办理、监督中央及限额拨款的国家银行也要分别向同级财政机关报送预算收入和预算支出的各种报表，它们作为财政总预算会计报表的附表也是财政总预算会计的组成内容。

逐级汇总编成定期的政府预算收支执行情况报表后，由财政部报送国务院。地方各级财政总预算会计报表，由财政机关报送同级人民政府。

二、财政总预算编制会计报表前的准备工作

1. 年终清理

年终清理是各级财政总预算会计在年终结算时，在规定时限内对全年各项预算资金的收支及资金活动进行全面的彻底清查、核对工作。年终清理的主要内容如下：

（1）核对年度预算收支数字。年度结束前，各级财政总预算会计应在财政预算管理部门的部署下，把本级财政总预算全年预算数同上下级财政总预算以及本级各预算单位的单位预算全年预算数核对清楚。追加追减和上划下划数字，必须在年度终了前核对完成。

> 为便于年终清理工作的进行，本年度预算追加追减的企事业单位的上划下划，一般截至11月底。各项预算拨款，一般截止日期为12月25日。

（2）清理本年各预算收支。凡属本年的预算收入，包括一般预算收入、基金预算收入、专用基金收入，都要认真进行清理，年终前必须如数足额缴入国库或指定的专业银行。应督促国库在年终库款报解整理期内，迅速及时报全当年预算收入。应在本年预算支领列报的款项，非有特殊原因，须在年终前办理完毕。

（3）组织征收机关和国库进行年度对账。年度终了后，按国库制度规定，支库应设置10天的库款报解整理期（设置决算清理期的年度，库款报解整理期相应顺延）。12月31日前，各国库经收处所收款项均应在"库款报解整理期"内报达支库，列入当年决算。同

时，各级国库要按年度决算对账办法编制收入对账单，分送同级财政部门和征收机关核对签章，确保相互之间财政收入数字的一致性。

（4）清理核对当年拨款支出。各级财政总预算会计对本级各预算单位的拨款支出应与相应各预算单位的拨款收入核对一致。对于当年安排的非包干使用拨款的结余部分，应根据具体情况处理。属于单位正常周转占用的资金，仍可作为预算支出处理；属于预拨下年度的经费，不得列入当年预算支出。

实行国库集中收付制度的，还应做好清理零余额账户用款额度、直接支付和授权支付等业务事项。

（5）清理往来款项。年度终了前，各级财政总预算会计要对其暂收、暂付等各种往来款项进行认真清理结算，做到"人欠收回、欠人归还"。该转作各项收入和支出的款项，要及时转入本年度有关收支账户。

2. 年终结算

年终结算也称财政体制结算，是财政决算编审工作中，按照财政管理体制的规定，在本级财政与上级财政之间、本级财政与所属下级财政之间进行的资金结算工作。

知识链接

年终结算程序

①在结算中，根据财政管理体制的规定，计算出全年应补助、应上解和应返还的数额。

②将上述数字与年度预算执行过程中已经补助、上解和返还的数额进行核对比较。

③上级财政部门根据年终财政体制结算项目，结合借垫款项，计算出全年最后应补或应退的数额，填制"年终财政决算结算单"，作为下级财政结算的依据。

④各级财政总预算会计应根据经上级财政部门审批的"年终财政决算结算单"中核定的税收返还收入、原体制补助或上解等数额，通过"与上级往来"和"与下级往来"账户办理转账业务。

3. 年终结账

（1）年终转账。首先计算出财政总预算会计各账户12月份累计数和全年累计数，结出12月末余额，再根据各账户12月末余额，编制结账前的"资产负债表"进行试算平衡。试算平衡后，编制记账凭证，把"一般预算收入"、"基金预算收入"、"专用基金收入"、"补助收入"、"上解收入"、"调入资金"等收入类账户贷方余额及"一般预算支出"、"基金预算支出"、"专用基金支出"、"补助支出"、"上解支出"、"调出资金"等支出类账户借方余额分别转入"预算结余"、"基金预算结余"、"专用基金结余"账户的贷方和借方。年终转账后，财政总预算会计各收支类账户期末余额应为零。

（2）结清旧账。年终转账后，结出资产、负债、净资产、收入和支出各类账户借、贷方全年累计数，然后在其下方画双红线，表示该账户已完全结清。年终有余额的账户，在其摘要栏内注明"结转下年"字样，表示旧账余额结束，转入新账。

（3）计入新账。结清旧账后，根据本年度各总账账户和明细账户年终转账后的余额，编制结账后的"资产负债表"和有关明细表，将表列各账户余额直接计入新年度有关总账和明细账各账户预留空行的余额栏内。同时，在"摘要"栏内注明"上年结转"字样，以区别新年度发生数。

知识链接

财政总预算会计报表的编制要求

①数字正确。财政总预算会计报表中的各项数字，必须根据审核无误的账户记录和所属预算单位报表数字汇总填列，切实做到有根有据、数字确凿、账表相符，不能估列代编和弄虚作假。

②内容完整。财政总预算会计报表要严格按照国家统一规定的种类、格式、内容、计算方法和编制口径认真填制，以保证全国的统一汇总和分析。编制汇总报表的单位要把所属单位的报表汇集齐全，不得漏报。

③报送及时。各级财政总预算会计要加强日常会计核算工作，督促有关单位及时记账、结账。所有预算会计单位都应在规定的期限内报出报表，以便主管部门和财政部门及时汇总。

三、财政总预算会计报表的编制

1. 财政总预算资产负债表的编制

财政总预算资产负债表的结构按照"资产＝负债＋净资产"的平衡公式设置，资产负债表的一般格式如表 10-1 所示。

表 10-1　　　　　　　　　　　　**财政总预算会计报表**
资产负债表

编报单位：某市财政局　　　　　　年　月　日　　　　　　　　　单位：元

资产部类			负债部类		
科目名称	年初数	年末数	科目名称	年初数	年末数
资产			负债		
国库存款			暂存款		
其他财政存款			与上级往来		
有价证券			借入款		
在途款			借入财政周转金		
暂付款			负债合计		

续 表

资产部类			负债部类		
科目名称	年初数	年末数	科目名称	年初数	年末数
与下级往来			净资产		
预拨经费			预算结余		
基建拨款			基金预算结余		
财政周转金放款			国有资本经营预算结余		
借出财政周转金			专用基金结余		
待处理财政周转金			预算周转金		
			财政周转基金		
			净资产合计		
资产部类总计			负债部类总计		

> 财政总预算会计资产负债表与企业资产负债表的主要区别是什么？

本表各项目的内容和填列方法：

（1）表中所示的资产负债表的一般格式中包含了财政周转金部分的相应内容。如果财政周转金出专门的机构管理，财政总预算会计也可单独编报财政周转金部分的资产负债表。

（2）各级财政总预算会计在编报资产负债表时，应先编出本级财政的资产负债表，然后再将其与经审核无误的所属下级财政总预算会计编报的资产负债表进行汇总，编出本级财政总预算会计的汇总资产负债表。

（3）在汇编过程中，要将本级财政的"与下级往来"与下级财政的"与上级往来"、本级财政的"上解收入"与下级财政的"上解支出"、本级财政的"补助支出"与下级财政的"补助收入"等有钩稽关系的科目核对无误后相互冲销，以免重复汇总，导致虚收虚支。

（4）该表的"年初数"一栏，根据上年年末资产负债表中有关项目的"期末数"填列；该表的"期末数"一栏，根据年终结账后的总账余额填制，这是旧账转入新账的依据。

（5）结账前的资产负债表编制结束后，应试算平衡后才能作为年终转账的依据，并在年终转账后编制结账后的资产负债表。

【练中学 10-1】 某市财政年末有关资产、负债和净资产类账户的余额如下：

①资产类账户的借方余额"国库存款"125 000 元，"其他财政存款"6 000 元，"有价

证券" 35 000 元，"在途款" 22 000 元，"暂付款" 14 000 元，"与下级往来" 68 000 元，"预拨经费" 46 000 元，"基建拨款" 73 000 元。

②负债类账户的贷方余额"暂存款" 11 000 元，"与上级往来" 34 000 元，"借入款" 55 000 元。

③净资产类账户的贷方余额"一般预算结余" 189 000 元，"基金预算结余" 12 000 元，"国有资本经营预算结余" 7 000 元，"专用基金结余" 6 000 元，"预算周转金" 75 000元。

根据以上资料，为该市财政总预算会计编制资产负债表（期初数省略）。

该市财政总预算会计编制资产负债表如表 10 - 2 所示。

表 10 - 2　　　　　　　　　　资产负债表

编报单位：某市财政局　　　　　年　　月　　日　　　　　　　　单位：元

资产类			负债和净资产类		
科目名称	期初数	期末数	科目名称	期初数	期末数
资产			负债		
国库存款		125 000	暂存款		11 000
其他财政存款		6 000	与上级往来		34 000
有价证券		35 000	借入款		55 000
在途款		22 000	负债合计		100 000
暂付款		14 000	净资产		
与下级往来		68 000	一般预算结余		189 000
预拨经费		46 000	基金预算结余		12 000
基建拨款		73 000	国有资本经营预算结余		7 000
			专用基金结余		6 000
			预算周转金		75 000
			净资产合计		289 000
资产部类总计		389 000	负债部类总计		389 000

2. 财政总预算预算执行情况表的编制

财政总预算预算执行情况年报的编制由财政收支决算总表、收入决算明细表、支出决算明细表、基金预算收支决算总表、基金收支明细表、国有资本经营预算收支决算总表和国有资本经营预算收支决算明细表等组成。具体内容与编制方法，根据当年财政部有关决算报表的规定办理。

知识链接

财政总预算预算执行情况表旬报和月报的编制

①旬报的编制。旬报的收入和支出只列报主要的大类数，数字从有关收支账户中查阅获取。旬报于每月上旬、中旬后报送，下旬免报，由月报代替。旬报的内容、报送时间由财政部根据情况规定，并逐级布置。县级财政旬报一般在旬后1日内以电话方式上报上级财政部门；上级财政部门收齐下级财政部门的旬报后，加上本级财政收支大类数字，再汇总上一级财政部门；省、自治区、直辖市一级财政预算的旬报一般要求在旬后3日内上报财政部。

②月报的编制。月报的内容较旬报要详细一些，一般填列到政府收支分类的"款"级科目，并且要附上本月预算收支执行情况的文字说明。月报可以分为一般预算收入月报、一般预算支出月报、基金预算收入月报、基金预算支出月报，也可合并编报财政总预算会计收支月报。

(1) 财政收支决算总表。财政收支决算总表是反映各级财政部门决算收入、决算支出以及决算结余总体情况的报表。它是各级财政决算的主体表。该表应按现行《政府收支分类科目》中的一般预算收支科目分类填列预算数和决算数。其中，预算数根据当年安排的收支预算数额填列，决算数根据年终结账前一般预算收入明细账和一般预算支出明细账中的全年预算收入数和全年预算支出数填列。财政收支决算总表中的各项收入数和支出数对财政收入决算明细表和财政支出决算明细表中的有关数字起统驭作用。同时，财政收支决算总表中的收支结余的数字与资产负债表中相应结余的数字存在着钩稽关系。财政收支决算总表的具体内容和编制方法，应根据财政部有关决算编报的规定办理。财政收支决算总表的一般格式如表10-3所示。

表 10-3　　　　　　　　**财政总预算会计报表**

_____年　财政收支决算总表

编报单位：某市财政局　　　　　　　　　　　　　　　　　　　　单位：元

收　入			支　出		
预算科目	预算数	决算数	预算科目	预算数	决算数
一、税收收入			一、一般公共服务		
增值税			二、外交		
消费税			三、国防		
营业税			四、公共安全		
企业所得税			五、教育		
企业所得税退税			六、科学技术		

收 入			支 出		
预算科目	预算数	决算数	预算科目	预算数	决算数
个人所得税			七、文化体育与传媒		
资源税			八、社会保障和就业		
固定资产投资方向调节税			九、医疗卫生		
城市维护建设税			十、环境保护		
房产税			十一、城乡社区事务		
印花税			十二、农林水事务		
城镇土地使用税			十三、交通运输		
土地增值税			十四、采掘电力信息等事务		
车船税			十五、粮油物资储备管理等事务		
船舶吨税			十六、金融监管等事务支出		
车辆购置税			十七、地震灾后恢复重建支出		
关税			十八、国债还本付息支出		
耕地占用税			十九、其他支出		
契税					
烟叶税					
其他税收收入					
二、非税收入					
专项收入					
行政事业性收费收入					
罚没收入					
国有资本经营收入					
国有资源（资产）有偿使用收入					
其他收入					
本年收入合计			本年支出合计		
转移性收入			转移性支出		
收入总计			支出总计		

（2）财政收入决算明细表。财政收入决算明细表是反映各级财政部门决算收入明细情况的报表。该表的数字应根据财政总预算会计登记的一般预算收入明细账的全年预算收入数填列。在该表中，预算科目一般需要填列到一般预算收入科目的"项"级科目，对于诸

如"增值税"等科目还需要填列到一般预算收入科目的"目"级科目。财政收入决算明细表的具体内容与编制方法，应根据财政部有关编制决算报表的规定办理。财政收入决算明细表的一般格式如表10－4所示。

表10－4　　　　　　　　　　**财政总预算会计报表**

_____年财政收入决算细表

编表单位：某市财政局　　　　　　　　　　　　　　　　　　　　　单位：元

预算科目	决算数
一、税收收入	
增值税	
国内增值税	
国有企业增值税	
……	
营业税	
金融保险业营业税（地方）	
……	
企业所得税	
国有机械工业企业所得税	
……	
……	
其他税收收入	
二、非税收入	
专项收入	
排污费收入	
……	
行政事业性收费收入	
公安行政事业性收费收入	
……	
……	
本年收入合计	

（3）财政支出决算明细表。财政支出决算明细表是反映各级财政部门决算支出明细情况的报表。该表的数字应根据财政总预算会计登记的一般预算支出明细账的全年预算支出数填列。在该表中，预算科目一般需要填列到一般预算支出科目的"款"级科目。财政支出决算明细表的具体内容与编制方法，应根据财政部有关编制决算报表的规定办理。财政

支出决算明细表的一般格式如表 10-5 所示。

表 10-5   财政总预算会计报表
                    _____年财政支出决算明细表

编表单位：某市财政局   单位：元

预算科目	决算数
一、一般公共服务	
人大事务	
……	
二、外交	
外交管理事务	
……	
三、国防	
现役部队	
……	
四、公共安全	
武装警察	
……	
五、教育	
教育管理事务	
……	
六、科学技术	
科学技术管理事务	
……	
本年支出合计	

　　财政收入决算明细表和财政支出决算明细表是财政收支决算总表的明细报表。因此，财政收入决算明细表和财政支出决算明细表中有关收支项目的合计数，应等于财政收支决算总表中相应的数字。

　　（4）基金预算收支决算总表与基金收支明细表。基金预算收支决算总表是反映各级财政部门管理的政府性基金决算收入、决算支出以及决算结余总体情况的报表。该表应按现行《政府收支分类科目》中的基金预算收支科目分类填列预算数和决算数。

　　基金收支明细表是反映各级财政部门管理的政府性基金决算收入和决算支出明细情况的报表。

　　（5）国有资本经营预算收支决算总表和明细表。国有资本经营预算收支决算总表和明细表是反映各级财政部门管理的国有资本经营预算决算收入、决算支出以及决算结余情况的报表。

【练中学 10-2】 资料：某市财政年末有关一般预算收入、一般预算支出、一般预算转移性收支账户的余额及其他有关资料如下：

①一般预算收入有关明细分类账户的贷方余额"税收收入——增值税"289 000元，"税收收入——营业税"92 000元，"税收收入——企业所得税"144 000元，"税收收入——个人所得税"12 000元，"税收收入——固定资产投资方向调节税"64 000元，"税收收入——城市维护建设税"73 000元，"税收收入——房产税"82 000元，"税收收入——城镇土地使用税"126 000元，"税收收入——土地增值税"85 000元，"税收收入——车船税"38 000元，"税收收入——耕地占用税"65 000元，"税收收入——契税"23 000元，"非税收入——专项收入"29 000元，"非税收入——行政事业性收费收入"46 000元，"非税收入——罚没收入"33 000元，"非税收入——国有资源（资产）有偿使用收入"54 000元。

②一般预算支出有关明细分类账户的借方余额"一般公共服务"186 000元，"公共安全"212 000元，"教育"225 000元，"科学技术"35 000元，"文化体育与传媒"82 000元，"社会保障和就业"78 000元，"医疗卫生"166 000元，"环境保护"36 000元，"城乡社区事务"101 000元，"农林水事务"43 000元，"交通运输"91 000元，"采掘电力信息等事务"33 000元，"粮油物资储备管理等事务"38 000元，"金融监管等事务支出"29 000元，"其他支出"36 000元。

③一般预算转移性收支有关总分类账户的余额"补助收入"贷方余额178 000元，"上解收入"贷方余额34 000元，"调入资金"贷方余额14 000元，"补助支出"借方余额28 000元，"上解支出"借方余额36 000元。

④上年结余收入30 000元。

根据以上资料，为该市财政总预算会计编制一般预算收支决算总表（预算数省略）。

该市财政总预算会计编制的一般预算收支决算总表如表10-6所示。

表10-6　　　　　　　　　　一般预算收支决算总表

编表单位：某市财政局　　　　　　　　　　_____年度　　　　　　　　　　单位：元

收　入			支　出		
预算科目	预算数	决算数	预算科目	预算数	决算数
一、税收收入		1 093 000	一、一般公共服务		186 000
1. 增值税		289 000	二、公共安全		212 000
2. 营业税		92 000	三、教育		225 000
3. 企业所得税		144 000	四、科学技术		35 000
4. 个人所得税		12 000	五、文化体育与传媒		82 000

收　入			支　出		
预算科目	预算数	决算数	预算科目	预算数	决算数
5. 固定资产投资 　方向调节税		64 000	六、社会保障和就业		78 000
6. 城市维护建设税		73 000	七、医疗卫生		166 000
7. 房产税		82 000	八、环境保护		36 000
8. 城镇土地使用税		126 000	九、城乡社区事务		101 000
9. 土地增值税		85 000	十、农林水事务		43 000
10. 车船税		38 000	十一、交通运输		91 000
11. 耕地占用税		65 000	十二、采掘电力信息等事务		33 000
12. 契税		23 000	十三、粮油物资储备 　管理等事务		38 000
			十四、金融监管等事务支出		29 000
二、非税收入		162 000	十五、其他支出		36 000
1. 专项收入		29 000			
2. 行政事业性收费收入		46 000			
3. 罚没收入		33 000			
4. 国有资源（资产） 　有偿使用收入		54 000			
本年收入合计		1 255 000	本年支出合计		1 391 000
转移性收入		256 000	转移性支出		120 000
上年结余收入		30 000	补助支出		28 000
补助收入		178 000	上解支出		36 000
上解收入		34 000	年终结余		56 000
调入资金		14 000			
收入总计		1 511 000	支出总计		1 511 000

3. 财政总预算财政周转金报表

财政周转金报表是反映财政总预算会计核算的财政周转金情况的会计报表，包括财政周转金收支情况表、财政周转金投放情况表、财政周转基金变动情况表等。

四、财政总预算会计报表的分析

1. 财政总预算会计报表的审核

政策性审核是依据《中华人民共和国预算法》、国家有关财经方针政策及各项财务制度的规定，对各级政府的财政收入和支出的合规性、合法性进行的审核。在收入方面，重点审查各项收入是否符合政策规定；应缴库的各项财政收入是否已及时足额地缴入国库；财政收入退库是否符合有关政策规定等。在支出方面，重点审查各项支出是否按计划、按预算、按进度执行；有关支出是否符合规定的开支标准和开支范围；有关支出是否贯彻了专款专用原则；有无浪费、挪用现象等。

技术性审核是对在财政总预算会计报表的编制汇总过程中可能出现的工作误差进行的审核。技术性审核主要审查报表之间的有关数字是否一致；上下年度有关数字是否一致；主表和附表的数字是否一致；上下级财政部门之间报表的数字是否一致；财政决算报表的有关数字和其他有关部门的财务决算及国库年报的有关数字是否一致；表中有关数据填列是否齐全，计算是否准确等。

2. 财政总预算会计报表的分析

财政总预算会计报表的分析方法主要采用"对比分析法"，即将两个有关的可比数字进行对比，来分析有关项目之间相互联系的一种方法。这是财政总预算会计分析中使用最为普遍的方法。

除此之外，还可采用综合分析法对预算执行中的共性和规律性问题进行总体、概括性分析，也可采用专题分析法对预算执行中的典型问题进行针对性分析。

知识链接

财政总预算会计报表的分析内容

①预算收支完成总情况。预算收支完成总情况的分析，主要是对预算收入和预算支出总体情况进行描述、判断和分析，预计全年的财政趋势和财政收支平衡状况。

②预算收入完成情况。预算收入完成情况的分析，主要是对影响预算完成和国民经济发展的主要收入项目进行分析，描述收入完成情况，分析收入变化的原因等。

③预算支出完成情况。预算支出完成情况的分析，主要是分析各主要支出项目完成的情况及原因、专项资金的使用情况、财政资金的使用效率等。

情境回放

在汇总资产负债表过程中，要将本级财政的"与下级往来"与下级财政的"与上级往来"、本级财政的"上解收入"与下级财政的"上解支出"、本级财政的"补助支出"与下级财政的"补助收入"等有钩稽关系的科目核对无误后相互冲销，以免重复汇总，导致虚收虚支。

任务检测

一、单项选择题

1. 在本级政府财政编制的本级一般预算收支决算总表中，收入项目不包括（　　）。

A. 税收收入　　　　B. 非税收入　　　　C. 与上级往来　　　D. 上解收入

2. 年终清理是各级财政总预算会计在年终结算时，在规定时限内对全年各项预算资金的收支及资金活动进行全面的彻底清查、核对工作。年终清理的主要内容不包括（　　）。

A. 核对年度预算收支数字　　　　　　B. 清理本年各预算收支

C. 组织征收机关和国库进行年度对账　D. 年终转账

3. 财政总预算会计信息的主要使用者不是（　　）。

A. 各级政府　　　　　　　　　　　　B. 上级财政部门

C. 各级人民代表大会和社会公众　　　D. 投资者

4. 财政总预算会计编制资产负债表时采用（　　）平衡等式。

A. 资产＝负债＋净资产　　　　　　　B. 资产＝净资产

C. 资产＝负债＋所有者权益　　　　　D. 资产＝负债

5. 财政总预算会计在编报汇总资产负债表时应将本级财政的（　　）科目与下级财政的与上级往来科目相互抵销，以免重复汇总。

A. 与上级往来　　　B. 在途款　　　　C. 与下级往来　　　D. 预拨经费

二、多项选择题

1. 财政总预算会计报表按报表的性质和经济内容分为（　　）。

A. 资产负债表　　　　　　　　　　　B. 预算执行情况表

C. 财政周转金收支情况表　　　　　　D. 其他附表

2. 编制年度会计报表的准备工作包括（　　）。

A. 年终清理　　　　B. 年终结算　　　C. 年终结账　　　　D. 编制报表

3. 财政周转金报表是反映财政总预算会计核算的财政周转金情况的会计报表，包括（　　）。

A. 财政周转金收支情况表　　　　　　B. 财政周转金投放情况表

C. 财政周转基金变动情况表　　　　　D. 行政事业单位收支汇总表

4. 财政总预算会计报表的分析内容包括（　　）。

A. 预算收支完成总情况　　　　　　　B. 预算收入完成情况

C. 预算支出完成情况　　　　　　　　D. 表中有关数据填列是否齐全

5. 财政总预算会计预算执行情况年报由（　　）等组成。

A. 财政收支决算总表、收入决算明细表、支出决算明细表

B. 国有资本经营预算收支决算总表

C. 国有资本经营预算收支决算明细表

D. 基金预算收支决算总表、基金收支明细表

三、判断题（正确的画"√"，错误的画"×"）

1. 在一般预算收支决算总表中，支出栏目既反映本级财政一般预算资金的支出数额，也反映一般预算资金转移性支出的数额。（　　）

2. 财政总预算会计的资产负债表是反映一级政府在某一特定时日实际财务状况的会计报表。（　　）

3. 财政总预算会计的一般预算收入月报反映各月一般预算收入的实现情况，一般预

算支出月报反映各月一般预算支出的发生情况。（　　）

4. 财政总预算会计报表的分析方法主要采用"综合分析法"。（　　）

5. 财政总预算会计报表按报表的内容范围和编制单位分为本级报表和汇总报表。（　　）

实训项目 ▶▶▶

[资料] 某市财政 2011 年年末有关资料如下：

（1）市本级财政一般预算收支决算总表如下表所示。

表 10-7　　　　　　　　市本级财政一般预算收支决算总表

编报单位：某市财政局　　　　　2011 年度　　　　　　　　　　　单位：元

收　入		支　出	
预算科目	决算数	预算科目	决算数
一、税收收入	892 000	一、一般公共服务	178 000
1. 增值税	221 000	二、公共安全	186 000
2. 营业税	128 000	三、教育	165 000
3. 企业所得税	198 000	四、科学技术	46 000
4. 个人所得税	56 000	五、文化体育与传媒	34 000
5. 城市维护建设税	86 000	六、社会保障和就业	186 000
6. 房产税	96 000	七、医疗卫生	171 000
7. 城镇土地使用税	45 000	八、环境保护	65 000
8. 车船税	23 000	九、城乡社区事务	186 000
9. 其他税收收入	39 000	十、农林水事务	44 000
二、非税收入	138 000	十一、交通运输	34 000
1. 行政事业性收费收入	42 000	十二、其他支出	48 000
2. 罚没收入	65 000		
3. 固有资源（资产）有偿使用收入	31 000		
本级财政收入合计	1 030 000	本级财政支出合计	1 343 000
转移性收入		转移性支出	
上年结余收入	43 000	补助支出	124 000
补助收入	321 000	上解支出	21 000
上解收入	66 000	调出资金	
调入资金	55 000	年终结余	27 000
本级财政收入总计	1 515 000	本级财政支出总计	1 515 000

（2）市所属各区县财政汇总的一般预算收支决算总表如下表所示。

表 10-8　　　　　　市所属各区县财政汇总的一般预算收支决算总表

编报单位：某市财政局　　　　　　　　2011 年度　　　　　　　　　　单位：元

收　入		支　出	
预算科目	决算数	预算科目	决算数
一、税收收入	677 000	一、一般公共服务	112 000
1. 增值税	165 000	二、公共安全	128 000
2. 营业税	189 000	三、教育	212 000
3. 企业所得税	175 000	四、文化体育与传媒	74 000
4. 房产税	49 000	五、社会保障和就业	101 000
5. 城镇土地使用税	56 000	六、医疗卫生	94 000
6. 其他税收收入	43 000	七、城乡社区事务	91 000
二、非税收入	111 000	八、其他支出	33 000
1. 行政事业性收费收入	66 000		
2. 罚没收入	45 000		
所属各区县财政收入合计	788 000	所属各区县财政支出合计	845 000
转移性收入		转移性支出	
上年结余收入	36 000	补助支出	
补助收入	124 000	上解支出	66 000
上解收入		调出资金	
调入资金	32 000	年终结余	69 000
所属各区县财政收入总计	980 000	所属各区县财政支出总计	980 000

［要求］根据以上资料，为该市财政总预算会计编制市财政一般预算收支决算总表。

项目小结

本项目为财政总预算会计，主要讲述了财政总预算会计资产、负债、收入、支出和净资产的核算，财政总预算会计年终结算和会计报表的编制与分析，是预算会计中很重要的内容。在学习中要注意：①熟悉财政总预算会计要素的概念和管理。②着重掌握财政总预算会计资产、负债、收入、支出和净资产的会计核算，熟练运用会计科目进行相关业务的处理。③注意其与行政单位会计、事业单位会计的差别。

项目五　民间非营利组织会计

任务十一　民间非营利组织会计概述

任务目标

知识目标

- 了解民间非营利组织的概念和特征。
- 理解民间非营利组织的分类。
- 掌握民间非营利组织会计的概念及其特点。
- 掌握民间非营利组织会计核算的一般原则和会计要素。
- 掌握民间非营利组织会计核算的程序和方法。

技能目标

- 能够熟练运用民间非营利组织会计的一般原则和会计核算程序。

情境设置

高宇同学大学刚毕业，就应聘来到一家基金会从事会计工作。基金会负责人看到新来的大学生高兴地介绍起单位的情况，这个月基金会得到货币捐赠收入 1 000 万元，还有大量的实物捐赠，以及许多的义工提供的免费劳务。本月为资助贫困学生开支 80 万元，为奖励优秀学生开支 50 万元，管理人员开支共 5 万元……高宇听到这些与企业会计和预算会计不同的内容，看到工作人员递交到手中的捐赠收据和其他票据，一时没了主意。

请思考：民间非营利组织会计有何特点？

知识准备

一、民间非营利组织的概念、特征及分类

1. 民间非营利组织的概念

民间非营利组织是指由民间出资兴办的、不以营利为目的，从事教育、科技、文化、卫生、宗教等社会公益活动的社会服务组织。

2. 民间非营利组织的特征

民间非营利组织一般具有以下三个方面的基本特征：

（1）民间非营利组织不以营利为宗旨和目的。民间非营利组织的设立和业务活动的最终目标不以营利为目的，这是民间非营利组织与营利性组织之间本质特征的综合体现。对于营利性组织来说，其设立和业务活动的最终目标都是为了增加组织的利润，为投资者积累更多的资本。营利性组织决策是否成功、业务活动的最终目标是否能够实现，这在很大程度上取决于利润的多少。而对于民间非营利组织来讲，其设立和开展业务活动并不是为了追逐利润，其目的在于按照资金提供者的期望和要求，为社会带来更多的服务或商品。

（2）资源的提供者向组织投入资源并非为了取得回报。营利组织的资源是投资者出资形成的，其所有权归属于出资者。投资者出资的目的是将其资源投入生产经营过程后，与其他生产要素相结合，生产社会所需要的产品或服务，并使投入的资本增值。同时，营利组织所有者将资产交付组织后，不但保留收回投资的权利，而且对经营利润以及解散、破产的剩余财产也有按一定比例分享的权利。而非营利组织资金提供者，其出资目的并不是期望得到同等或成比例的出资回报，而是希望组织为整个社会或特定团体提供更多的服务或商品，他们不指望获取对非营利组织净资产予以分享的权利。

（3）资源的提供者不享有组织的所有权。营利性组织的资产归出资者所有，因积累形成的新资产也归属其出资者。而民间非营利组织的净资产既不属于组织所有，也不属于出资者（如捐赠人、会员等）。任何单位或个人不因为出资而拥有民间非营利组织的所有权，也不存在该组织一旦清算可以分享剩余财产的净资产。非营利组织一旦进行清算，清算后的剩余财产只能交给政府或其他非营利组织或继续服务社会的公益事业。

3. 民间非营利组织的分类

我国的非营利组织起步较晚，是伴随着我国改革开放、由计划经济向市场经济转轨的过程逐步发展起来的。它主要是通过以下三种途径发展而来：一是由原来事业单位改制转化而来；二是国家机关机构改革、职能转变剥离出来；三是改革开放后，随着形势发展逐步成立。从表现形式来看，我国的非营利组织分类如表 11-1 所示，主要有两大类。两大类非营利组织是指官方非营利组织和民间非营利组织。官方非营利组织包括公益性事业单位和某些社会中介组织；中国民间非营利组织称为民间组织，包括：社会团体、基金会、民办非企业单位和寺院、宫观、清真寺、教堂等。

表 11-1 　　　　　　　　　　　我国的非营利组织的分类

两个大类	基本形态
官方非营利组织	公益性事业单位和某些社会中介组织
民间非营利组织	社会团体
	基金会
	民办非企业单位
	寺院、宫观、清真寺、教堂等

（1）社会团体。1998年10月25日国务院颁布的《社会团体登记管理条例》第二条规定，社会团体是指由公民或者单位自愿组成，为实现会员共同意愿，按照其章程开展活动的非营利性社会组织。它主要包括行业协会、联合会、商会、基金会、促进会、学会、研究会、联谊会等。

（2）基金会。2004年3月8日国务院颁布的《基金会管理条例》第二条规定，基金会是指利用自然人、法人或者其他组织捐赠的财产，以从事公益事业为目的，按照本条例的规定成立的非营利性法人。基金会分为面向公众募捐的基金会和不得面向公众募捐的基金会。公募基金会按照募捐的地域范围，分为全国性公募基金会和地方性公募基金会。其宗旨是通过无偿资助，促进社会的科学、文化教育事业和社会福利救助等公益性事业的发展。基金会的资金具有明确的目的和用途。我国已建立的基金会有中国老年基金会、中国残疾人福利基金会、中国福利基金会、宋庆龄基金会、中国青少年发展基金会等。

（3）民办非企业单位。1998年10月25日国务院颁布的《民办非企业单位登记管理条例》使"民办非企业单位"成为一个法律概念。根据该条例的规定，民办非企业单位是指企业事业单位、社会团体和其他社会力量以及公民个人利用非国有资产举办的，从事非营利性社会服务活动的社会组织。它主要包括民办学校、民办福利机构、民办社区服务机构、民办职业培训机构、民办医疗卫生机构、民办文化馆、民办博物馆和民办体育机构等，主要分布在教育、科研、文化、卫生、体育、新闻出版、信息咨询、知识产权、法律服务、社会福利等领域。

知识链接

截至2011年第一季度我国民间非营利组织数量

根据中华人民共和国民政部网站（http：//www.mca.gov.cn/article/zwgk/tjsj/）的"民政事业统计季报"统计数据，截至2011年1季度，我国共有社会团体24.6万个，基金会2 243个，民办非企业19.9万个。

二、民间非营利组织会计的概念及特点

1. 民间非营利组织会计的概念

民间非营利组织会计是以每个民办民间非营利组织为会计主体，以民间非营利组织的基本业务活动和其他业务活动为管理内容的一种专业会计，包括社团会计、基金会计和非企业单位会计等。

2. 民间非营利组织会计的特点

《民间非营利组织会计制度》既充分考虑了民间非营利组织的组织特性和业务特点，又尽可能借鉴了国际通行的惯例，使得我国《民间非营利组织会计制度》既兼顾我国国情，又与国际接轨。民间非营利组织会计主要有以下八个特点：

（1）会计目标的特点。鉴于民间非营利组织的资金来源主要来自社会各界的捐赠、会员缴纳的会费、接受服务对象缴纳的服务费等，民间非营利组织会计制度将满足捐赠人、

会员、服务对象、债权人、监管部门等会计信息使用者的决策需要作为民间非营利组织的会计目标，设计其会计报表体系和财务会计报告应予披露的信息。

（2）会计核算基础的特点。民间非营利组织会计制度引入了权责发生制原则，从而要求民间非营利组织计提固定资产折旧，进行成本核算等，有助于民间非营利组织加强资产负债管理和成本管理，提高运营绩效，有效弥补收付实现制会计的不足。

（3）会计要素的特点。民间非营利组织会计制度设置了资产、负债、净资产、收入和费用五个会计要素。考虑到民间非营利组织资源提供者既不享有组织的所有权，也不从组织中取得回报，所以民间非营利组织不存在核算"所有者权益"和"利润"问题。同样，在权责发生制会计下，也不存在核算收付实现制下的"支出"问题。所以，民间非营利组织会计制度既没有设置企业会计中的所有者权益和利润会计要素，也没有设置预算会计中的支出会计要素。

（4）会计计量基础的特点。民间非营利组织会计制度在坚持以历史成本为计量基础的同时，对于一些特殊的交易事项，如捐赠、政府补助等，引入了公允价值等其他计量基础。这主要是由于民间非营利组织的业务特征所决定的，其许多资产的取得并没有实际成本，比如捐赠资产、政府补助资产等都是无偿取得的，如果严格按照实际成本原则将难以进行确认和计量，从而难以实现真实、完整反映的目的。

（5）净资产的核算和列报的特点。民间非营利组织会计制度将民间非营利组织的净资产分为限定性净资产和非限定性净资产两类进行核算和列报，其中，限定性净资产是指其使用存在时间或（和）用途限制的净资产，除此之外的其他净资产即为非限定性净资产，从而可以更加如实地反映出民间非营利组织净资产的构成和性质等情况。

（6）收入确认的特点。考虑到民间非营利收入来源的特殊性，民间非营利组织会计制度将民间非营利组织的收入区分为交换交易形成的收入和非交换交易形成的收入，分别界定其确认标准。对于按照等价交换原则所进行的交易，按照交换交易收入的确认原则进行确认和计量；对于按照非等价交换原则进行的交易，如政府补助、捐赠等，按照非交换交易收入的确认原则进行确认和计量。

（7）费用分类的特点。由于民间非营利组织会计制度规定民间非营利组织的会计核算基础为权责发生制，而且业务活动表的主要功能是用以评价民间非营利组织的经营绩效。所以，民间非营利组织会计制度要求在对费用的会计核算中应当严格区分业务活动成本和期间费用，其中，期间费用包括管理费用、筹资费用和其他费用。

（8）财务会计报告内容及其组成的特点。民间非营利组织会计制度根据民间非营利组织的业务特点及其会计信息使用者的需求，要求民间非营利组织的财务会计报告至少应当包括资产负债表、业务活动表、现金流量表三张基本报表以及会计报表附注等内容。

通过以上内容的学习，你能分析民间非营利组织会计与事业单位会计的不同点了吗？

三、民间非营利组织会计核算的一般原则

民间非营利组织在会计核算时，应当遵循以下基本原则：

（1）客观性原则。会计核算应当以实际发生的交易或者事项为依据，如实反映民间非营利组织的财务状况、业务活动情况和现金流量等信息。

（2）相关性原则。会计核算所提供的信息应当能够满足会计信息使用者（如捐赠人、会员、监管者）等的需要。

（3）实质重于形式原则。会计核算应当按照交易或者事项的实质进行，而不应当仅仅按照它们的法律形式作为其依据。

（4）一贯性原则。会计政策前后各期应当保持一致，不得随意变更。如有必要变更，应当在会计报表附注中披露变更的内容和理由、变更的累积影响数，以及累积影响数不能合理确定的理由等。

（5）可比性原则。会计核算应当按照规定的会计处理方法进行，会计信息应当口径一致、相互可比。

（6）及时性原则。会计核算应当及时进行，不得提前或延后。

（7）明晰性原则。会计核算和编制的财务会计报告应当清晰明了，便于理解和使用。

（8）配比性原则。在会计核算中，所发生的费用应当与其相关的收入相配比，同一会计期间内的各项收入和与其相关的费用，应当在该会计期间内确认。

（9）历史成本原则。资产在取得时应当按照实际成本计量，资产账面价值的调整，应当按照本制度的规定执行。除法律、行政法规和国家统一的会计制度另有规定的外，民间非营利组织一律不得自行调整资产账面价值。

（10）权责发生制原则。

（11）谨慎性原则。

（12）划分收益性支出和资本性支出原则。会计核算应当合理划分应当计入当期费用的支出和应当予以资本化的支出。

（13）重要性原则。会计核算应当遵循重要性原则的要求，对资产、负债、净资产、收入、费用等有较大影响，并进而影响财务会计报告使用者据以作出合理判断的重要会计事项，必须按照规定的会计方法和程序进行处理，并在财务会计报告中予以充分披露；对于非重要的会计事项，在不影响会计信息真实性和不至于误导会计信息使用者作出正确判断的前提下，可适当简化处理。

> 通过以上内容的学习，你能分析民间非营利组织会计核算一般原则与企业会计核算一般原则的不同点了吗？

四、民间非营利组织的会计要素及会计科目

1. 会计要素

会计要素是会计对象的具体内容。民间非营利组织会计要素主要包括两方面内容：反映财务状况的会计要素和反映业务成果的会计要素。具体内容见表 11 - 2。

表 11 - 2   民间非营利组织会计要素

两个方面	五个要素	关 系
反映财务状况的会计要素	资产包括：流动资产、长期投资、固定资产、无形资产、受托代理资产	资产－负债＝净资产
	负债包括：流动负债、长期负债、受托代理负债	
	净资产包括：限定性净资产、非限定性净资产	
反映业务成果的会计要素	收入包括：捐赠收入、会费收入、提供服务收入、政府补助收入、商品销售收入、投资收益、其他收入（处置固定资产和无形资产收入）	
	费用包括：业务活动成本、管理费用、筹资费用和其他费用	

2. 会计科目

会计要素是对会计对象的基本分类，这种分类形成了会计等式的基础，构成会计报表的基本框架。但还不能满足管理上清晰性原则的要求，这就需要对会计要素进行进一步分类，形成会计科目。

（1）概念。会计科目是对会计要素的进一步分类，是按会计要素的具体内容进行分类核算的项目。

（2）会计科目的分类。按提供核算指标的详细程度分类：分为总分类科目、明细分类科目。总分类科目又称总账科目、一级科目；明细分类科目又称二级科目、明细科目。总账科目是明细科目的综合，它对明细科目起着控制的作用。而明细科目则是总账科目的具体说明。表 11 - 3 为民间非营利组织会计科目表。

表 11 - 3   民间非营利组织会计科目表

类 别	编 号	名 称	编 号	名 称	编 号	名 称
资产类	1001	现金	1002	银行存款	1009	其他货币资金
	1101	短期投资	1102	短期投资跌价准备	1111	应收票据
	1121	应收账款	1122	其他应收款	1131	坏账准备
	1141	预付账款	1201	存货	1202	存货跌价准备
	1301	待摊费用	1401	长期股权投资	1402	长期债权投资
	1421	长期投资减值准备	1501	固定资产	1502	累计折旧
	1505	在建工程	1506	文物文化资产	1509	固定资产清理
	1601	无形资产	1701	受托代理资产		

续 表

类 别	编 号	名 称	编 号	名 称	编 号	名 称
负债类	2101	短期借款	2201	应付票据	2202	应付账款
	2203	预收账款	2204	应付工资	2206	应缴税金
	2209	其他应付款	2301	预提费用	2401	预计负债
	2501	长期借款	2502	长期应付款	2601	受托代理负债
净资产	3101	非限定性净资产	3102	限定性净资产		
收入费用	4101	捐赠收入	4201	会费收入	4301	提供服务收入
	4401	政府补助收入	4501	商品销售收入	4601	投资收益
	4901	其他收入	5101	业务活动成本	5201	管理费用
	5301	筹资费用	5401	其他费用		

五、民间非营利组织的会计核算程序和方法

1. 会计核算程序

会计核算的基本程序是指对发生的经济业务进行会计数据处理与信息加工的程序。它包括会计确认、会计计量、会计记录和会计报告等程序。

(1) 会计确认。会计确认就是依据一定的标准,确认某经济业务事项,能否记入会计信息系统,并列入会计报告的过程。即是否记录、何时记录、当做哪一项会计要素来记录;应否记入财务报表、何时记入、作为哪一项会计要素来报告。会计要素项目确认和时间确认是会计确认的核心。

要素项目确认包括两个方面:此项经济业务或会计事项是否属于会计核算内容;此项经济业务或会计事项应归属哪一个要素项目。此两项确认的基本标准是:第一,必须符合会计要素的定义;第二,此项经济业务或会计事项可以用货币进行计量。

时间确认的基本标准是按哪种会计核算基础来确认,即权责发生制还是收付实现制来确认交易或事项。

(2) 会计计量。会计记量是指在会计核算过程中,对各项财产物资都须以某种尺度为标准确定它的量。会计计量包括计量单位和计量属性。货币计量通常以元、百元、千元、万元等为计量单位。计量属性是指计量对象可供计量的某种特性或标准,如资产计量有历史成本、重置成本、现行成本等属性。

(3) 会计记录。会计记录是指各项经济业务经过确认、计量后,采用一定的文字、金额和方法在账户中加以记录的过程,包括以原始凭证为依据编制记账凭证,再以记账凭证为依据登记账簿。会计记录包括序时记录和分类记录。在记录的生成方式上,又有手工记录和电子计算机记录。

(4) 会计报告。会计报告是指以账簿记录为依据,采用表格和文字形式,将会计数据提供给信息使用者的手段。

2. 会计核算方法

会计核算方法包括以下内容：①设置会计科目和账户。②复式记账。③填制和审核会计凭证。④登记账簿。⑤成本计算。⑥财产清查。⑦编制会计报表。

以上各种会计核算方法是一个完整的体系，必须相互联系，紧密结合，一环紧扣一环，才能保证核算工作的顺利进行。

情境回放

民间非营利组织会计在会计目标、会计核算基础、会计要素、会计计量基础、净资产的核算和列报、收入确认、费用分类、财务会计报告内容及其组成方面有自身独特的特点。

任务检测

一、单项选择题

1. 民间非营利组织会计制度引入了（　　　），从而要求民间非营利组织计提固定资产折旧，进行成本核算等，有助于民间非营利组织加强资产负债管理和成本管理，提高运营绩效，有效弥补收付实现制会计的不足。

A. 权责发生制原则　B. 明晰性原则　　　C. 历史成本原则　　D. 配比原则

2. 除法律、行政法规和国家统一的会计制度另有规定的外，民间非营利组织一律不得自行调整资产账面价值。这是会计核算的（　　　）原则。

A. 谨慎性原则　　　　　　　　　B. 划分收益性支出和资本性支出原则

C. 历史成本原则　　　　　　　　D. 配比原则

3. 民间非营利组织的基本特征之一是（　　　）。

A. 业务活动成本需要从业务活动收费中得到补偿

B. 业务活动不以营利为目的

C. 业务活动盈余可以向资源、提供者进行分配

D. 资源提供者可以按资源提供数额享受所有者权益

4. 民间非营利组织的资金主要不是来源于（　　　）。

A. 财政补助收入　B. 服务收费　　　C. 社会捐赠　　　D. 会费

5. 民间非营利组织的会计要素中不包括（　　　）。

A. 负债　　　　　B. 费用　　　　　C. 收入　　　　　D. 利润

二、多项选择题

1. 民间非营利组织会计核算应该遵循的一般原则包括（　　　）。

A. 相关性原则　　B. 重要性原则　　C. 历史成本原则　　D. 权责发生制原则

2. 民间非营利组织会计核算的基本程序是指对发生的经济业务进行会计数据处理与信息加工的程序。它包括（　　　）。

A. 会计确认　　　B. 会计计量　　　C. 会计记录　　　D. 会计报告

3. 民间非营利组织的会计要素包括（　　　）。

A. 资产　　　　　　B. 负债　　　　　　C. 利润　　　　　　D. 净资产

4. 中国民间非营利组织称为民间组织，包括（　　　）。

A. 社会团体　　　B. 基金会　　　　C. 民办非企业单位　D. 寺院

5. 民间非营利组织的财务会计报告至少应当包括（　　　）。

A. 资产负债表　　　B. 业务活动表　　　C. 现金流量表　　　D. 会计报表附注

三、判断题（正确的画"√"，错误的画"×"）

1. 民间非营利组织会计制度设置了资产、负债、净资产、收入和费用五个会计要素。（　　　）

2. 民间非营利组织会计制度在坚持以历史成本为计量基础的同时，对于一些特殊的交易事项，如捐赠、政府补助等，引入了公允价值等其他计量基础。（　　　）

3. 由民间筹资的扶贫基金会、教育发展基金会、青少年发展基金会、文化艺术发展基金会、中医药研究发展基金会、慈善基金会、公益基金会、红十字基金会、残疾人福利基金会等属于民间非营利组织中的基金会种类。（　　　）

4. 民间非营利组织会计实行收付实现制会计核算基础。（　　　）

5. 民间非营利组织会计制度将民间非营利组织的净资产分为限定性净资产和非限定性净资产两类进行核算和列报。（　　　）

任务十二　民间非营利组织资产和负债的核算

任务目标

知识目标

● 熟悉民间非营利组织资产的概念和种类。

● 掌握民间非营利组织资产的核算。

● 熟悉民间非营利组织负债的概念和种类。

● 掌握民间非营利组织负债的核算。

技能目标

● 能够熟练进行民间非营利组织资产和负债的核算。

情境设置

高宇同学对于民间非营利组织的会计已经有一些了解，正在加紧学习资产、负债类的会计科目。某日，该基金会来了一位捐助人，他愿意把祖传的文物藏品捐助给基金会，由基金会按照自己的业务范围进行处理。这些藏品都是捐助人的祖传宝物，传世稀少，没有市场定价。基金会负责人急忙叫来高宇，询问这些文物藏品可否入账、怎样入账才符合法律规定。高宇陷入沉思，这跟企业会计还真不一样，该怎么办呢？

请思考：民间非营利组织资产类科目中有哪些是比较特殊的？

知识准备

一、民间非营利组织资产的核算

1. 民间非营利组织资产的概念及分类

民间非营利组织资产，是指过去的交易或者事项形成并由民间非营利组织拥有或者控制的资源，该资源预期会给民间非营利组织带来经济利益或者服务潜力。资产应当按其流动性分为流动资产、长期投资、固定资产、无形资产和受托代理资产等。

（1）流动资产是指预期可在 1 年内（含 1 年）变现或者耗用的资产，主要包括现金、银行存款、短期投资、应收款项、预付账款、存货、待摊费用等。

（2）长期投资是指除短期投资以外的投资，包括长期股权投资和长期债权投资等。

（3）固定资产是指为行政管理、提供服务、生产商品或者出租目的而持有的，预计使用年限超过 1 年，单位价值较高的有形资产。

（4）无形资产是指民间非营利组织为开展业务活动、出租给他人，或为管理目的而持有的、没有实物形态的、非货币性长期资产，包括专利权、非专利技术、商标权、著作权、土地使用权等。

（5）受托代理资产是指民间非营利组织因从事受托代理交易而从委托方取得的资产。

2. 民间非营利组织接受捐赠的资产的入账价值

（1）现金资产捐赠的入账价值。对于民间非营利组织接受捐赠的现金资产，应当按照实际收到的金额入账。

（2）非现金资产捐赠的入账价值。对于民间非营利组织接受捐赠的非现金资产，如接受捐赠的短期投资、存货、长期投资、固定资产和无形资产等，应当按照以下方法确定其入账价值：

①如果捐赠方提供了有关凭证（如发票、报关单、有关协议等）的，应当按照凭据上标明的金额，作为入账价值。如果凭据上表明的金额与受赠资产公允价值相差较大的，受赠资产应当以其公允价值作为其实际成本。

②如果捐赠方没有提供有关凭证的，受赠资产应当以其公允价值作为入账价值。

对于民间非营利组织接受的劳务捐赠，不予确认，但应当在会计报表附注中作相关披露。

知识链接

公允价值

公允价值是指在公平交易中，熟悉情况的交易双方，自愿进行资产交换或者债务清偿的金额。公允价值的确定顺序如下：

①如果同类或者类似资产存在活跃市场的，应当按照同类或者类似资产的市场价格确定公允价值。

②如果同类或类似资产不存在活跃市场，或者无法找到同类或者类似资产的，应当采用合理的计价方法确定资产的公允价值。

在《民间非营利组织会计制度》规定应当采用公允价值的情况下，如果有确凿的证据表明资产的公允价值确实无法可靠计量，则民间非营利组织应当设置辅助账，单独登记所取得资产的名称、数量、来源、用途等情况，并在会计报表附注中作相关披露。在以后会计期间，如果该资产的公允价值能够可靠计量，则民间非营利组织应当在该资产能够可靠计量的会计期间确认，并以公允价值予以计量。

3. 民间非营利组织非货币性交易资产的入账价值

《民间非营利组织会计制度》所称非货币性交易是指交易双方以非货币性资产进行的交换，这种交换不涉及或只涉及少量的货币性资产（即补价）。其中，货币性资产是指持有的现金及将以固定或可确定金额的货币收取的资产；非货币性资产是指货币性资产以外的资产。

民间非营利组织如发生非货币性交易，应当按照以下原则处理：

（1）以换出资产的账面价值，加上应支付的相关税费，作为换入资产的入账价值。

（2）非货币性交易中如果发生补价，应区别不同情况处理：

①支付补价的民间非营利组织，应以换出资产的账面价值加上补价和应支付的相关税费，作为换入资产的入账价值。

②收到补价的民间非营利组织，应按以下公式确定换入资产的入账价值和应确认的收入或费用：

换入资产入账价值＝×换出资产账面价值－（补价÷换出资产公允价值）×换出资产账面价值－（补价÷换出资产公允价值）×应缴税金＋应支付的相关税费

应确认的收入或费用＝补价×［1－（换出资产账面价值＋应缴税金）÷换出资产公允价值］

（3）在非货币性交易中，如果同时换入多项资产，应按换入各项资产的公允价值占换入资产公允价值总额的比例，对换出资产的账面价值总额和应支付的相关税费进行分配，以确定各项换入资产的入账价值。

4. 民间非营利组织资产账户的设置

为核算资产业务，民间非营利组织设置了相应的资产总账科目，其中的许多内容在前面都已涉及，对于前面已经述及的会计科目及其核算内容如下表所示。针对民间非营利组织中比较特殊的资产类科目的核算内容和核算方法在后面逐一讲解。

我国的民间非营利组织前已述及的会计科目的核算内容

会计科目名称	核算内容
现金	核算民间非营利组织的库存现金
银行存款	核算民间非营利组织存入银行或其他金融机构的存款
其他货币资金	核算民间非营利组织的外埠存款、银行汇票存款、银行本票存款、信用卡存款、信用证保证金存款、存出投资款（或者存入其他金融机构）等各种其他货币资金
短期投资	核算民间非营利组织持有的能够随时变现并且持有时间不准备超过1年（含1年）的投资，包括股票、债券投资等
短期投资跌价准备	核算民间非营利组织提取的短期投资跌价准备
应收票据	核算民间非营利组织因销售商品、提供服务等而收到的商业汇票，包括银行承兑汇票和商业承兑汇票
应收账款	核算民间非营利组织因销售商品、提供服务等主要业务活动，应当向会员、购买单位或接受服务单位等收取的、但尚未实际收到的款项
其他应收款	核算民间非营利组织除应收票据、应收账款以外的其他各项应收、暂付款项，包括应收股利、应收利息、应向职工收取的各种垫付款项、职工借款、应收保险公司赔款等
坏账准备	核算民间非营利组织提取的坏账准备
预付账款	核算民间非营利组织预付给商品供应单位或者服务提供单位的款项
待摊费用	核算民间非营利组织已经支出，但应当由本期和以后各期分别负担的分摊期在1年以内（含1年）的各项费用，如预付保险费、预付租金等
在建工程	核算民间非营利组织进行在建工程（包括施工前期准备、正在施工中的建筑工程、安装工程、技术改造工程等）所发生的实际支出
固定资产清理	核算民间非营利组织因出售、报废和毁损或其他处置等原因转入清理的固定资产价值及其清理过程中所发生的清理费用和清理收入等
无形资产	核算民间非营利组织为开展业务活动、出租给他人或为管理目的而持有的且没有实物形态的非货币性长期资产，包括专利权、非专利技术、商标权、著作权、土地使用权等
无形资产减值准备	核算民间非营利组织的无形资产发生的重大减值，计提减值准备的

5. 存货的核算

"存货"账户用于核算民间非营利组织在日常业务活动中持有以备出售或捐赠的，或者为了出售或捐赠仍处在生产过程中的，或者将在生产、提供服务或日常管理过程中耗用的材料、物资、商品等，包括材料、库存商品、委托加工材料，以及达不到固定资产标准的工具、器具等。

本科目应当按照存货的种类和存在形式设置明细账进行明细核算。本科目期末借方余额，反映存货实际库存价值。存货的主要账务处理如下：

（1）存货在取得时，应当以其成本入账，具体如下：

①外购的存货，按照采购成本（一般包括实际支付的采购价格、相关税费、运输费、装卸费、保险费以及其他可直接归属于存货采购的费用），借记本科目，贷记"银行存款"、"应付账款"等科目。民间非营利组织可以根据需要在本科目下设置"材料"、"库存商品"等明细科目。

②自行加工或委托加工完成的存货，按照采购成本、加工成本（包括直接人工以及按照合理方法分配的与存货加工有关的间接费用）和其他成本（指除采购成本、加工成本以外的，使存货达到目前场所和状态所发生的其他支出），借记本科目，贷记"银行存款"、"应付账款"、"应付工资"等科目。民间非营利组织可以根据实际情况，在本科目下设置"生产成本"等明细科目，归集相关成本。

③接受捐赠的存货，按照所确定的成本，借记本科目，贷记"捐赠收入"科目。

（2）存货在发出时，应当根据实际情况采用个别计价法、先进先出法或者加权平均法，确定发出存货的实际成本，具体如下：

①业务活动过程中领用存货，按照确定的成本，借记"管理费用"等科目，贷记本科目。

②对外出售或捐赠存货，按照确定的出售存货成本，借记"业务活动成本"等科目，贷记本科目。

（3）民间非营利组织的各种存货，应当定期进行清查盘点，每年至少盘点一次。对于发生的盘盈、盘亏以及变质、毁损等存货，应当及时查明原因，并根据管理权限，报经批准后，在期末结账前处理完毕：

①如为存货盘盈，按照其公允价值，借记本科目，贷记"其他收入"科目。

②如为存货盘亏或者毁损，按照存货账面价值扣除残料价值，借记"管理费用"科目，按照可以收回的保险赔偿和过失人赔偿等，借记"现金"、"银行存款"、"其他应收款"等科目，按照存货的账面余额，贷记本科目。

（4）期末，民间非营利组织应当对存货是否发生了减值进行检查。如果存货的可变现净值低于其账面价值，应当按照可变现净值低于账面价值的差额计提存货跌价准备。如果存货的可变现净值高于其账面价值，应当在该存货期初已计提跌价准备的范围内转回可变现净值高于账面价值的差额。

【练中学 12-1】 某民间非营利组织以银行存款 50 000 元购入一批存货，以备日常业务活动使用。请根据上述业务，进行账务处理。

借：存货　　　　　　　　　　　　　　　　　　50 000

　　贷：银行存款　　　　　　　　　　　　　　　　50 000

【练中学 12-2】 某民间非营利组织接受捐赠一批货物，计价 54 000 元，捐助人要求该组织应当将该批存货用于与组织目标相符合的用途，具体项目内容由该民间非营利组织确定。请根据上述业务，进行账务处理。

借：存货　　　　　　　　　　　　　　　　　　54 000

　　　　　贷：捐赠收入——限定性收入　　　　　　　　　　　54 000

　　【练中学 12 - 3】　　某民间非营利组织管理部门领用一批存货，计价 2 000 元，用于开展日常管理活动。请根据上述业务，进行账务处理。

　　　　借：管理费用　　　　　　　　　　　　　　　　　2 000

　　　　　贷：存货　　　　　　　　　　　　　　　　　　　　2 000

　　6. 存货跌价准备的核算

　　"存货跌价准备"账户用于核算民间非营利组织提取的存货跌价准备。

　　民间非营利组织应当定期或者至少于每年年度终了，对存货是否发生了减值进行检查，如果发生了减值，应当计提存货跌价准备。

　　如果已计提跌价准备的存货价值在以后期间得以恢复，则应当在已计提跌价准备的范围内部分或全部转回已确认的跌价损失，冲减当期费用。本科目期末贷方余额，反映民间非营利组织已计提的存货跌价准备。

　　存货跌价准备的主要账务处理如下：

　　(1) 如果存货的期末可变现净值低于账面价值，按照可变现净值低于账面价值的差额，借记"管理费用——存货跌价损失"科目，贷记本科目。

　　(2) 如果以前期间已计提跌价准备的存货价值在当期得以恢复，即存货的期末可变现净值高于账面价值，按照可变现净值高于账面价值的差额，在原已计提跌价准备的范围内，借记本科目，贷记"管理费用——存货跌价损失"科目。

　　【练中学 12 - 4】　　某民间非营利组织期末对存货进行减值检查，发现存货的可变现净值低于其账面价值 1 600 元。请根据上述业务，进行账务处理。

　　　　借：管理费用　　　　　　　　　　　　　　　　　1 600

　　　　　贷：存货跌价准备　　　　　　　　　　　　　　　　1 600

　　7. 长期股权投资的核算

　　"长期股权投资"账户用于核算民间非营利组织持有时间准备超过 1 年(不含 1 年)的各种股权性质的投资，包括长期股票投资和其他长期股权投资。

　　民间非营利组织如果有委托贷款或者委托投资(包括委托理财)且作为长期股权投资核算的，应当在本科目下单设明细科目核算。本科目应当按照被投资单位设置明细账，进行明细核算。本科目期末借方余额，反映民间非营利组织持有的长期股权投资的价值。

　　长期股权投资应当区别不同情况，分别采用成本法或者权益法核算。如果民间非营利组织对被投资单位没有控制、共同控制和重大影响，长期股权投资应当采用成本法进行核算；如果民间非营利组织对被投资单位具有控制、共同控制或重大影响，长期股权投资应当采用权益法进行核算。

　　　　　　　　　　　　　　　　民间非营利组织"长期股权投资"科目
　　　　　　　　　　　　　　　与企业"长期股权投资"科目的核算内容相
　　　　　　　　　　　　　　　同吗？

长期股权投资的主要账务处理如下：

（1）长期股权投资在取得时，应当按照取得时的实际成本作为初始投资成本，具体如下：

①以现金购入的长期股权投资，按照实际支付的全部价款，包括税金、手续费等相关费用作为其初始投资成本，借记本科目，贷记"银行存款"等科目。

如果实际支付的价款中包含已宣告但尚未领取的现金股利，则按照实际支付的全部价款减去其中已宣告但尚未领取的现金股利后的金额作为其初始投资成本，借记本科目；按照应领取的现金股利，借记"其他应收款"科目；按照实际支付的全部价款，贷记"银行存款"等科目。

②接受捐赠的长期股权投资，按照所确定的初始投资成本，借记本科目，贷记"捐赠收入"科目。

（2）长期股权投资持有期间，按照不同情况分别采用成本法或者权益法核算。

知识链接

成本法和权益法的核算方法

①采用成本法核算时，除非追加（或收回）投资或者发生减值，长期股权投资的账面价值一般保持不变。

被投资单位宣告发放现金股利或利润时，按照宣告发放的现金股利或利润中属于民间非营利组织应享有的份额，确认当期投资收益，借记"其他应收款"科目，贷记"投资收益"科目。

实际收到现金股利或利润时，按照实际收到的金额，借记"银行存款"等科目，贷记"其他应收款"科目。

②采用权益法核算时，长期股权投资的账面价值应当根据被投资单位当期净损益中民间非营利组织应享有或分担的份额，以及被投资单位宣告分派的现金股利或利润中属于民间非营利组织应享有的份额进行调整。

期末，按照应当享有或应当分担的被投资单位当年实现的净利润或发生的净亏损的份额，调整长期股权投资账面价值，如被投资单位实现净利润，借记本科目，贷记"投资收益"科目，如被投资单位发生净亏损，借记"投资收益"科目，贷记本科目，但以长期股权投资账面价值减记至零为限。

被投资单位宣告分派利润或现金股利时，按照宣告分派的现金股利或利润中属于民间非营利组织应享有的份额，调整长期股权投资账面价值，借记"其他应收款"科目，贷记本科目。在实际收到现金股利或利润时，借记"银行存款"等科目，贷记"其他应收款"科目。

③被投资单位宣告分派的股票股利，不作账务处理，但应当设置辅助账，进行数量登记。

（3）处置长期股权投资时，按照实际取得的价款，借记"银行存款"等科目，按照已计提的减值准备，借记"长期投资减值准备"科目，按照所处置长期股权投资的账面余额，贷记本科目，按照尚未领取的已宣告发放的现金股利或利润，贷记"其他应收款"科目，按照其差额，借记或贷记"投资收益"科目。

（4）改变投资目的，将短期股权投资划转为长期股权投资，应当按短期股权投资的成本与市价孰低结转，并按此确定的价值作为长期股权投资的成本，借记本科目，按照已计提的相关短期投资跌价准备，借记"短期投资跌价准备"科目，按照原短期股权投资的账面余额，贷记"短期投资"科目，按照其差额，借记或贷记"管理费用"科目。

（5）期末，民间非营利组织应当对长期股权投资是否发生了减值进行检查。如果长期股权投资的可收回金额低于其账面价值，应当按照可收回金额低于账面价值的差额计提长期投资减值准备。如果长期股权投资的可收回金额高于其账面价值，应当在该长期股权投资期初已计提减值准备的范围内转回可收回金额高于账面价值的差额。

【练中学12-5】 某民间非营利组织以银行存款购入长期股权投资 20 000 元。请根据上述业务，进行账务处理。

借：长期股权投资   20 000

贷：银行存款   20 000

【练中学12-6】 某民间非营利组织得知被投资单位取得利润 100 000 元，同时，宣告发放现金股利 20 000 元。该组织拥有被投资单位 60% 的股份，能对其进行控制，会计核算采用权益法。请根据上述业务，进行账务处理。

该民间非营利组织享有被投资单位取得的利润数为 100 000×60%＝60 000（元），宣告发放的现金股利数为 20 000×60%＝12 000（元）。该民间非营利组织应编制如下会计分录：

借：长期股权投资   60 000

贷：投资收益   60 000

借：其他应收款   12 000

贷：长期股权投资   12 000

【练中学12-7】 某民间非营利组织期末对长期股权投资进行减值检查，结果发现长期股权投资以前年度计提的减值准备得到部分恢复，恢复数额为 4 000 元。请根据上述业务，进行账务处理。

借：长期投资减值准备   4 000

贷：管理费用   4 000

8. 长期债权投资的核算

"长期债权投资"账户用于核算民间非营利组织购入的在 1 年内（不含 1 年）不能变现或不准备随时变现的债券和其他债权投资。

民间非营利组织可以根据具体情况设置明细科目，进行明细核算，如：债券投资，下设明细科目：面值、溢价或折价、债券费用、应收利息等；可转换公司债券；其他债权投资。

民间非营利组织如果有委托贷款或者委托投资（包括委托理财）且作为长期债权投资

核算的，应当在本科目下单设明细科目核算。本科目期末借方余额，反映民间非营利组织持有的长期债权投资价值。

长期债权投资的主要账务处理如下：

（1）长期债权投资在取得时，应当按照取得时的实际成本作为初始投资成本，具体如下：

①以现金购入的长期债权投资，按照实际支付的全部价款，包括税金、手续费等相关费用作为其初始投资成本，借记本科目，贷记"银行存款"等科目。

如果实际支付的价款中包含已到付息日但尚未领取的债券利息，则按照实际支付的全部价款减去其中已到付息日但尚未领取的债券利息后的金额作为其初始投资成本，借记本科目，按照应领取的利息，借记"其他应收款"科目，按照实际支付的全部价款，贷记"银行存款"等科目。

②接受捐赠的长期债权投资，按照所确定的初始投资成本，借记本科目，贷记"捐赠收入"科目。

（2）长期债权投资持有期间，应当按照票面价值与票面利率按期计算确认利息收入，如为到期一次还本付息的债券投资，借记本科目"债券投资（应收利息）"明细科目，贷记"投资收益"科目，如为分期付息、到期还本的债权投资，借记"其他应收款"科目，贷记"投资收益"科目。

长期债券投资的初始投资成本与债券面值之间的差额，应当在债券存续期间，按照直线法于确认相关债券利息收入时摊销，如初始投资成本高于债券面值，按照应当分摊的金额，借记"投资收益"科目，贷记本科目，如初始投资成本低于债券面值，按照应当分摊的金额，借记本科目，贷记"投资收益"科目。

（3）处置长期债权投资时，按照实际取得的价款，借记"银行存款"等科目，按照已计提的减值准备，借记"长期投资减值准备"科目，按照所处置长期债权投资的账面余额，贷记本科目，按照未领取的债券利息，贷记本科目"债券投资（应收利息）"明细科目或"其他应收款"科目，按照其差额，借记或贷记"投资收益"科目。

（4）期末，民间非营利组织应当对长期债权投资是否发生了减值进行检查。如果长期债权投资的可收回金额低于其账面价值，应当按照可收回金额低于账面价值的差额计提长期投资减值准备。如果长期债权投资的可收回金额高于其账面价值，应当在该长期债权投资期初已计提减值准备的范围内转回可收回金额高于账面价值的差额。

【练中学12-8】　某民间非营利组织以银行存款购入长期债权投资30 000元，相关税金、手续费等1 000元。期末计提债权利息1 500元。债权到期，取得33 000元。请根据上述业务，进行账务处理。

①取得长期债权时：

借：长期债权投资　　　　　　　　　　　　　　　31 000

　　贷：银行存款　　　　　　　　　　　　　　　　31 000

②期末计提债权利息，假设为到期一次还本付息的债券投资：

借：长期债权投资——债券投资（应收利息）　　　1 500

　　贷：投资收益　　　　　　　　　　　　　　　　1 500

③处置长期债权投资时：

借：银行存款　　　　　　　　　　　　　　　　　33 000
　　贷：长期债权投资　　　　　　　　　　　　　　　　31 000
　　　　长期债权投资——债券投资（应收利息）　　　　1 500
　　　　投资收益　　　　　　　　　　　　　　　　　　　500

9. 长期投资减值准备的核算

"长期投资减值准备"账户用于核算民间非营利组织提取的长期投资减值准备。民间非营利组织应当定期或者至少于每年年度终了，对长期投资是否发生了减值进行检查，如果发生了减值，应当计提长期投资减值准备。如果已计提减值准备的长期投资价值在以后期间得以恢复，则应当在已计提减值准备的范围内部分或全部转回已确认的减值损失，冲减当期费用。本科目的期末贷方余额，反映民间非营利组织已计提的长期投资减值准备。

长期投资减值准备的主要账务处理如下：

（1）如果长期投资的期末可收回金额低于账面价值，按照可收回金额低于账面价值的差额，借记"管理费用——长期投资减值损失"科目，贷记本科目。

（2）如果以前期间已计提减值准备的长期投资价值在当期得以恢复，即长期投资的期末可收回金额高于账面价值，按照可收回金额高于账面价值的差额，在原计提减值准备的范围内，借记本科目，贷记"管理费用——长期投资减值损失"科目。

（3）民间非营利组织出售或收回长期投资，或者以其他方式处置长期投资时，应当同时结转已计提的减值准备。

【练中学 12-9】　某民间非营利组织期末对长期债权投资进行减值检查，结果发现长期债权投资减值 5 000 元。第二年期末度计提的减值准备得到部分恢复，恢复数额为 4 000 元。请根据上述业务，进行账务处理。

①第一年期末确认减值：

借：管理费用——长期投资减值损失　　　　　　　5 000
　　贷：长期投资减值准备　　　　　　　　　　　　　5 000

②第二年期末减值恢复：

借：长期投资减值准备　　　　　　　　　　　　　4 000
　　贷：管理费用——长期投资减值损失　　　　　　　4 000

10. 固定资产的核算

"固定资产"账户用于核算民间非营利组织固定资产的原价。固定资产是指同时具有以下特征的有形资产：为行政管理、提供服务、生产商品或者出租目的而持有的；预计使用年限超过 1 年；单位价值较高。

民间非营利组织"长期股权投资"科目与企业"长期股权投资"科目的核算内容相同吗？

民间非营利组织应当根据固定资产定义，结合本组织的具体情况，制定适合于本组织的固定资产目录、分类方法、每类或每项固定资产的折旧年限、折旧方法，作为进行固定资产核算的依据。

民间非营利组织的固定资产如果发生了重大减值，计提减值准备的，应当单独设置"固定资产减值准备"科目进行核算。

11. 累计折旧的核算

"累计折旧"账户用于核算民间非营利组织固定资产的累计折旧。民间非营利组织应当对固定资产计提折旧，在固定资产的预计使用寿命内系统地分摊固定资产的成本。

（1）民间非营利组织应当根据固定资产的性质和消耗方式，合理地确定固定资产的预计使用寿命和预计净残值。

（2）民间非营利组织应当按照固定资产所包含经济利益或服务潜力的预期实现方式选择折旧方法，可选用的折旧方法包括年限平均法、工作量法、双倍余额递减法和年数总和法。折旧方法一经确定，不得随意变更。

（3）固定资产的价值、使用寿命、预计净残值等发生变更的，应当根据变更后的价值、预计尚可使用寿命和净残值等，按照选定的折旧方法计提折旧。

（4）民间非营利组织一般应当按月提取折旧，当月增加的固定资产，当月不提折旧，从下月起计提折旧；当月减少的固定资产，当月照提折旧，从下月起不提折旧。

固定资产提足折旧后，无论能否继续使用，均不再提取折旧；提前报废的固定资产，也不再补提折旧。所谓提足折旧，是指已经提足该项固定资产应当提取的折旧总额，其中应当提取的折旧总额为固定资产原价减去预计净残值。

（5）计提融资租入固定资产折旧时，应当采用与自有应折旧固定资产相一致的折旧政策。能够合理确定租赁期届满时将会取得租入固定资产所有权的，应当在租入固定资产尚可使用年限内计提折旧；无法合理确定租赁期届满时能够取得租入固定资产所有权的，应当在租赁期与租入固定资产尚可使用年限两者中较短的期间内计提折旧。

（6）累计折旧的主要账务处理如下：按月计提固定资产折旧时，按照应当计提的金额，借记"存货——生产成本"、"管理费用"等科目，贷记本科目。

（7）本科目期末贷方余额，反映民间非营利组织提取的固定资产折旧累计数。

知识链接

哪些资产不计提折旧

民间非营利组织用于展览、教育或研究等目的的历史文物、艺术品以及其他具有文化或者历史价值并作长期永久保存的典藏等，不计提折旧。

12. 文物文化资产的核算

"文物文化资产"账户用于核算民间非营利组织文物文化资产的价值。文物文化资产是指用于展览、教育或研究等目的的历史文物、艺术品以及其他具有文化或者历史价值并作长期或者永久保存的典藏等。民间非营利组织应当设置文物文化资产登记簿和文物文化资产卡片，按文物文化资产类别等设置明细账，进行明细核算。本科目期末借方余额，反映民间非营利组织期末文物文化资产的价值。

文物文化资产的主要账务处理如下：

（1）文物文化资产在取得时，应当按照取得时的实际成本入账。取得时的实际成本包括买价、包装费、运输费、缴纳的有关税金等相关费用，以及为使文物文化资产达到预定可使用状态前所必要的支出。具体如下：

①外购的文物文化资产，按照实际支付的买价、相关税费以及为使文物文化资产达到预定可使用状态前发生的可直接归属于该文物文化资产的其他支出（如运输费、安装费、装卸费等），借记本科目，贷记"银行存款"、"应付账款"等科目。

如果以一笔款项购入多项没有单独标价的文物文化资产，按照各项文物文化资产公允价值的比例对总成本进行分配，分别确定各项文物文化资产的入账价值。

②接受捐赠的文物文化资产，按照所确定的成本，借记本科目，贷记"捐赠收入"科目。

（2）出售文物文化资产，文物文化资产毁损或者以其他方式处置文物文化资产时，按照所处置文物文化资产的账面余额，借记"固定资产清理"科目，贷记本科目。

（3）民间非营利组织对文物文化资产应当定期或者至少每年实地盘点一次。对盘盈、盘亏的文物文化资产，应当及时查明原因，并根据管理权限，报经批准后，在期末前结账处理完毕：

①如为文物文化资产盘盈，按照其公允价值，借记本科目，贷记"其他收入"科目。

②如为文物文化资产盘亏，按照固定资产账面余额扣除可以收回的保险赔偿和过失人的赔偿等后的金额，借记"管理费用"科目，按照可以收回的保险赔偿和过失人赔偿等，借记"现金"、"银行存款"、"其他应收款"等科目，按照文物文化资产的账面余额，贷记本科目。

【练中学 12 - 10】 某民间非营利组织因开展业务活动的需要，以银行存款购买一项文物文化资产，买价为 50 000 元，包装运输费用 500 元。请根据上述业务，进行账务处理。

借：文物文化资产　　　　　　　　　　　　　　　 55 000

贷：银行存款　　　　　　　　　　　　　　　 55 000

【练中学 12 - 11】 某民间非营利组织接受捐赠人捐助一项文物文化资产。捐助人没有相关的计价凭据，也没有对该项捐助提出明确的限制使用条件。经评估确定，该项资产的公允价值为 30 000 元。请根据上述业务，进行账务处理。

借：文物文化资产　　　　　　　　　　　　　　　 30 000

贷：捐赠收入——限定性收入　　　　　　　　 30 000

【练中学 12 - 12】 某民间非营利组织因开展业务活动的需要处置了一批文物文化资产，该批资产的账面余额为 180 000 元。请根据上述业务，进行账务处理。

借：固定资产清理　　　　　　　　　　　　　　　 180 000

贷：文物文化资产　　　　　　　　　　　　　 180 000

13. 受托代理资产的核算

"受托代理资产"账户用于核算民间非营利组织接受委托方委托从事受托代理业务而收到的资产。民间非营利组织受托代理资产的确认和计量比照接受捐赠资产的确认和计量原则处理。民间非营利组织应当设置"受托代理资产登记簿",并根据具体情况设置明细账,进行明细核算。本科目期末借方余额,反映民间非营利组织期末尚未转出的受托代理资产价值。

受托代理资产的主要账务处理如下:

(1) 收到受托代理资产时,按照应确认的入账金额,借记本科目,贷记"受托代理负债"科目。

(2) 转赠或者转出受托代理资产,按照转出受托代理资产的账面余额,借记"受托代理负债"科目,贷记本科目。

(3) 民间非营利组织收到的受托代理资产如果为现金、银行存款或其他货币资金,可以不通过本科目核算,而在"现金"、"银行存款"、"其他货币资金"科目下设置"受托代理资产"明细科目进行核算。即在取得这些受托代理资产时,借记"现金——受托代理资产"、"银行存款——受托代理资产"、"其他货币资金——受托代理资产"科目,贷记"受托代理负债"科目;在转赠或者转出受托代理资产时,借记"受托代理负债"科目,贷记"现金——受托代理资产"、"银行存款——受托代理资产"、"其他货币资金——受托代理资产"科目。

【练中学 12－13】 某民间非营利组织收到受托代理资产,价值 80 000 元。委托方要求民间非营利组织将受托代理资产转赠给某特定单位,用于特定项目。请根据上述业务,进行账务处理。

借:受托代理资产　　　　　　　　　　　　　　　　80 000
　　贷:受托代理负债　　　　　　　　　　　　　　　　80 000

【练中学 12－14】 某民间非营利组织 2011 年 12 月 13 日收到受托代理资产,价值 50 000 元的银行存款。并于 2011 年 12 月 27 日按照委托方的要求,将受托代理资产转赠给某特定单位,用于特定项目。请根据上述业务,进行账务处理。

①收到受托代理银行存款时:

借:银行存款——受托代理资产　　　　　　　　　　50 000
　　贷:受托代理负债　　　　　　　　　　　　　　　　50 000

②将收到的受托代理银行存款转赠特定单位时:

借:受托代理负债　　　　　　　　　　　　　　　　50 000
　　贷:银行存款——受托代理资产　　　　　　　　　　50 000

二、民间非营利组织负债的核算

1. 民间非营利组织负债的概念及分类

民间非营利组织负债是指过去的交易或者事项形成的现时义务,履行该义务预期会导致含有经济利益或者服务潜力的资源流出民间非营利组织。负债应当按其流动性分为流动负债、长期负债和受托代理负债等。

（1）流动负债。流动负债是指将在1年内（含1年）偿还的负债，包括短期借款、应付款项、应付工资、应缴税金、预收账款、预提费用和预计负债等。各项流动负债应当按实际发生额入账。

（2）长期负债。长期负债是指偿还期限在1年以上（不含1年）的负债，包括长期借款、长期应付款和其他长期负债。各项长期负债应当按实际发生额入账。

（3）受托代理负债。受托代理负债是指民间非营利组织因从事受托代理业务、接受受托代理资产而产生的负债。受托代理负债应当按照相对应的受托代理资产的金额予以确认和计量。

知识链接

或有事项

或有事项是指过去的交易或者事项形成的一种状况，其结果须通过未来不确定事项的发生或不发生予以证实。如果与或有事项相关的义务同时符合以下条件，应当将其确认为负债，以清偿该负债所需支出的最佳估计数予以计量，并在资产负债表中单列项目予以反映：①该义务是民间非营利组织承担的现时义务。②该义务的履行很可能导致含有经济利益或者服务潜力的资源流出民间非营利组织。③该义务的金额能够可靠地计量。

2. 短期借款的核算

"短期借款"账户用于核算民间非营利组织向银行或其他金融机构等借入的期限在1年以下（含1年）的各种借款。本科目应当按照债权人设置明细账，并按照借款种类及期限等进行明细核算。本科目期末贷方余额，反映民间非营利组织尚未偿还的短期借款本金。

短期借款的主要账务处理如下：

（1）借入各种短期借款时，按照实际借得的金额，借记"银行存款"科目，贷记本科目。

（2）发生短期借款利息时，借记"筹资费用"科目，贷记"预提费用"、"银行存款"等科目。

（3）归还借款时，借记本科目，贷记"银行存款"科目。

【练中学 12-15】　某民间非营利组织因开展业务活动的需要，①从某银行取得短期借款 20 000 元，款项已经存入银行存款账户。②归还此项短期借款，同时支付借款利息 600 元。请根据上述业务，进行账务处理。

①借：银行存款	20 000
贷：短期借款	20 000
②借：短期借款	20 000
筹资费用	600
贷：银行存款	20 600

3. 应付票据的核算

"应付票据"账户用于核算民间非营利组织购买材料、商品和接受服务供应等而开出、承兑的商业汇票，包括银行承兑汇票和商业承兑汇票。本科目期末贷方余额，反映民间非营利组织持有的尚未到期的应付票据本息。

应付票据的主要账务处理如下：

(1) 因购买材料、商品和接受服务等开出、承兑商业汇票时，借记"存货"等科目，贷记本科目。

(2) 以承兑商业汇票抵付应付账款时，借记"应付账款"科目，贷记本科目。

(3) 支付银行承兑汇票的手续费时，借记"筹资费用"科目，贷记"银行存款"科目。

(4) 应付票据到期时，应当分别情况处理：

①收到银行支付到期票据的付款通知时，借记本科目，贷记"银行存款"科目。

②如无力支付票款，按照应付票据的账面余额，借记本科目，贷记"应付账款"科目。

(5) 如果为带息应付票据，应当在期末或到期时计算应付利息，借记"筹资费用"科目，贷记本科目。到期不能支付的带息应付票据，转入"应付账款"科目核算后，期末时不再计提利息。

民间非营利组织应当设置"应付票据备查簿"，详细登记每一应付票据的种类、号数、签发日期、到期日、票面金额、票面利率、合同交易号、收款人姓名或单位名称，以及付款日期和金额等资料。应付票据到期结清时，应当在备查簿内逐笔注销。

【练中学 12－16】 某民间非营利组织因开展业务活动的需要，购买材料一批，价值 8 000 元，开出商业汇票一张。期末时计算应付利息为 240 元，到期根据银行的付款通知，共支付 8 400 元。请根据上述业务，进行账务处理。

①购买材料，开出商业汇票：

借：存货   8 000

    贷：应付票据   8 000

②期末计算应付利息：

借：筹资费用   240

    贷：应付票据   240

③到期付款：

借：应付票据   8 400

    贷：银行存款   8 400

4. 应付账款的核算

"应付账款"账户用于核算民间非营利组织因购买材料、商品和接受服务供应等而应付给供应单位的款项。本科目应当按照债权人设置明细账，进行明细核算。本科目期末贷方余额，反映民间非营利组织尚未支付的应付账款。

应付账款的主要账务处理如下：

(1) 发生应付账款时，按照应付未付金额，借记"存货"、"管理费用"等科目，贷记本科目。

(2) 偿付应付账款时，借记本科目，贷记"银行存款"等科目。

(3) 开出、承兑商业汇票抵付应付账款时，借记本科目，贷记"应付票据"科目。

(4) 确实无法支付或由其他单位承担的应付账款，借记本科目，贷记"其他收入"科目。

> 民间非营利组织会计科目"应付账款"与企业会计"应付账款"科目的核算内容相同吗？

5. 预收账款的核算

"预收账款"账户用于核算民间非营利组织向服务和商品购买单位预收的各种款项。本科目应当按照购货单位设置明细账，进行明细核算。本科目期末贷方余额，反映民间非营利组织向购货单位预收的款项。

预收账款的主要账务处理如下：

(1) 向购货单位预收款项时，按照实际预收的金额，借记"银行存款"等科目，贷记本科目。

(2) 确认收入时，按照本科目账面余额，借记本科目，按照应确认的收入金额，贷记"商品销售收入"等科目，按照补付或退回的款项，借记或贷记"银行存款"等科目。

> 民间非营利组织会计科目"预收账款"与企业会计"预收账款"科目的核算内容相同吗？

6. 应付工资的核算

"应付工资"账户用于核算民间非营利组织应付给职工的工资总额。包括在工资总额内的各种工资、奖金、津贴等，不论是否在当月支付，都应当通过本科目核算。民间非营利组织应当按照相关规定，根据考勤记录、工时记录、工资标准等，编制"工资单"，计算各种工资，并应当将"工资单"进行汇总，编制"工资汇总表"。民间非营利组织应当设置"应付工资明细账"，按照职工类别分设账页，按照工资的组成内容分设专栏，根据"工资单"或"工资汇总表"进行登记。本科目期末一般应无余额，如果应付工资大于实发工资的，期末贷方余额反映尚未领取的工资余额。

应付工资的主要账务处理如下：

(1) 支付工资时，借记本科目，贷记"现金"、"银行存款"等科目。从应付工资中扣还的各种款项（如代垫的房租、家属药费、个人所得税等），借记本科目，贷记"其他应收款"、"应缴税金"等科目。

（2）期末，应当将本期应付工资进行分配，如：

①行政管理人员的工资，借记"管理费用"科目，贷记本科目。

②应当记入各项业务活动成本的人员工资，借记"业务活动成本"、"存货——生产成本"科目，贷记本科目。

③应当由在建工程负担的人员工资，借记"在建工程"等科目，贷记本科目。

> 民间非营利组织会计科目"应付工资"与企业会计"应付工资"科目的核算内容相同吗？

7. 应缴税金的核算

"应缴税金"账户用于核算民间非营利组织按照有关国家税法规定应当缴纳的各种税费，如营业税、增值税、所得税、房产税、个人所得税等。民间非营利组织应当根据具体情况，设置明细科目，进行明细核算。本科目期末贷方余额，反映民间非营利组织尚未缴纳的税费；期末借方余额，反映民间非营利组织多缴的税费。

应缴税金的主要账务处理如下：

（1）如果发生了营业税纳税义务时，按照应缴纳的营业税，借记"业务活动成本"等科目，贷记本科目。缴纳营业税时，借记本科目，贷记"银行存款"科目。

（2）如果发生了增值税纳税义务时，应当按税收有关规定计算应缴纳的增值税，并通过本科目核算。

（3）如果发生了所得税纳税义务时，按照应缴纳的所得税，借记"其他费用"科目，贷记本科目。缴纳所得税时，借记本科目，贷记"银行存款"科目。

（4）如果发生了个人所得税纳税义务时，按照规定计算应代扣代缴的个人所得税，借记"应付工资"等科目，贷记本科目。缴纳个人所得税时，借记本科目，贷记"银行存款"科目。

【练中学 12-17】 某民间非营利组织 2012 年 3 月 31 日计算出本期共发生营业税 50 000元，个人所得税 30 000 元，企业所得税 100 000 元。并于 2012 年 4 月 11 日以银行存款缴纳。请根据上述业务，进行账务处理。

①计算出应缴纳的税金：

借：业务活动成本	50 000	
应付工资	30 000	
其他费用	100 000	
贷：应缴税金		180 000

②以银行存款缴纳税金：

| 借：银行存款 | 180 000 | |
| 　贷：应缴税金 | | 180 000 |

8. 其他应付款的核算

"其他应付款"账户用于核算民间非营利组织应付、暂收其他单位或个人的款项，如应付经营租入固定资产的租金等。本科目应当按照应付和暂收款项的类别和单位或个人设置明细账，进行明细核算。本科目期末贷方余额，反映尚未支付的其他应付款项。

其他应付款的主要账务处理如下：

（1）发生的各项应付、暂收款项，借记"银行存款"、"管理费用"等科目，贷记本科目。

（2）支付款项时，借记本科目，贷记"银行存款"等科目。

> 民间非营利组织会计科目"其他应付款"与企业会计"其他应付款"科目的核算内容相同吗？

9. 预提费用

"预提费用"账户用于核算民间非营利组织按照规定预先提取的已经发生但尚未支付的费用，如预提的租金、保险费、借款利息等。本科目应当按照费用种类设置明细账，进行明细核算。本科目期末贷方余额，反映民间非营利组织已预提但尚未支付的各项费用。

预提费用的主要账务处理如下：

（1）按照规定预提计入本期费用时，借记"筹资费用"、"管理费用"等科目，贷记本科目。

（2）实际支出时，借记本科目，贷记"银行存款"等科目。

10. 预计负债

"预计负债"账户用于核算民间非营利组织对因或有事项所产生的现时义务而确认的负债，包括因对外提供担保、商业承兑票据贴现、未决诉讼等确认的负债。本科目应当按照预计负债项目设置明细账，进行明细核算。本科目期末贷方余额，反映民间非营利组织已预计尚未支付的债务。

预计负债的主要账务处理如下：

（1）确认预计负债时，按照应确认的预计负债金额，借记"管理费用"等科目，贷记本科目。

（2）实际偿付负债时，借记本科目，贷记"银行存款"等科目。

（3）转回预计负债时，借记本科目，贷记"管理费用"等科目。

11. 长期借款

"长期借款"账户用于核算民间非营利组织向银行或其他金融机构借入的期限在1年以上（不含1年）的各项借款。长期借款应当按照实际发生额入账。长期借款的借款费用应当在发生时计入当期费用。但是，为购建固定资产而发生的专门借款的借款费用在规定的允许资本化的期间内，应当按照专门借款的借款费用的实际发生额予以资本化，计入在建工程成本。这里的借款费用包括因借款而发生的利息、辅助费用以及因外币借款而发生的汇兑差额等。本科目应当按照贷款单位设置明细账，并按贷款种类进行明细核算。本科目期末贷方余额，反映民间非营利组织尚未偿还的长期借款本息。

长期借款的主要账务处理如下：

（1）借入长期借款时，按照实际借入额，借记"银行存款"等科目，贷记本科目。

（2）发生的借款费用，借记"筹资费用"科目，贷记本科目。如为购建固定资产而发生的专门借款的借款费用，在允许资本化的期间内，按照专门借款的借款费用的实际发生额，借记"在建工程"科目，贷记本科目。

（3）归还长期借款时，借记本科目，贷记"银行存款"科目。

12. 长期应付款的核算

"长期应付款"账户用于核算民间非营利组织的各项长期应付款项，如融资租入固定资产的租赁费等。本科目应当按照长期应付款的种类设置明细账，进行明细核算。本科目期末贷方余额，反映尚未支付的各种长期应付款。

长期应付款的主要账务处理如下：

（1）发生长期应付款时，借记有关科目，贷记本科目。

（2）支付长期应付款项时，借记本科目，贷记"银行存款"科目。

【练中学 12－18】 某民间非营利组织因业务需要融资租赁固定资产一项，发生长期应付款 80 000 元。当月以银行存款支付长期应付款项 1 000 元。请根据上述业务，进行账务处理。

①发生长期应付款时：

借：固定资产　　　　　　　　　　　　　　　　80 000

　　贷：长期应付款　　　　　　　　　　　　　　80 000

②以银行存款支付长期应付款项时：

借：长期应付款　　　　　　　　　　　　　　　　1 000

　　贷：银行存款　　　　　　　　　　　　　　　1 000

13. 受托代理负债的核算

"受托代理负债"账户用于核算民间非营利组织因从事受托代理业务、接受受托代理资产而产生的负债。受托代理负债应当按照相对应的受托代理资产的金额予以确认和计量。本科目应当按照指定的受赠组织或个人，或者指定的应转交的组织或个人设置明细账，进行明细核算。本科目期末贷方余额，反映民间非营利组织尚未清偿的受托代理负债。

受托代理负债的主要账务处理如下：

（1）收到受托代理资产，按照应确认的入账金额，借记"受托代理资产"科目，贷记本科目。

（2）转赠或者转出受托代理资产，按照转出受托代理资产的账面余额，借记本科目，贷记"受托代理资产"科目。

前面在讲述受托代理资产时已经运用过该科目，这里不再赘述。

🌱 情境回放

民间非营利组织资产类科目中比较特殊的有"文物文化资产"科目和"受托代理资产"科目。

任务检测

一、单项选择题

1. 如果民间非营利组织由于长期股权投资业务对被投资单位具有控制、共同控制或重大影响，长期股权投资持有期间应当采用（　　）进行核算。

A. 成本法
B. 成本法或权益法
C. 权益法
D. 成本法并同时采用权益法

2. 民间非营利组织的文物文化资产（　　）。

A. 应当计提折旧
B. 应当分类确定是否需要计提折旧
C. 不需要计提折旧
D. 应当区分情况确定是否需要计提折旧

3. 民间非营利组织收到受托代理现金资产时，借记（　　）账户。

A. 现金——受托代理资产
B. 现金
C. 银行存款
D. 受托代理负债

4. 民间非营利组织不需要计提资产减值准备的资产种类是（　　）。

A. 文物文化资产
B. 短期投资
C. 存货
D. 长期投资

5. 民间非营利组织如果发生了营业税纳税义务时，按照应缴纳的营业税，借记（　　）账户。

A. 业务活动成本
B. 管理费用
C. 其他费用
D. 银行存款

二、多项选择题

1. 民间非营利组织接受捐赠的资产的入账价值包括（　　）。

A. 实际成本
B. 公允价值
C. 重置成本
D. 暂估价值

2. 民间非营利组织固定资产必须同时具有以下（　　）特征的有形资产。

A. 为行政管理、提供服务、生产商品或者出租目的而持有的
B. 预计使用年限超过 1 年
C. 单位价值较高
D. 预计使用年限 2 年以上

3. 文物文化资产在取得时，应当按照取得时的实际成本入账，取得时的实际成本包括（　　）。

A. 买价
B. 包装费
C. 运输费
D. 缴纳的有关税金

4. 民间非营利组织在会计期末，应当将本期应付工资进行分配，贷记"应付工资"科目，借记（　　）。

A. 应当记入各项业务活动成本的人员工资，借记"生产成本"科目
B. 应当记入各项业务活动成本的人员工资，借记"业务活动成本"科目
C. 应当由在建工程负担的人员工资，借记"在建工程"科目
D. 行政管理人员的工资，借记"管理费用"科目

5. 民间非营利组织负债按其流动性分为（　　）。

A. 流动负债
B. 长期负债
C. 受托代理负债
D. 应缴税金

三、判断题（正确的画"√"，错误的画"×"）

1. 民间非营利组织如果已计提减值准备的长期投资价值在以后期间得以恢复，则应当在已计提减值准备的范围内部分或全部转回已确认的减值损失，冲减当期费用。（　　）

2. 资产应当按其流动性分为流动资产、长期投资、固定资产、无形资产和受托代理资产等。（　　）

3. 民间非营利组织接受的非现金资产捐赠，如果捐赠方没有提供有关凭据的，受赠资产应当以其重置成本作为入账价值。（　　）

4. 对于民间非营利组织接受的劳务捐赠，应当以公允价值作为入账价值。（　　）

5. 民间非营利组织对于短期投资、存货、长期投资、固定资产等资产不需要计提减值准备。（　　）

实训项目 ▶▶▶

训练一

[资料] 某民间非营利组织 2012 年发生如下经济业务：

（1）以银行存款购买一项文物资产，购买价格 80 000 元。

（2）接受捐赠人捐赠的一项文物资产，捐赠人能够提供该文物资产的计价依据，发票金额为 90 000 元。

（3）拍卖一批文物资产，该批资产的账面价值为 120 000 元，拍卖成交价格 167 000元。

[要求] 根据以上资料，为该民间非营利组织编制有关的会计分录。

训练二

[资料] 某民间非营利组织 2012 年发生如下经济业务：

（1）因开展业务活动的需要从银行取得短期借款 10 000 元，款项已存入银行存款账户。期末计提利息 300 元。到期以银行存款归还该笔到期短期借款本金。同时，支付到期短期借款利息 300 元。短期借款利息已经预提。

（2）因开展业务活动的需要，向银行取得长期借款 500 000 元，用于建造一业务使用房屋。款项已经存入开户银行。业务用房在建期间，按期计提长期借款利息 6 000 元。业务用房建造完成，按期计提长期借款利息 6 000 元。

[要求] 根据以上资料，为该民间非营利组织编制有关的会计分录。

任务十三　民间非营利组织收入、费用和净资产的核算

任务目标

知识目标

● 熟悉民间非营利组织收入的概念和种类。

● 掌握民间非营利组织各种收入的核算。

● 熟悉民间非营利组织费用的概念和种类。

● 掌握民间非营利组织各种费用的核算。

● 熟悉民间非营利组织净资产的概念和种类。

● 掌握民间非营利组织净资产的核算。

技能目标

● 能够熟练进行民间非营利组织收入、费用和净资产的核算。

情境设置

高宇同学经过一段时间的学习，已经逐渐掌握了民间非营利组织会计的核算方法以及资产、负债等的核算内容。某日该基金会负责资助贫困山区孩子学习的人员全部返回，此次工作人员按照捐赠人的限定要求寻找到了西藏某地区需要资助上学的孩子们，给孩子们修建了校舍，购买了学习资料和学习用品，还购买了几台电脑。工作人员给了高宇很多票据，高宇便开始审查原始凭证，原始凭证基本都是正规的收据。但是部分直接资助给孩子们的，就没有正规收据，只有孩子们自己签字的一个接受捐赠的说明。

请思考：孩子们自己签字的一个接受捐赠的说明可以做记账依据吗？

知识准备

一、民间非营利组织收入的核算

1. 民间非营利组织收入的概念和种类

民间非营利组织收入是指民间非营利组织开展业务活动取得的、导致本期净资产增加的经济利益或者服务潜力的流入。它包括捐赠收入、会费收入、提供服务收入、政府补助收入、投资收益、商品销售收入等主要业务活动收入和其他收入。

民间非营利组织的收入可以根据不同的标准进行分类：

（1）根据其来源性质不同分类，可以分为：捐赠收入、会费收入、提供服务收入、政府补助收入、商品销售收入、投资收益、其他收入等。

对于民间非营利组织接受的劳务捐赠，不予确认，但应当在会计报表附注中作相关披露。

（2）根据交易过程是否有实物或权利的交割进行分类，可以分为：

①交换交易。交换交易是指按照等价交换原则所从事的交易，即当某一主体取得资产、获得服务或者解除债务时，需要向交易对方支付等值或者大致等值的现金，或者提供等值或者大致等值的货物、服务等的交易。如按照等价交换原则销售商品、提供劳务等属于交换交易。

②非交换交易。非交换交易是指在非交换交易中，某一主体取得资产、获得服务或者

解除债务时，不必向交易对方支付等值或者大致等值的现金，或者提供等值或者大致等值的货物、服务；或者某一主体在对外提供货物、服务等时，没有收到等值或者大致等值的现金、货物等。如捐赠、政府补助等属于非交换交易。

（3）根据是否存在限定性条件进行分类，可以分为：

①限定性收入。限定性收入是指资产提供者对资产的使用设置了时间限制或者（和）用途限制的相关收入。

②非限定性收入。非限定性收入是指除了限定性收入以外的其他收入。

2. 民间非营利组织收入的确认原则

民间非营利组织在确认收入时，应当区分交换交易所形成的收入和非交换交易所形成的收入。其确认原则如下表所示。

民间非营利组织收入确认原则

类　型	收　入	确认原则
交换交易	商品销售收入	应当在下列条件同时满足时予以确认： ①已将商品所有权上的主要风险和报酬转移给购货方； ②既没有保留通常与所有权联系的继续管理权，也没有对已售出的商品实施控制； ③与交易相关的经济利益能够流入民间非营利组织； ④相关的收入和成本能够可靠地计量
	提供劳务收入	应当按以下规定予以确定： ①在同一会计年度内开始并完成的劳务，应当在完成劳务时确认收入； ②如果劳务的开始和完成分属不同的会计年度，可以按完工进度或完成的工作量确认收入
	让渡资产使用权收入	应当在下列条件同时满足时予以确认： ①与交易相关的经济利益能够流入民间非营利组织； ②收入的金额能够可靠地计量
非交换交易	形成的收入	应当在同时满足下列条件时予以确认： ①与交易相关的含有经济利益或者服务潜力的资源能够流入民间非营利组织并为与其所控制，或者相关的债务能够得到解除； ②交易能够引起净资产的增加； ③收入的金额能够可靠地计量

一般情况下，对于无条件的捐赠或政府补助，应当在捐赠或政府补助收到时确认收入；对于附条件的捐赠或政府补助，应当在取得捐赠资产或政府补助资产控制权时确认收入，但当民间非营利组织存在需要偿还全部或部分捐赠资产（或者政府补助资产）或者相应金额的现时义务时，应当根据需要偿还的金额同时确认一项负债和费用。

3. 捐赠收入的核算

"捐赠收入"账户用于核算民间非营利组织接受其他单位或者个人捐赠所取得的收入。民间非营利组织因受托代理业务而从委托方收到的受托代理资产，不在本科目核算。

如果资产提供者对资产的使用设置了时间限制或者（和）用途限制，则所确认的相关收入为限定性收入；除此之外的其他所有收入，为非限定性收入。民间非营利组织的捐赠收入应当按照是否存在限定区分为非限定性收入和限定性收入设置明细科目，进行明细核算。民间非营利组织接受捐赠，应当在满足规定的收入确认条件时确认捐赠收入。

捐赠收入的主要账务处理如下：

（1）接受捐赠时，按照应确认的金额，借记"现金"、"银行存款"、"短期投资"、"存货"、"长期股权投资"、"长期债权投资"、"固定资产"、"无形资产"等科目，贷记本科目"限定性收入"或"非限定性收入"明细科目。

对于接受附条件的捐赠，如果存在需要偿还全部或部分捐赠资产或者相应金额的现时义务时（比如因无法满足捐赠所附条件而必须将部分捐赠款退还给捐赠人时），按照需要偿还的金额，借记"管理费用"科目，贷记"其他应付款"等科目。

（2）如果限定性捐赠收入的限制在确认收入的当期得以解除，应当将其转为非限定性捐赠收入，借记本科目"限定性收入"明细科目，贷记本科目"非限定性收入"明细科目。

（3）期末，将本科目各明细科目的余额分别转入限定性净资产和非限定性净资产，借记本科目"限定性收入"明细科目，贷记"限定性净资产"科目，借记本科目"非限定性收入"明细科目，贷记"非限定性净资产"科目。期末结转后，本科目应无余额。

【练中学 13-1】 某民间非营利组织 2011 年 11 月 3 日与甲公司签署一项协议，将接受捐赠一套价值 1 000 000 元的设备和现金 520 000 元，由该组织按照要求条件寻找发展儿童事业。设备与捐款已于 11 月 15 日收到。请根据上述业务，进行账务处理。

11 月 15 日确认收入：

借：银行存款　　　　　　　　　　　　　　　　520 000

　　固定资产　　　　　　　　　　　　　　　1 000 000

　　贷：捐赠收入——限定性收入　　　　　　　　　　　1 520 000

【练中学 13-2】 ①某非营利组织 2011 年 10 月 11 日接受乙公司捐赠款 200 000 元，用于帮助西藏贫困学生 200 名作为助学金，该非营利组织按照乙公司的要求在省教育局的帮助下已于 11 月 25 日找到捐助对象，但款项尚未下发。②该非营利组织 2011 年 11 月 30 日进行期末结转。请根据上述业务，进行账务处理。

①10 月 11 日

借：现金　　　　　　　　　　　　　　　　　200 000

　　贷：捐赠收入——限定性收入　　　　　　　　　　200 000

11 月 25 日

借：捐赠收入——限定性收入　　　　　　　　　200 000

　　贷：捐赠收入——非限定性收入　　　　　　　　　200 000

②11 月 30 日

借：捐赠收入——限定性收入	1 520 000	
贷：限定性净资产		1 520 000
借：捐赠收入——非限定性收入	200 000	
贷：非限定性净资产		200 000

4. 会费收入的核算

"会费收入"账户用于核算民间非营利组织根据章程等的规定向会员收取的会费收入。一般情况下，民间非营利组织的会费收入为非限定性收入，除非相关资产提供者对资产的使用设置了限制。本科目应当按照会费种类（如团体会费、个人会费等）设置明细账，进行明细核算。民间非营利组织应当在满足规定的收入确认条件时确认会费收入。

会费收入的主要账务处理如下：

（1）向会员收取会费，在满足收入确认条件时，借记"现金"、"银行存款"、"应收账款"等科目，贷记本科目"非限定性收入"明细科目，如果存在限定性会费收入，应当贷记本科目"限定性收入"明细科目。

（2）期末，将本科目的余额转入非限定性净资产，借记本科目"非限定性收入"明细科目，贷记"非限定性净资产"科目。如果存在限定性会费收入，则将其金额转入限定性净资产，借记本科目"限定性收入"明细科目，贷记"限定性净资产"科目。期末结转后，本科目应无余额。

【练中学 13-3】　某民间非营利组织根据章程规定，向会员收取会费。到截止日，已经收到会费 60 000 元，存入银行。经查明，会员欠交会费 20 000 元。请根据上述业务，进行账务处理。

借：银行存款	60 000	
应收账款	20 000	
贷：会费收入——非限定性收入		80 000

5. 提供服务收入的核算

"提供服务收入"账户用于核算民间非营利组织根据章程等的规定向其服务对象提供服务取得的收入，包括学杂费收入、医疗费收入、培训收入等。一般情况下，民间非营利组织的提供服务收入为非限定性收入，除非相关资产提供者对资产的使用设置了限制。本科目应当按照提供服务的种类设置明细账，进行明细核算。民间非营利组织应当在满足规定的收入确认条件时确认提供服务收入。

提供服务收入的主要账务处理如下：

（1）提供服务取得收入时，按照实际收到或应当收取的价款，借记"现金"、"银行存款"、"应收账款"等科目，按照应当确认的提供服务收入金额，贷记本科目，按照预收的价款，贷记"预收账款"科目。在以后期间确认提供服务收入时，借记"预收账款"科目，贷记本科目"非限定性收入"明细科目，如果存在限定性提供服务收入，应当贷记本科目"限定性收入"明细科目。

（2）期末，将本科目的余额转入非限定性净资产，借记本科目"非限定性收入"明细科目，贷记"非限定性净资产"科目。如果存在限定性提供服务收入，则将其金额转入限定性净资产，借记本科目"限定性收入"明细科目，贷记"限定性净资产"科目。期末结转后，本科目应无余额。

【练中学 13 - 4】 某民间非营利组织收取服务费收入 3 000 元，存入银行。请根据上述业务，进行账务处理。

借：银行存款 3 000

    贷：提供服务收入——非限定性收入 3 000

6. 政府补助收入的核算

"政府补助收入"账户用于核算民间非营利组织因为政府拨款或者政府机构给予的补助而取得的收入。民间非营利组织的政府补助收入应当按照是否存在限定区分为非限定性收入和限定性收入设置明细科目，进行明细核算。如果资产提供者对资产的使用设置了时间限制或者（和）用途限制，则所确认的相关收入为限定性收入；除此之外的其他所有收入为非限定性收入。民间非营利组织应当在满足规定的收入确认条件时确认政府补助收入。

政府补助收入的主要账务处理如下：

（1）接受的政府补助，按照应确认的金额，借记"现金"、"银行存款"等科目，贷记本科目"限定性收入"或"非限定性收入"明细科目。

对于接受的附条件政府补助，如果民间非营利组织存在需要偿还全部或部分政府补助资产或者相应金额的现时义务时（比如因无法满足政府补助所附条件而必须退还全部或部分政府补助时），按照需要偿还的金额，借记"管理费用"科目，贷记"其他应付款"等科目。

（2）如果限定性政府补助收入的限制在确认收入的当期得以解除，应当将其转为非限定性捐赠收入，借记本科目"限定性收入"明细科目或，贷记本科目"非限定性收入"明细科目。

（3）期末，将本科目各明细科目的余额分别转入限定性净资产和非限定性净资产，借记本科目"限定性收入"明细科目，贷记"限定性净资产"科目或借记本科目"非限定性收入"明细科目，贷记"非限定性净资产"科目。期末结转后，本科目应无余额。

【练中学 13 - 5】 某民间非营利组织收到政府提供的补助款 50 000 元，款项已经到账。请根据上述业务，进行账务处理。

借：银行存款 50 000

    贷：政府补助收入——非限定性收入 50 000

【练中学 13 - 6】 某民间非营利组织收到政府提供的补助款 80 000 元，要求在规定的时间内用于特定用途。款项已经到账。请根据上述业务，进行账务处理。

借：银行存款 80 000

    贷：政府补助收入——限定性收入 80 000

7. 商品销售收入的核算

"商品销售收入"账户用于核算民间非营利组织销售商品（如出版物、药品）等所形成的收入。一般情况下，民间非营利组织的提供服务收入为非限定性收入，除非相关资产提供者对资产的使用设置了限制。本科目应当按照商品的种类设置明细账，进行明细核算。民间非营利组织应当在满足规定的收入确认条件时确认商品销售收入。

商品销售收入的主要账务处理如下：

（1）销售商品取得收入时，按照实际收到或应当收取的价款，借记"现金"、"银行存款"、"应收票据"、"应收账款"等科目，按照应当确认的商品销售收入金额，贷记本科目"非限定性收入"明细科目（如果存在限定性商品销售收入，应当贷记本科目"限定性收入"明细科目），按照预收的价款，贷记"预收账款"科目。在以后期间确认商品销售收入时，借记"预收账款"科目，贷记本科目"非限定性收入"明细科目，如果存在限定性商品销售收入，应当贷记本科目"限定性收入"明细科目。

未确认收入的已发出商品的退回，怎样进行会计处理？

（2）销售退回，是指民间非营利组织售出的商品，由于质量、品种不符合要求等原因而发生的退货。销售退回应当分别情况处理：

①未确认收入的已发出商品的退回，不需要进行会计处理。

②已确认收入的销售商品退回，一般情况下直接冲减退回当月的商品销售收入、商品销售成本等：按照应当冲减的商品销售收入，借记本科目，按照已收或应收的金额，贷记"银行存款"、"应收账款"、"应收票据"等科目，按照退回商品的成本，借记"存货"科目，贷记"业务活动成本"科目。如果该项销售发生现金折扣，应当在退回当月一并处理。

③报告期间资产负债表日至财务报告批准报出日之间发生的报告期间或以前期间的销售退回，应当作为资产负债表日后事项的调整事项处理，调整报告期间会计报表的相关项目：按照应冲减的商品销售收入，借记"非限定性净资产"科目（如果所调整收入属于限定性收入，应当借记"限定性净资产"科目），按照已收或应收的金额，贷记"银行存款"、"应收账款"、"应收票据"等科目；按照退回商品的成本，借记"存货"科目，贷记"非限定性净资产"科目。如果该项销售已发生现金折扣，应当一并处理。

（3）现金折扣，是指民间非营利组织为了尽快回笼资金而发生的理财费用。现金折扣在实际发生时直接计入当期筹资费用：按照实际收到的金额，借记"银行存款"等科目，按照应给予的现金折扣，借记"筹资费用"科目，按照应收的账款，贷记"应收账款"、"应收票据"等科目。

购买方实际获得的现金折扣，冲减取得当期的筹资费用：按照应付的账款，借记"应付账款"、"应付票据"等科目，按照实际获得的现金折扣，贷记"筹资费用"科目，按照实际支付的价款，贷记"银行存款"等科目。

（4）销售折让，是指在商品销售时直接给予购买方的折让。销售折让应当在实际发生时直接从当期实现的销售收入中抵减。

（5）期末，将本科目的余额转入非限定性净资产，借记本科目，贷记"非限定性净资产"科目。如果存在限定性商品销售收入，则将其金额转入限定性净资产，借记本科目，贷记"限定性净资产"科目。期末结转后，本科目应无余额。

【练中学13-7】 某民间非营利组织出售商品一批，价值30 000元，款项已经收到并存入银行。请根据上述业务，进行账务处理。

借：银行存款   30 000
　　贷：商品销售收入——非限定性收入   30 000

【练中学13-8】 某民间非营利组织因产品品种的原因发生销售退回甲商品一批，该批商品的售价为15 000元，相应的成本为12 800元。款项以银行存款支付。请根据上述业务，进行账务处理。

借：商品销售收入——非限定性收入   15 000
　　贷：银行存款   15 000
借：存货   12 800
　　贷：业务活动成本   12 800

【练中学13-9】 某民间非营利组织在资产负债表日后、财务报告批准报出日前，因产品品种的原因发生销售退回甲商品一批，该批商品的售价为15 000元，相应的成本为12 800元。款项以银行存款支付。请根据上述业务，进行账务处理。

借：非限定性净资产   15 000
　　贷：银行存款   15 000
借：存货   12 800
　　贷：非限定性净资产   12 800

【练中学13-10】 某民间非营利组织年终结账，"商品销售收入——非限定性收入"账户余额为80 800元。请根据上述业务，进行账务处理。

借：商品销售收入——非限定性收入   80 800
　　贷：非限定性净资产   80 800

8. 投资收益的核算

"投资收益"账户用于核算民间非营利组织因对外投资取得的投资净损益。一般情况下，民间非营利组织的投资收益为非限定性收入，除非相关资产提供者对资产的使用设置了限制。

> 短期投资减值准备，是计入"短期投资减值准备"科目吗？

投资收益的主要账务处理如下：

（1）短期投资。出售短期投资或到期收回债券本息，按照实际收到的金额，借记"银行存款"科目，按照已计提的减值准备，借记"短期投资跌价准备"科目，按照所出售或收回短期投资的账面余额，贷记"短期投资"科目，按照未领取的现金股利或利息，贷记"其他应收款"科目，按照其差额，借记或贷记本科目。

（2）长期股权投资。

①采用成本法核算的，被投资单位宣告发放现金股利或利润时，按照宣告发放的现金股利或利润中属于民间非营利组织应享有的部分，确认当期投资收益，借记"其他应收款"科目，贷记本科目。

②采用权益法核算的，在期末，按照应当享有或应当分担的被投资单位当年实现的净利润或发生的净亏损的份额，调整长期股权投资账面价值，如被投资单位实现净利润，借记"长期股权投资"科目，贷记本科目，如被投资单位发生净亏损，借记本科目，贷记"长期股权投资"科目，但以长期股权投资账面价值减记至零为限。

③处置长期股权投资时，按照实际取得的价款，借记"银行存款"等科目，按照已计提的减值准备，借记"长期投资减值准备"科目，按照所处置长期股权投资的账面余额，贷记"长期股权投资"科目，按照未领取的现金股利，贷记"其他应收款"科目，按照其差额，借记或贷记本科目。

（3）长期债权投资。

①长期债权投资持有期间，应当按照票面价值与票面利率按期计算确认利息收入，如为到期一次还本付息的债券投资，借记"长期债权投资——债券投资（应收利息）"科目，贷记本科目，如为分期付息、到期还本的债权投资，借记"其他应收款"科目，贷记本科目。

长期债券投资的初始投资成本与债券面值之间的差额，应当在债券存续期间，按照直线法于确认相关债券利息收入时摊销，如初始投资成本高于债券面值，按照应当分摊的金额，借记本科目，贷记"长期债权投资"科目，如初始投资成本低于债券面值，按照应当分摊的金额，借记"长期股权投资"科目，贷记本科目。

②处置长期债权投资时，按照实际取得的价款，借记"银行存款"等科目，按照已计提的减值准备，借记"长期投资减值准备"科目，按照所处置长期债券投资的账面余额，贷记"长期债权投资"科目，按照未领取的现金股利，贷记"其他应收款"科目或"长期债权投资——债券投资（应收利息）"科目，按照其差额，借记或贷记本科目。

（4）期末，将本科目的余额转入非限定性净资产，借记本科目，贷记"非限定性净资产"科目。如果存在限定性投资收益，则将其金额转入限定性净资产，借记本科目，贷记"限定性净资产"科目。期末结转后，本科目应无余额。

【练中学 13-11】　某民间非营利组织对某企业投资，采用成本法核算。现宣告分得股利 60 000 元。请根据上述业务，进行账务处理。

借：其他应收款　　　　　　　　　　　　　　　　60 000
　　贷：投资收益　　　　　　　　　　　　　　　　　　　60 000

【练中学 13-12】　某民间非营利组织出售短期投资，实际收到款项 22 000 元，该短期投资账目余额为 20 000 元，已经计提减值准备 800 元，没有尚未领取的利息。请根据上述业务，进行账务处理。

借：银行存款　　　　　　　　　　　　　　　　　22 000
　　短期投资跌价准备　　　　　　　　　　　　　　800
　　贷：投资收益　　　　　　　　　　　　　　　　　　2 800
　　　　短期投资　　　　　　　　　　　　　　　　　20 000

【练中学 13－13】 某民间非营利组织年终结账，"投资收益"账户的贷方余额为 28 000元。请根据上述业务，进行账务处理。

借：投资收益　　　　　　　　　　　　　　　　28 000

　　贷：非限定性净资产　　　　　　　　　　　　　　28 000

9. 其他收入的核算

"其他收入"账户用于核算民间非营利组织除捐赠收入、会费收入、提供服务收入、商品销售收入、政府补助收入、投资收益等主要业务活动收入以外的其他收入，如确实无法支付的应付款项、存货盘盈、固定资产盘盈、固定资产处置净收入、无形资产处置净收入等。一般情况下，民间非营利组织的其他收入为非限定性收入，除非相关资产提供者对资产的使用设置了限制。本科目应当按照其他收入种类设置明细账，进行明细核算。

其他收入的主要账务处理如下：

（1）现金、存货、固定资产等盘盈的，根据管理权限报经批准后，借记"现金"、"存货"、"固定资产"、"文物文化资产"等科目，贷记本科目"非限定性收入"明细科目，如果存在限定性其他收入，应当贷记本科目"限定性收入"明细科目。

（2）对于固定资产处置净收入，借记"固定资产清理"科目，贷记本科目。

（3）对于无形资产处置净收入，按照实际取得的价款，借记"银行存款"等科目，按照该项无形资产的账面余额，贷记"无形资产"科目，按照其差额，贷记本科目。

（4）确认无法支付的应付款项，借记"应付账款"等科目，贷记本科目。

（5）在非货币性交易中收到补价情况下应确认的损益，借记有关科目，贷记"其他收入"科目。

（6）期末，将本科目的余额转入非限定性净资产，借记本科目，贷记"非限定性净资产"科目。如果存在限定性的其他收入，则将其金额转入限定性净资产，借记本科目，贷记"限定性净资产"科目。期末结转后，本科目应无余额。

【练中学 13－14】 某民间非营利组织对存货进行盘点，发现盘盈存货 3 000 元，经过批准，该盘盈作为其他收入处理。请根据上述业务，进行账务处理。

借：存货　　　　　　　　　　　　　　　　　　3 000

　　贷：其他收入　　　　　　　　　　　　　　　　3 000

【练中学 13－15】 某民间非营利组织年终结账，"其他收入"账户的贷方余额为 7 000元。请根据上述业务，进行账务处理。

借：其他收入　　　　　　　　　　　　　　　　7 000

　　贷：非限定性净资产　　　　　　　　　　　　　　7 000

二、民间非营利组织费用的核算

1. 民间非营利组织费用的概念及分类

民间非营利组织费用是指民间非营利组织为开展业务活动所发生的、导致本期净资产减少的经济利益或者服务潜力的流出。费用应当按照其功能分为业务活动成本、管理费用、筹资费用和其他费用等。

（1）业务活动成本。业务活动成本是指民间非营利组织为了实现其业务活动目标、开展其项目活动或者提供服务所发生的费用。如果民间非营利组织从事的项目、提供的服务或者开展的业务比较单一，可以将相关费用全部归集在"业务活动成本"项目下进行核算和列报；如果民间非营利组织从事的项目、提供的服务或者开展的业务种类较多，民间非营利组织应当在"业务活动成本"项目下分别项目、服务或者业务大类进行核算和列报。

（2）管理费用。管理费用是指民间非营利组织为组织和管理其业务活动所发生的各项费用。包括民间非营利组织董事会（或者理事会或者类似权利机构）经费和行政管理人员的工资、奖金、住房公积金、住房补贴、社会保障费、离退休人员工资与补助，以及办公费、水电费、邮电费、物业管理费、差旅费、折旧费、修理费、租赁费、无形资产摊销费、资产盘亏损失、资产减值损失、因预计负债所产生的损失、聘请中介机构费和应偿还的受赠资产等。其中，福利费应当依法根据民间非营利组织的管理权限，按照董事会、理事会或类似权力机构等的规定据实列支。

（3）筹资费用。筹资费用是指民间非营利组织为筹集业务活动所需资金而发生的费用，包括民间非营利组织为了获得捐赠资产而发生的费用以及应当计入当期费用的借款费用、汇兑损失（减汇兑收益）等。民间非营利组织为了获得捐赠资产而发生的费用包括举办募款活动费，准备、印刷和发放募款宣传资料费以及其他与募款或者争取捐赠资产有关的费用。

（4）其他费用。其他费用是指民间非营利组织发生的、无法归属到上述业务活动成本、管理费用或者筹资费用中的费用，包括固定资产处置净损失、无形资产处置净损失等。

知识链接

一项费用属于多项业务活动需进行合理分配

民间非营利组织的某些费用如果属于多项业务活动或者属于业务活动、管理活动和筹资活动等共同发生的，而且不能直接归属于某一类活动，应当将这些费用按照合理的方法在各项活动中进行分配。

民间非营利组织发生的业务活动成本、管理费用、筹资费用和其他费用，应当在实际发生时按其发生额计入当期费用。

期末，民间非营利组织应当将本期发生的各项费用结转至净资产项下的非限定性净资产，作为非限定性净资产的减项。

2. 业务活动成本的核算

"业务活动成本"账户用于核算民间非营利组织为了实现其业务活动目标、开展其项目活动或者提供服务所发生的费用。如果民间非营利组织从事的项目、提供的服务或者开展的业务比较单一，可以将相关费用全部归集在"业务活动成本"项目下进行核算和列报；如果民间非营利组织从事的项目、提供的服务或者开展的业务种类较多，民间非营利组织应当在"业务活动成本"项目下分别项目、服务或者业务大类进行核算和列报。民间非营利组织发生的业务活动成本，应当按照其发生额计入当期费用。

业务活动成本的主要账务处理如下：

（1）发生的业务活动成本，借记本科目，贷记"现金"、"银行存款"、"存货"、"应付账款"等科目。

（2）期末，将本科目的余额转入非限定性净资产，借记"非限定性净资产"科目，贷记本科目。期末结转后，本科目应无余额。

【练中学 13－16】 某民间非营利组织将接受捐赠的 100 000 元购买 10 台电脑，赠送某希望小学。请根据上述业务，进行账务处理。

借：业务活动成本   100 000

贷：银行存款   100 000

【练中学 13－17】 2011 年 10 月 6 日某基金会收到甲公司 1 000 000 元的现金捐赠，甲公司要求该基金会在 2012 年内使用 900 000 元用于资助大学生，剩余 100 000 元用于基金会日常管理。2012 年，该基金会使用甲公司捐赠的款项形成的基金 1 000 000 元，其中支付 100 000 元用于支付日常管理费用，支付 900 000 元用于资助贫困大学生。请根据上述业务，进行账务处理。

①2011 年 10 月 6 日收到甲公司现金捐赠：

借：银行存款   1 000 000

贷：捐赠收入——限定性收入   1 000 000

②2011 年 12 月 31 日，将捐赠收入转为限定性净资产：

借：捐赠收入——限定性收入   1 000 000

贷：限定性净资产   1 000 000

③2012 年使用甲公司捐赠的款项：

借：管理费用   100 000

  业务活动成本   900 000

贷：银行存款   1 000 000

④2012 年年终结账：

借：非限定性净资产   1 000 000

贷：管理费用   100 000

  业务活动成本   900 000

3. 管理费用的核算

"管理费用"账户用于核算民间非营利组织为组织和管理其业务活动所发生的各项费用，包括民间非营利组织董事会（或者理事会或者类似权力机构）经费和行政管理人员的工资、奖金、津贴、福利费、住房公积金、住房补贴、社会保障费、离退休人员工资与补助，以及办公费、水电费、邮电费、物业管理费、差旅费、折旧费、修理费、无形资产摊销费、存货盘亏损失、资产减值损失、因预计负债所产生的损失、聘请中介机构费和应偿还的受赠资产等。本科目应当按照管理费用种类设置明细账，进行明细核算。民间非营利组织发生的管理费用，应当在发生时按其发生额计入当期费用。

管理费用的主要账务处理如下：

（1）现金、存货、固定资产等盘亏，根据管理权限报经批准后，按照相关资产账面价值扣除可以收回的保险赔偿和过失人的赔偿等后的金额，借记本科目，按照可以收回的保险赔偿和过失人赔偿等，借记"现金"、"银行存款"、"其他应收款"等科目，按照已提取的累计折旧，借记"累计折旧"科目，按照相关资产的账面余额，贷记相关资产科目。

（2）对于因提取资产减值准备而确认的资产减值损失，借记本科目，贷记相关资产减值准备科目。冲减或转回资产减值准备，借记相关资产减值准备科目，贷记本科目。

（3）提取行政管理用固定资产折旧，借记本科目，贷记"累计折旧"科目。

（4）无形资产摊销时，借记本科目，贷记"无形资产"科目。

（5）发生的应归属于管理费用的应付工资、应缴税金等，借记本科目，贷记"应付工资"、"应缴税金"等科目。

（6）对于因确认预计负债而确认的损失，借记本科目，贷记"预计负债"科目。

（7）发生的其他管理费用，借记本科目，贷记"现金"、"银行存款"等科目。

（8）期末，将本科目的余额转入非限定性净资产，借记本科目，贷记"非限定性净资产"科目。

民间非营利组织可以根据具体情况编制管理费用明细表，以满足内部管理等有关方面的信息需要。期末结转后，本科目应无余额。

【练中学 13-18】 某民间非营利组织以银行存款支付管理费用 50 000 元。请根据上述业务，进行账务处理。

借：管理费用　　　　　　　　　　　　　　　　50 000
　贷：银行存款　　　　　　　　　　　　　　　　　50 000

【练中学 13-19】 某民间非营利组织定期对长期债权投资是否发生减值进行检查，发现长期债权投资可收回金额低于账面价值 10 000 元。请根据上述业务，进行账务处理。

借：管理费用　　　　　　　　　　　　　　　　10 000
　贷：长期投资减值准备　　　　　　　　　　　　　10 000

【练中学 13-20】 某民间非营利组织年终结账，"管理费用"账户的借方余额为 70 000 元。请根据上述业务，进行账务处理。

借：非限定性净资产　　　　　　　　　　　　　70 000
　贷：管理费用　　　　　　　　　　　　　　　　70 000

4. 筹资费用的核算

"筹资费用"账户用于核算民间非营利组织为筹集业务活动所需资金而发生的费用，包括民间非营利组织获得捐赠资产而发生的费用以及应当计入当期费用的借款费用、汇兑损失（减汇兑收益）等。

民间非营利组织为了获得捐赠资产而发生的费用包括举办募款活动费，准备、印刷和发放募款宣传资料费以及其他与募款或者争取捐赠有关的费用。本科目应当按照筹资费用种类设置明细账，进行明细核算。民间非营利组织发生的筹资费用，应当在发生时按其发生额计入当期费用。

筹资费用的主要账务处理如下：

（1）发生的筹资费用，借记本科目，贷记"预提费用"、"银行存款"、"长期借款"等科目。发生的应冲减筹资费用的利息收入、汇兑收益，借记"银行存款"、"长期借款"等科目，贷记本科目。

（2）期末，将本科目的余额转入非限定性净资产，借记"非限定性净资产"科目，贷记本科目。期末结转后，本科目应无余额。

【练中学 13 - 21】 某民间非营利组织为募集善款进行宣传活动，支付广告费用 8 000元，以银行存款支付。请根据上述业务，进行账务处理。

借：筹资费用　　　　　　　　　　　　　　　　　8 000

　　贷：银行存款　　　　　　　　　　　　　　　　8 000

【练中学 13 - 22】 某民间非营利组织年终结账，"筹资费用"账户的借方余额为100 000元。请根据上述业务，进行账务处理。

借：非限定性净资产　　　　　　　　　　　　　100 000

　　贷：筹资费用　　　　　　　　　　　　　　　100 000

5. 其他费用的核算

"其他费用"账户用于核算民间非营利组织发生的、无法归属到上述业务活动成本、管理费用或者筹资费用中的费用，包括固定资产处置净损失、无形资产处置净损失等。本科目应当按照费用种类设置明细账，进行明细核算。民间非营利组织发生的其他费用，应当在发生时按其发生额计入当期费用。

其他费用的主要账务处理如下：

（1）发生的固定资产处置净损失，借记本科目，贷记"固定资产清理"科目。

（2）发生的无形资产处置净损失，按照实际取得的价款，借记"银行存款"等科目，按照该项无形资产的账面余额，贷记"无形资产"科目，按照其差额，借记本科目。

（3）期末，将本科目的余额转入非限定性净资产，借记"非限定性净资产"科目，贷记本科目。期末结转后，本科目应无余额。

【练中学 13 - 23】 某民间非营利组织处置一项无形资产，该资产账面余额 10 000元，处置取得8 000元，已经存入银行。请根据上述业务，进行账务处理。

借：银行存款　　　　　　　　　　　　　　　　8 000

　　其他费用　　　　　　　　　　　　　　　　2 000

　　贷：无形资产　　　　　　　　　　　　　　　10 000

【练中学 13 - 24】 某民间非营利组织年终结账，"其他费用"账户的借方余额为2 000元。请根据上述业务，进行账务处理。

借：非限定性净资产　　　　　　　　　　　　　2 000

　　贷：其他费用　　　　　　　　　　　　　　　2 000

三、民间非营利组织净资产的核算

1. 民间非营利组织净资产的概念和种类

民间非营利组织的净资产是指资产减去负债后的余额。净资产应当按照其是否受到限制，分为限定性净资产和非限定性净资产等。

如果资产或者资产所产生的经济利益（如资产的投资收益和利息等）的使用受到资产

提供者或者国家有关法律行政法规所设置的时间限制或（和）用途限制，则由此形成的净资产即为限定性净资产；国家有关法律行政法规对净资产的使用直接设置限制的，该受限制的净资产也为限定性净资产。除此之外的其他净资产，为非限定性净资产。

如果限定性净资产的限制已经解除，应当对净资产进行重新分类，将限定性净资产转为非限定性净资产。

当存在下列情况之一时，可以认为限定性净资产的限制已经解除：所限定净资产的限制时间已经到期；所限定净资产规定的用途已经实现（或者目的已经达到）；资产提供者或者国家有关法律行政法规撤销了所设置的限制。

如果限定性净资产受到两项或两项以上的限制，应当在最后一项限制解除时，才能认为该项限定性净资产的限制已经解除。

2. 非限定性净资产的核算

"非限定性净资产"账户用于核算民间非营利组织的非限定性净资产，即民间非营利组织净资产中除限定性净资产之外的其他净资产。

民间非营利组织应当在期末将当期非限定性收入的实际发生额、当期费用的实际发生额和当期由限定性净资产转为非限定性净资产的金额转入非限定性净资产。

非限定性净资产的主要账务处理如下：

（1）期末，将各收入类科目所属"非限定性收入"明细科目的余额转入本科目，借记"捐赠收入——非限定性收入"、"会费收入——非限定性收入"、"提供服务收入——非限定性收入"、"政府补助收入——非限定性收入"、"商品销售收入——非限定性收入"、"投资收益——非限定性收入"、"其他收入——非限定性收入"科目，贷记本科目。同时，将各费用类科目的余额转入本科目，借记本科目，贷记"业务活动成本"、"管理费用"、"筹资费用"、"其他费用"科目。

（2）如果限定性净资产的限制已经解除，应当对净资产进行重新分类，将限定性净资产转为非限定性净资产，借记"限定性净资产"科目，贷记本科目。

（3）如果因调整以前期间收入、费用项目而涉及调整非限定性净资产的，应当就需要调整的金额，借记或贷记有关科目，贷记或借记本科目。

本科目期末贷方余额，反映民间非营利组织历年积存的非限定性净资产。

【练中学 13 - 25】　某民间非营利组织年终有关非限定性收入账户的贷方余额如下：捐赠收入——非限定性收入 1 000 000 元，政府补助收入——非限定性收入 500 000 元，商品销售收入——非限定性收入 50 000 元，投资收益——非限定性收入 80 000 元，其他收入——非限定性收入 20 000 元。请根据上述业务，进行账务处理。

借：捐赠收入——非限定性收入　　　　　　　　1 000 000

　　政府补助收入——非限定性收入　　　　　　　500 000

　　商品销售收入——非限定性收入　　　　　　　　50 000

　　投资收益——非限定性收入　　　　　　　　　　80 000

　　其他收入——非限定性收入　　　　　　　　　　20 000

　贷：非限定性净资产　　　　　　　　　　　　1 650 000

3. 限定性净资产的核算

"限定性净资产"账户用于核算民间非营利组织的限定性净资产。如果资产或者资产的经济利益（如资产的投资收益和利息等）的使用和处置受到资源提供者或者国家有关法律、行政法规所设置的时间限制或（和）用途限制，则由此形成的净资产即为限定性净资产。

《民间非营利组织会计制度》所称的时间限制，是指资产提供者或者国家有关法律、行政法规要求民间非营利组织在收到资产后的某一时期或某一特定日期之后才能使用该项资产；《民间非营利组织会计制度》所称的用途限制，是指资产提供者或者国家有关法律、行政法规要求民间非营利组织将收到的资产用于某一特定的用途。

民间非营利组织的董事会、理事会或类似机构对净资产的使用所作的限定性决策、决议或拨款限额等，属于民间非营利组织内部管理上对资产使用所作的限制，它不属于《民间非营利组织会计制度》所界定的限定性净资产。

民间非营利组织应当在期末将当期限定性收入的实际发生额转为限定性净资产。

限定性净资产的主要账务处理如下：

（1）期末，将各收入类科目所属"限定性收入"明细科目的余额转入本科目，借记"捐赠收入——限定性收入"、"政府补助收入——限定性收入"等科目，贷记本科目。

（2）如果限定性净资产的限制已经解除，应当对净资产进行重新分类，将限定性净资产转为非限定性净资产，借记本科目，贷记"非限定性净资产"科目。

如果资产提供者或者国家有关法律、行政法规要求民间非营利组织在特定时期之内或特定日期之后将限定性净资产或者相关资产用于特定用途，该限定性净资产应当在相应期间之内或相应日期之后按照实际使用的相关资产金额或者实际发生的相关费用金额转为非限定性净资产。

（3）如果因调整以前期间收入、费用项目而涉及调整限定性净资产的，应当就需要调整的金额，借记或贷记有关科目，贷记或借记本科目。

本科目期末贷方余额，反映民间非营利组织历年积存的限定性净资产。

【练中学 13-26】 某民间非营利组织年终有关限定性收入账户的贷方余额如下：捐赠收入——限定性收入 5 000 000 元，政府补助收入——限定性收入 800 000 元。请根据上述业务，进行账务处理。

借：捐赠收入——限定性收入   5 000 000

      政府补助收入——限定性收入   800 000

    贷：非限定性净资产   5 800 000

【练中学 13-27】 某民间非营利组织年终有关费用账户的借方余额如下：管理费用 320 000 元，业务活动成本 8 000 000 元，筹资费用 100 000 元，其他费用 3 000 元。请根据上述业务，进行账务处理。

借：非限定性净资产   8 423 000

    贷：管理费用   320 000

        业务活动成本   8 000 000

        筹资费用   100 000

        其他费用   3 000

情境回放

孩子们自己签字的一个接受捐赠的说明可以作为记账依据。

任务检测

一、单项选择题

1. 下列各项处理中，不正确的是（　　）。

A. 为了对捐赠业务进行正确的核算，民间非营利组织应区分捐赠与捐赠承诺

B. 捐赠承诺不满足非交换交易收入的确认条件

C. 民间非营利组织对于捐赠承诺，要在承诺时确认收入

D. 如果捐赠人对捐赠资产的使用设置了时间限制或用途限制，则所确认的相关捐赠收入为限定性捐赠收入

2. 某民间非营利组织 2011 年年初"限定性净资产"科目余额为 200 万元。2011 年年末有关科目贷方余额如下："捐赠收入——限定性收入"800 万元、"政府补助收入——限定性收入"150 万元，不考虑其他因素，2011 年年末民间非营利组织积存的限定性净资产为（　　）万元。

A. 1 150　　　　　B. 1 000　　　　　C. 350　　　　　D. 950

3. 某情报资料研究会为民间非营利组织，按照规定每位会员需缴纳年费 90 元且无限定用途，2011 年 1 月 10 日实际收到当年度会费 9 万元，假定按月确认收入。则 2011 年该研究会的相关处理中，不正确的是（　　）。

A. 2011 年 1 月 10 日实际收到当年度会费时，借记"银行存款"科目 9 万元，贷记"预收账款"科目 9 万元

B. 2011 年 1 月末确认会费收入时，借记"预收账款"科目 0.75 万元，贷记"会费收入——非限定性收入"科目 0.75 万元

C. 2011 年年末，借记"会费收入——限定性收入"科目 9 万元，贷记"限定性净资产"科目 9 万元

D. 2011 年年末，借记"会费收入——非限定性收入"科目 9 万元，贷记"非限定性净资产"科目 9 万元

4. 2011 年 6 月，某民办医院销售药品，价款 30 万元，药品成本为 25 万元，价款已经存入银行，不考虑增值税因素。则不正确的会计核算方法是（　　）。

A. 借记"银行存款"科目，贷记"商品销售收入"科目 30 万元

B. 期末，"业务活动成本"科目余额转入"限定性净资产"科目

C. 借记"业务活动成本"科目，贷记"存货"科目 25 万元

D. 期末，"业务活动成本"科目余额转入"非限定性净资产"科目

5. 民间非营利组织的某些费用如果属于多项业务活动或者属于业务活动、管理活动和筹资活动等共同发生的，而且不能直接归属于某一类活动，应当将这些费用（　　）。

A. 计入其他费用   B. 按照合理的方法在各项活动中进行分配

C. 计入管理费用   D. 计入业务活动成本

二、多项选择题

1. 下列关于民间非营利组织会计的核算中，说法正确的有（   ）。

A. 民间非营利组织的会计基本假设包括会计主体、持续经营、会计分期和货币计量

B. 民间非营利组织以收付实现制为基础进行核算

C. 民间非营利组织的会计目标是满足会计信息使用者的信息需要

D. 民间非营利组织的会计报表包括资产负债表、业务活动表和现金流量表及会计报表附注和财务情况说明书

2. 民间非营利组织商品销售收入的确认原则应当是同时满足（   ）时予以确认。

A. 已将商品所有权上的主要风险和报酬转移给购货方

B. 既没有保留通常与所有权联系的继续管理权，也没有对已售出的商品实施控制

C. 与交易相关的经济利益能够流入民间非营利组织

D. 相关的收入和成本能够可靠地计量

3. 民间非营利组织需要区分限定性收入与非限定性收入的收入种类包括（   ）。

A. 捐赠收入   B. 提供服务收入   C. 商品销售收入   D. 政府补助收入

4. 民间非营利组织当年取得的限定性收入在当年按照要求全部使用后，对于期末净资产的影响是（   ）。

A. 可能增加   B. 可能不增加   C. 一定增加   D. 一定减少

5. 民间非营利组织筹资费用是指为筹集业务活动所需资金而发生的费用，包括民间非营利组织为了获得捐赠资产而发生的费用以及应当计入当期费用的（   ）。

A. 借款费用   B. 汇兑损失

C. 举办募款活动费   D. 发放募款宣传资料费

三、判断题（正确的画"√"，错误的画"×"）

1. 民间非营利组织发生的无形资产处置净损失，应借记"其他收入"科目。（   ）

2. 如果限定性政府补助收入的限制在确认收入的当期得以解除，应当将其转为非限定性政府补助收入，借记"政府补助收入——限定性收入"科目，贷记"政府补助收入——非限定性收入"科目。（   ）

3. 民间非营利组织的净资产，是指资产减去负债后的差额，按照是否受到限制，分为限定性净资产和非限定性净资产。（   ）

4. 对于民间非营利组织接受的劳务捐赠，应在收到时确认收入。（   ）

5. 民间非营利组织的费用按照功能可以分为业务活动成本、管理费用、财务费用和其他费用种类。（   ）

实训项目 ▶▶▶

[资料] 某残疾基金会 2011 年发生如下经济业务：

（1）8 月 24 日，与甲公司签订一份捐赠协议，协议规定，甲公司向该基金会捐赠

2 500万元，其中 2 000 万元用于资助残疾人员的治疗，500 万元用于此次捐赠活动的宣传和管理，款项将在协议签订后的 10 日内汇至该基金会银行账户。根据此协议，9 月 2 日，该基金会收到捐款 2 500 万元，款项存入银行。9 月 4 日，该基金会将 2 000 万元用于资助残疾人员的治疗，15 万元用于此次捐赠活动的宣传和管理。9 月 14 日，该基金会与甲公司又签订一份补充协议，协议规定，此次捐赠活动结余款项中的 50 万元由该基金会自由支配。至年末此结余未支出。

（2）2011 年 10 月 30 日，妇女委员会支付给该残疾基金会 50 万元，并转入该基金会的银行账户，此款项专门用于某市残疾人员注射流感疫苗相关款项支付。截至 2011 年 12 月 31 日，基金会共发生相关支出 15 万元。

（3）购进 327.5 万元的存货，款项用银行存款转账支付，货物入库。

（4）2011 年 1 月 31 日，该基金会接受了某企业一项房产捐赠，价值为 1 800 万元，捐赠人要求将其作为基金会所属培训学校教学楼，不得出售或者挪为他用。当年计提折旧 165 万元。

假定不考虑其他因素。

［要求］1. 编制收入费用相关的分录。

2. 不考虑期初余额的影响，计算 2011 年限定性净资产、非限定性净资产的金额，并编制相关的分录。

任务十四　民间非营利组织会计报表

任务目标

知识目标

● 熟悉民间非营利组织会计报表的概念和种类。

● 掌握民间非营利组织会计报表的编制。

● 掌握民间非营利组织会计报表的分析。

技能目标

● 能够熟练进行民间非营利组织会计报表的编制。

情境设置

高宇经过一段时间的认真学习和努力工作，年度会计报表终于完成了。该基金会为公募基金会，本年度的公益事业支出 5 700 000 元，管理费用（基金会工作人员工资福利和行政办公支出）750 000 元，筹资费用 100 000 元，当年总支出 6 550 000 元，上年度总收入 8 000 000 元。基金会的财务报表能分析指标完成情况，高宇很想知道，这样的财务数据说明工作完成的怎么样？

请思考：该基金会的业务活动是否符合我国基金会管理条例的指标要求？

一、民间非营利组织会计报表的概念及种类

民间非营利组织财务会计报告是反映民间非营利组织财务状况、业务活动情况和现金流量等的书面报告。财务会计报告由会计报表、会计报表附注和财务情况说明书组成。

财务会计报告分为年度财务会计报告和中期财务会计报告。以短于一个完整的会计年度的期间（如半年度、季度和月度）编制的财务会计报告称为中期财务会计报告。年度财务会计报告则是以整个会计年度为基础编制的财务会计报告。

1. 会计报表

财务会计报告中的会计报表至少应当包括资产负债表、业务活动表和现金流量表三张报表。资产负债表反映民间非营利组织某一会计期末全部资产、负债和净资产情况的会计报表。业务活动表反映民间非营利组织在某一会计期间内开展业务活动取得的收入、发生的费用以及净资产增减变动情况的会计报表。现金流量表反映民间非营利组织在某一会计期间内现金和现金等价物流入和流出信息的会计报表。

2. 会计报表附注

民间非营利组织的会计报表附注至少应当包括下列内容：

（1）重要会计政策及其变更情况的说明。

（2）董事会（或者理事会或者类似权利机构）成员和员工的数量、变动情况以及获得的薪金等情况的说明。

（3）会计报表重要项目及其增减变动情况的说明。

（4）资产提供者设置了时间或用途限制的相关资产情况的说明。

（5）受托代理交易情况的说明，包括受托代理资产的构成、计价基础和依据、用途等。

（6）重大资产减值情况的说明。

（7）公允价值无法可靠取得的受赠资产和其他资产的名称、数量、来源和用途等情况的说明。

（8）对外承诺和或有事项情况的说明。

（9）接受劳务捐赠情况的说明。

（10）资产负债表日后非调整事项的说明。

（11）有助于理解和分析会计报表需要说明的其他事项。

3. 财务情况说明书

民间非营利组织的财务情况说明书至少应当对下列情况作出说明：

（1）民间非营利组织的宗旨、组织结构以及人员配备等情况。

（2）民间非营利组织业务活动基本情况，年度计划和预算完成情况，产生差异的原因分析，下一会计期间业务活动计划和预算等。

（3）对民间非营利组织运作有重大影响的其他事项。

民间非营利组织在编制中期财务会计报告时，应当采用与年度会计报表相一致的确认与计

量原则。中期财务会计报告的内容相对于年度财务会计报告而言可以适当简化，但是，它仍然应当保证包括中期期末财务状况和中期业务活动情况及其现金流量相关的重要财务信息。

知识链接

会计政策的变更

民间非营利组织采用的会计政策前后各期应当保持一致，不得随意变更，除非符合法律或会计制度等行政法规、规章的要求，或者这种变更能够提供有关民间非营利组织财务状况、业务活动情况和现金流量等更可靠、更相关的会计信息。

民间非营利组织应当采用追溯调整法核算会计政策的变更，如果追溯调整法不可行，则应当采用未来适用法核算；如果相关法律或会计制度等另有规定，则应当按照相关规定进行核算。

《民间非营利组织会计制度》中所称追溯调整法，是指对某项交易或者事项变更会计政策时，如同该交易或者事项初次发生时就开始采用新的会计政策，并以此对相关项目进行调整的方法；《民间非营利组织会计制度》所称未来适用法，是指对某项交易或者事项变更会计政策时，新的会计政策适用于变更当期及未来期间发生的交易或者事项的方法。

4. 年度财务会计报告的报告时间和形式

民间非营利组织的年度财务会计报告至少应当于年度终了后 4 个月内对外提供。如果民间非营利组织被要求对外提供中期财务会计报告的，应当在规定的时间内对外提供。

会计报表的填列，以人民币"元"为金额单位，"元"以下填至"分"。

民间非营利组织对外提供的财务会计报告应当依次编定页数，加具封面，装订成册，加盖公章。封面上应当注明：组织名称、组织登记证号、组织形式、地址、报表所属年度或者中期、报出日期，并由单位负责人和主管会计工作的负责人、会计机构负责人（会计主管人员）签名并盖章；设置总会计师的单位，还应当由总会计师签名并盖章。

知识链接

民间非营利组织财务会计报告封面

民间非营利组织会计报表

（年度）

（单位公章）

单位名称：＿＿＿＿＿＿＿＿＿＿＿＿＿＿＿＿

单位负责人：＿＿＿＿＿＿＿＿＿＿＿　联系电话：＿＿＿＿＿＿＿＿＿＿＿

财务负责人：＿＿＿＿＿＿＿＿＿＿＿　联系电话：＿＿＿＿＿＿＿＿＿＿＿

填表人：＿＿＿＿＿＿＿＿＿＿＿＿＿　联系电话：＿＿＿＿＿＿＿＿＿＿＿

单位地址：

邮政编码：

单位组织机构代码：

5. 财务会计报告的作用

（1）民间非营利组织本身决策者可以通过财务报告了解民间非营利组织财务状况和报告期内的财务成果，总结民间非营利组织经济管理的经验教训，剖析民间非营利组织经济情况，进一步找出薄弱环节，从而研究改善经济管理，确定发展方向和决策。

（2）国家有关部门、社会有关方面，可以通过财务报告掌握民间非营利组织经济活动和财务收支状况，检查民间非营利组织预算资金情况，考查民间非营利组织对财经纪律、法规、制度的遵守情况，分析不同类型、不同地区、不同规模民间非营利组织在经济运营中存在的问题，作为确定民间非营利组织发展的依据，以利于宏观调控。

（3）资金提供者可以从财务报告中取得自己所关心的民间非营利组织资金的使用及其业务开展情况，债权人则可以从财务报告中取得他们关心的民间非营利组织偿债能力。

二、民间非营利组织会计报表的编制

1. 民间非营利组织资产负债表的编制

资产负债表反映民间非营利组织某一会计期末全部资产、负债和净资产的情况。

知识链接

资产负债表日后事项

资产负债表日至财务会计报告批准报出日之间发生的需要调整或说明的有利或不利事项，属于资产负债表日后事项。对于资产负债表日后事项，应当区分调整事项和非调整事项进行处理。

调整事项，是指资产负债表日后至财务会计报告批准报出日之间发生的，为资产负债表日已经存在的情况提供了新的或进一步证据，有助于对资产负债表日存在情况有关的金额作出重新估计的事项。民间非营利组织应当就调整事项，对资产负债表日所确认的相关资产、负债和净资产，以及资产负债表日所属期间的相关收入、费用等进行调整。

非调整事项，是指资产负债表日后至财务会计报告批准报出日之间才发生的，不影响资产负债表日的存在情况，但不加以说明将会影响财务会计报告使用者作出正确估计和决策的事项。民间非营利组织应当在会计报表附注中披露非调整事项的性质、内容，以及对财务状况和业务活动情况的影响。如无法估计其影响，应当说明理由。

民间非营利组织对外投资，而且占对被投资单位资本总额50%以上（不含50%），或者虽然占该单位资本总额不足50%但具有实质上的控制权的，或者对被投资单位具有控制权的，应当编制合并会计报表。资产负债表的格式如表14-1所示。

表 14 - 1　　　　　　　　　　　　**民间非营利组织会计报表**
资产负债表

会民非 01 表

编制单位：　　　　　　　　　　年　月　日　　　　　　　　　　单位：元

资产	行次	年初数	期末数	负债和净资产	行次	年初数	期末数
流动资产：				流动负债：			
货币资金	1			短期借款	61		
短期投资	2			应付款项	62		
应收款项	3			应付工资	63		
预付账款	4			应缴税金	65		
存货	8			预收账款	66		
待摊费用	9			预提费用	71		
一年内到期的长期债权投资	15			预计负债	72		
其他流动资产	18			一年内到期的长期负债	74		
流动资产合计	20			其他流动负债	78		
				流动负债合计	80		
长期投资：							
长期股权投资	21			长期负债：			
长期债权投资	24			长期借款	81		
长期投资合计	30			长期应付款	84		
固定资产：				其他长期负债	88		
固定资产原价	31			长期负债合计	90		
减：累计折旧	32						
固定资产净值	33			受托代理负债：			
在建工程	34			受托代理负债	91		
文物文化资产	35			负债合计	100		
固定资产清理	38						
固定资产合计	40						
				净资产：			
无形资产：				非限定性净资产	101		
无形资产	41			限定性净资产	105		
				净资产合计	110		

续 表

资产	行次	年初数	期末数	负债和净资产	行次	年初数	期末数
受托代理资产：							
受托代理资产	51						
资产总计	60			负债和净资产总计	120		

民间非营利组织会计资产负债表与企业资产负债表的主要区别是什么？

本表各项目的内容和填列方法：

（1）未标注行号的项目，如流动资产、长期投资、固定资产、无形资产、受托代理资产、流动负债、长期负债、受托代理负债、净资产不需填写。

（2）本表"年初数"栏内各项数字，应当根据上年年末资产负债表"期末数"栏内数字填列。如果本年度资产负债表规定的各个项目的名称和内容同上年度不相一致，应对上年年末资产负债表各项目的名称和数字按照本年度的规定进行调整，填入本表"年初数"栏内。

（3）本表"期末数"各项目的内容和填列方法：

①"货币资金"项目，反映民间非营利组织期末库存现金、存放银行的各类款项以及其他货币资金的合计数。本项目应当根据"现金"、"银行存款"、"其他货币资金"科目的期末余额合计填列。如果民间非营利组织的受托代理资产为现金、银行存款或其他货币资金且通过"现金"、"银行存款"、"其他货币资金"科目核算，还应当扣减"现金"、"银行存款"、"其他货币资金"科目中"受托代理资产"明细科目的期末余额。

②"短期投资"项目，反映民间非营利组织持有的各种能够随时变现并且持有时间不准备超过1年（含1年）的投资，包括短期股票、债券投资和短期委托贷款、委托投资等。本项目应当根据"短期投资"科目的期末余额，减去"短期投资跌价准备"科目的期末余额后的金额填列。

③"应收款项"项目，反映民间非营利组织期末应收票据、应收账款和其他应收款等应收未收款项。本项目应当根据"应收票据"、"应收账款"、"其他应收款"科目的期末余额合计，减去"坏账准备"科目的期末余额后的金额填列。

④"预付账款"项目，反映民间非营利组织预付给商品或者服务供应单位等的款项。本项目应当根据"预付账款"科目的期末余额填列。

⑤"存货"项目，反映民间非营利组织在日常业务活动中持有以备出售或捐赠的，或者为了出售或捐赠仍处在生产过程中的，或者将在生产、提供服务或日常管理过程中耗用的材料、物资、商品等。本项目应当根据"存货"科目的期末余额，减去"存货跌价准

备"科目的期末余额后的金额填列。

⑥"待摊费用"项目，反映民间非营利组织已经支出，但应当由本期和以后各期分别负担的、分摊期在1年以内（含1年）的各项费用，如预付保险费、预付租金等。本项目应当根据"待摊费用"科目的期末余额填列。

⑦"一年内到期的长期债权投资"项目，反映民间非营利组织将在1年内（含1年）到期的长期债权投资。本项目应当根据"长期债权投资"科目的期末余额中将在1年内（含1年）到期的长期债权投资余额，减去"长期投资减值准备"科目的期末余额中1年内（含1年）到期的长期债权投资减值准备余额后的金额填列。

⑧"其他流动资产"项目，反映民间非营利组织除以上流动资产项目外的其他流动资产。本项目应当根据有关科目的期末余额分析填列。如果其他流动资产价值较大的，应当在会计报表附注中单独披露其内容和金额。

⑨"长期股权投资"项目，反映民间非营利组织不准备在1年内（含1年）变现的各种股权性质的投资的可收回金额。本项目应当根据"长期股权投资"科目的期末余额，减去"长期投资减值准备"科目的期末余额中长期股权投资减值准备余额后的金额填列。

⑩"长期债权投资"项目，反映民间非营利组织不准备在1年内（含1年）变现的各种债权性质的投资的可收回金额。本项目应当根据"长期债权投资"科目的期末余额，减去"长期投资减值准备"科目的期末余额中长期债权投资减值准备余额，再减去本表"一年内到期的长期债权投资"项目金额后的金额填列。

⑪"固定资产"项目，反映民间非营利组织的各项固定资产的账面价值。本项目应当根据"固定资产"科目的期末余额，减去"累计折旧"科目的期末余额后的金额填列。

⑫"在建工程"项目，反映民间非营利组织期末各项未完工程的实际支出，包括交付安装的设备价值、已耗用的材料、工资和费用支出、预付出包工程的价款等。本项目应当根据"在建工程"科目的期末余额填列。

⑬"文物文化资产"项目，反映民间非营利组织用于展览、教育或研究等目的的历史文物、艺术品以及其他具有文化或者历史价值并作长期或者永久保存的典藏等。本项目应当根据"文物文化资产"科目的期末借方余额填列。

⑭"固定资产清理"项目，反映民间非营利组织因出售、毁损、报废等原因转入清理但尚未清理完毕的固定资产的账面价值，以及固定资产清理过程中发生的清理费用和变价收入等各项金额的差额。本项目应当根据"固定资产清理"科目的期末借方余额填列；如果"固定资产清理"科目期末为贷方余额，则以"一"号填列。

⑮"无形资产"项目，反映民间非营利组织拥有的为开展业务活动、出租给他人或为管理目的而持有的没有实物形态的非货币性长期资产，包括专利权、非专利技术、商标权、著作权、土地使用权等。本项目应当根据"无形资产"科目的期末余额填列。

⑯"受托代理资产"项目，反映民间非营利组织接受委托方委托从事受托代理业务而收到的资产。本项目应当根据"受托代理资产"科目的期末余额填列。如果民间非营利组织的受托代理资产为现金、银行存款或其他货币资金且通过"现金"、"银行存款"、"其他货币资金"科目核算，还应当加上"现金"、"银行存款"、"其他货币资金"科目中"受托代理资产"明细科目的期末余额。

⑰"短期借款"项目，反映民间非营利组织向银行或其他金融机构等借入的、尚未偿还的期限在1年以下（含1年）的各种借款。本项目应当根据"短期借款"科目的期末余额填列。

⑱"应付款项"项目，反映民间非营利组织期末应付票据、应付账款和其他应付款等应付未付款项。本项目应当根据"应付票据"、"应付账款"、"其他应付款"科目的期末余额合计填列。

⑲"应付工资"项目，反映民间非营利组织应付未付的员工工资。本项目应当根据"应付工资"科目的期末贷方余额填列；如果"应付工资"科目期末为借方余额，以"－"号填列。

⑳"应缴税金"项目，反映民间非营利组织应缴未交的各种税费。本项目应当根据"应缴税金"科目的期末贷方余额填列；如果"应缴税金"科目期末为借方余额，则以"－"号填列。

㉑"预收账款"项目，反映民间非营利组织向服务和商品购买单位等预收的各种款项。本项目应当根据"预收账款"科目的期末余额填列。

㉒"预提费用"项目，反映民间非营利组织预先提取的已经发生但尚未实际支付的各项费用。本项目应当根据"预提费用"科目的期末贷方余额填列。

㉓"预计负债"项目，反映民间非营利组织对因或有事项所产生的现时义务而确认的负债。本项目应当根据"预计负债"科目的期末贷方金额填列。

㉔"一年内到期的长期负债"项目，反映民间非营利组织承担的将于1年内（含1年）偿还的长期负债。本项目应当根据有关长期负债科目的期末余额中将在1年内（含1年）到期的金额分析填列。

㉕"其他流动负债"项目，反映民间非营利组织除以上流动负债之外的其他流动负债。本项目应当根据有关科目的期末余额填列。如果其他流动负债金额较大的，应当在会计报表附注中单独披露其内容和金额。

㉖"长期借款"项目，反映民间非营利组织向银行或其他金融机构等借入的期限在1年以上（不含1年）的各种借款本息。本项目应当根据"长期借款"科目的期末余额减去其中将于1年内（含1年）到期的长期借款余额后的金额填列。

㉗"长期应付款"项目，反映民间非营利组织承担的各种长期应付款，如融资租入固定资产发生的应付租赁款。本项目应当根据"长期应付款"科目的期末余额减去其中将于1年内（含1年）到期的长期应付款余额后的金额填列。

㉘"其他长期负债"项目，反映民间非营利组织除以上长期负债项目之外的其他长期负债。本项目应当根据有关科目的期末余额减去其中将于1年内（含1年）到期的其他长期负债余额后的金额分析填列。如果其他长期负债金额较大的，应当在会计报表附注中单独披露其内容和金额。

㉙"受托代理负债"项目，反映民间非营利组织因从事受托代理业务、接受受托代理资产而产生的负债。本项目应当根据"受托代理负债"科目的期末余额填列。

㉚"非限定性净资产"项目，反映民间非营利组织拥有的非限定性净资产期末余额。本项目应当根据"非限定性净资产"科目的期末余额填列。

㉛ "限定性净资产" 项目，反映民间非营利组织拥有的限定性净资产期末余额。本项目应当根据 "限定性净资产" 科目的期末余额填列。

【练中学 14－1】　某民间非营利组织 2011 年年末的有关资料如下：

（1）资产类账户的余额为现金 2 680 元，银行存款 155 160 元，短期投资 21 890 元，短期投资跌价准备 470 元，应收账款 74 560 元，其他应收款 6 780 元，坏账准备 2 800 元，存货 134 560 元，存货跌价准备 5 820 元，待摊费用 5 640 元，长期债权投资 26 210 元。其中，4 670 元为一年内到期，长期股权投资 39 790 元，长期投资减值准备（股权投资为 1 050 元，固定资产 574 980 元，累计折旧 65 470 元，在建工程 34 720 元，文物文化资产 8 690 元，无形资产 7 670 元，受托代理资产 9 850 元）。

（2）负债类账户的余额为短期借款 69 750 元，应付账款 5 890 元，其他应付款 460 元，应付工资 24 870 元，应缴税金 8 450 元，预收账款 96 870 元，预提费用 3 740 元，长期借款 146 840 元，长期应付款 272 340 元。其中，75 890 元为一年内到期，受托代理负债 9 850 元。

（3）净资产类账户的余额为非限定性净资产 46 420 元，限定性净资产 374 500 元。

请根据上述资料，为民间非营利组织编制 2011 年年末的资产负债表（表 14－2，资产负债表中的年初数从略），并简要说明资产负债表中数字的钩稽关系。

表 14－2　　　　　　　　　　　　　资产负债表

编制单位：某民间非营利组织　　　　　　　　2011 年 12 月 31 日　　　　　　　　单位：元

资产	年初数	期末数	负债和净资产	年初数	期末数
流动资产：			流动负债：		
货币资产		157 840	短期借款		69 750
短期投资		21 420	应付款项		6 350
应收款项		78 540	应付工资		24 870
预付账款		32 410	应缴税金		8 450
存货		128 740	预收账款		96 870
待摊费用		5 640	预提费用		3 740
一年内到期的长期债权投资		4 670	预计负债		
其他流动资产			一年内到期的长期负债		75 890
流动资产合计		429 260	其他流动负债		
长期投资：			流动负债合计		285 920
长期股权投资		38 740	长期负债：		
长期债权投资		21 540	长期借款		146 840

续　表

资产	年初数	期末数	负债和净资产	年初数	期末数
长期投资合计		60 280	长期应付款		196 450
固定资产：			其他长期负债		
固定资产原价		574 980	长期负债合计		343 290
减：累计折旧		65 470	受托代理负债：		
固定资产净值		509 510	受托代理负债		9 850
在建工程		34 720	负债合计		639 060
文物文化资产		8 690			
固定资产清理			净资产：		
固定资产合计		552 920	非限定性净资产		46 420
无形资产：			限定性净资产		374 500
无形资产		7 670	净资产合计		420 920
受托代理资产：					
受托代理资产		9 850			
资产总计		1 059 980	负债和净资产总计		1 059 980

在资产负债表中，资产总计数等于负债和净资产总计数；受托代理资产的数额等于受托代理负债的数额。

2. 民间非营利组织业务活动表的编制

业务活动表反映民间非营利组织在某一会计期间内开展业务活动的实际情况。业务活动表的格式见表 14-3 所示。

表 14-3　　　　　　　　　　民间非营利组织会计报表
业务活动表

会民非 02 表

编制单位：　　　　　　　　　年　　月　　　　　　　　　　　单位：元

项　目	行　次	本月数			本年累计数		
		非限定性	限定性	合计	非限定性	限定性	合计
一、收入							
其中：捐赠收入	1						
会费收入	2						
提供服务收入	3						
商品销售收入	4						

续 表

项 目	行 次	本月数			本年累计数		
		非限定性	限定性	合计	非限定性	限定性	合计
政府补助收入	5						
投资收益	6						
其他收入	9						
收入合计	11						
二、费用							
（一）业务活动成本	12						
其中：	13						
	14						
	15						
	16						
（二）管理费用	21						
（三）筹资费用	24						
（四）其他费用	28						
费用合计	35						
三、限定性净资产转为非限定性净资产	40						
四、净资产变动额（若为净资产减少额，以"—"号填列）	45						

民间非营利组织业务活动表与企业利润表的主要区别是什么？

本表各项目的内容和填列方法：

（1）本表"本月数"栏反映各项目的本月实际发生数；在编制季度、半年度等中期财务会计报告时，应当将本栏改为"本季度数"、"本半年度数"等本中期数栏，反映各项目本中期的实际发生数。在提供上年度比较报表时，应当增设可比期间栏目，反映可比期间各项目的实际发生数。如果本年度业务活动表规定的各个项目的名称和内容同上年度不相一致，应对上年度业务活动表各项目的名称和数字按照本年度的规定进行调整，填入本表上年度可比期间栏目内。

（2）本表"本年累计数"栏反映各项目自年初起至报告期末止的累计实际发生数。

（3）本表"非限定性"栏反映本期非限定性收入的实际发生数、本期费用的实际发生数和本期由限定性净资产转为非限定性净资产的金额；本表"限定性"栏反映本期限定性收入的实际发生数和本期由限定性净资产转为非限定性净资产的金额（以"－"号填列）。在提供上年度比较报表项目金额时，限定性和非限定性栏目的金额可以合并填列。

（4）本表各项目的内容和填列方法：

①"捐赠收入"项目，反映民间非营利组织接受其他单位或者个人捐赠所取得的收入总额。本项目应当根据"捐赠收入"科目的发生额填列。

②"会费收入"项目，反映民间非营利组织根据章程等的规定向会员收取的会费总额。本项目应当根据"会费收入"科目的发生额填列。

③"提供服务收入"项目，反映民间非营利组织根据章程等的规定向其服务对象提供服务取得的收入总额。本项目应当根据"提供服务收入"科目的发生额填列。

④"商品销售收入"项目，反映民间非营利组织销售商品等所形成的收入总额。本项目应当根据"商品销售收入"科目的发生额填列。

⑤"政府补助收入"项目，反映民间非营利组织接受政府拨款或者政府机构给予的补助而取得的收入总额。本项目应当根据"政府补助收入"科目的发生额填列。

⑥"投资收益"项目，反映民间非营利组织以各种方式对外投资所取得的投资净损益。本项目应当根据"投资收益"科目的贷方发生额填列；如果为借方发生额，则以"－"号填列。

⑦"其他收入"项目，反映民间非营利组织除上述收入项目之外所取得的其他收入总额。本项目应当根据"其他收入"科目的发生额填列。

上述各项收入项目应当区分"限定性"和"非限定性"分别填列。

⑧"业务活动成本"项目，反映民间非营利组织为了实现其业务活动目标、开展其项目活动或者提供服务所发生的费用。本项目应当根据"业务活动成本"科目的发生额填列。

民间非营利组织应当根据其所从事的项目、提供的服务或者开展的业务等具体情况，按照"业务活动成本"科目中各明细科目的发生额，在本表第12行至第21行之间填列业务活动成本的各组成部分。

⑨"管理费用"项目，反映民间非营利组织为组织和管理其业务活动所发生的各项费用总额。本项目应当根据"管理费用"科目的发生额填列。

⑩"筹资费用"项目，反映民间非营利组织为筹集业务活动所需资金而发生的各项费用总额，包括利息支出（减利息收入）、汇兑损失（减汇兑收益）以及相关手续费等。本项目应当根据"筹资费用"科目的发生额填列。

⑪"其他费用"项目，反映民间非营利组织除以上费用项目之外发生的其他费用总额。本项目应当根据有关科目的发生额填列。

⑫"限定性净资产转为非限定性净资产"项目，反映民间非营利组织当期从限定性净资产转入非限定性净资产的金额。本项目应当根据"限定性净资产"、"非限定性净资产"科目的发生额分析填列。

⑬"净资产变动额"项目，反映民间非营利组织当期净资产变动的金额。本项目应当

根据本表"收入合计"项目的金额，减去"费用合计"项目的金额，再加上"限定性净资产转为非限定性净资产"项目的金额后填列。

3. 民间非营利组织现金流量表的编制

现金流量表反映民间非营利组织在某一会计期间内现金和现金等价物流入和流出的信息。

现金流量表中的现金，是指民间非营利组织的库存现金以及可以随时用于支付的存款，包括现金、可以随时用于支付的银行存款和其他货币资金；现金等价物，是指民间非营利组织持有的期限短、流动性强、易于转换为已知金额现金、价值变动风险很小的投资（除特别指明外，以下所指的现金均包含现金等价物）。

知识链接

会计政策的变更

民间非营利组织应当根据实际情况确定现金等价物的范围，并且一贯性地保持其划分标准，如果改变划分标准，应当视为会计政策变更。民间非营利组织确定现金等价物的原则及其变更，应当在会计报表附注中披露。

现金流量表应当按照业务活动产生的现金流量、投资活动产生的现金流量和筹资活动产生的现金流量分别反映。所指的现金流量，是指现金的流入和流出。现金流量表的格式见表 14-4 所示。

表 14-4　　　　　　　　　　民间非营利组织会计报表
现金流量表

会民非 03 表

编制单位：　　　　　　　　　　年　月　日　　　　　　　　　　单位：元

项　　目	行　次	金　额
一、业务活动产生的现金流量：		
接受捐赠收到的现金	1	
收取会费收到的现金	2	
提供服务收到的现金	3	
销售商品收到的现金	4	
政府补助收到的现金	5	
收到的其他与业务活动有关的现金	8	
现金流入小计	13	
提供捐赠或者资助支付的现金	14	

项　目	行　次	金　额
支付给员工以及为员工支付的现金	15	
购买商品、接受服务支付的现金	16	
支付的其他与业务活动有关的现金	19	
现金流出小计	23	
业务活动产生的现金流量净额	24	
二、投资活动产生的现金流量：		
收回投资所收到的现金	25	
取得投资收益所收到的现金	26	
处置固定资产和无形资产所收回的现金	27	
收到的其他与投资活动有关的现金	30	
现金流入小计	34	
购建固定资产和无形资产所支付的现金	35	
对外投资所支付的现金	36	
支付的其他与投资活动有关的现金	39	
现金流出小计	43	
投资活动产生的现金流量净额	44	
三、筹资活动产生的现金流量：		
借款所收到的现金	45	
收到的其他与筹资活动有关的现金	48	
现金流入小计	50	
偿还借款所支付的现金	51	
偿付利息所支付的现金	52	
支付的其他与筹资活动有关的现金	55	
现金流出小计	58	
筹资活动产生的现金流量净额	59	
四、汇率变动对现金的影响额	60	
五、现金及现金等价物净增加额	61	

民间非营利组织现金流量表与企业现金流量表有区别吗？

（1）民间非营利组织应当采用直接法编制业务活动产生的现金流量。采用直接法编制业务活动现金流量时，有关现金流量的信息可以从会计记录中直接获得，也可以在业务活动表收入和费用数据基础上，通过调整存货和与业务活动有关的应收应付款项的变动、投资以及固定资产折旧、无形资产摊销等项目后获得。

（2）本表各项目的内容和填列方法：

①"接受捐赠收到的现金"项目，反映民间非营利组织接受其他单位或者个人捐赠取得的现金。本项目可以根据"现金"、"银行存款"、"捐赠收入"等科目的记录分析填列。

②"收取会费收到的现金"项目，反映民间非营利组织根据章程等的规定向会员收取会费取得的现金。本项目可以根据"现金"、"银行存款"、"应收账款"、"会费收入"等科目的记录分析填列。

③"提供服务收到的现金"项目，反映民间非营利组织根据章程等的规定向其服务对象提供服务取得的现金。本项目可以根据"现金"、"银行存款"、"应收账款"、"应收票据"、"预收账款"、"提供服务收入"等科目的记录分析填列。

④"销售商品收到的现金"项目，反映民间非营利组织销售商品取得的现金。本项目可以根据"现金"、"银行存款"、"应收账款"、"应收票据"、"预收账款"、"商品销售收入"等科目的记录分析填列。

⑤"政府补助收到的现金"项目，反映民间非营利组织接受政府拨款或者政府机构给予的补助而取得的现金。本项目可以根据"现金"、"银行存款"、"政府补助收入"等科目的记录分析填列。

⑥"收到的其他与业务活动有关的现金"项目，反映民间非营利组织收到的除以上业务之外的现金。本项目可以根据"现金"、"银行存款"、"其他应收款"、"其他收入"等科目的记录分析填列。

⑦"提供捐赠或者资助支付的现金"项目，反映民间非营利组织向其他单位和个人提供捐赠或者资助支出的现金。本项目可以根据"现金"、"银行存款"、"业务活动成本"等科目的记录分析填列。

⑧"支付给员工以及为员工支付的现金"项目，反映民间非营利组织开展业务活动支付给员工以及为员工支付的现金。本项目可以根据"现金"、"银行存款"、"应付工资"等科目的记录分析填列。

民间非营利组织支付的在建工程人员的工资等，在本表"购建固定资产、无形资产所支付的现金"项目中反映。

⑨"购买商品、接受服务支付的现金"项目，反映民间非营利组织购买商品、接受服务而支付的现金。本项目可以根据"现金"、"银行存款"、"应付账款"、"应付票据"、"预付账款"、"业务活动成本"等科目的记录分析填列。

⑩"支付的其他与业务活动有关的现金"项目，反映民间非营利组织除上述项目之外支付的其他与业务活动有关的现金。本项目可以根据"现金"、"银行存款"、"其他应付款"、"管理费用"、"其他费用"等科目的记录分析填列。

⑪"收回投资所收到的现金"项目，反映民间非营利组织出售、转让或者到期收回除现金等价物之外的短期投资、长期投资而收到的现金。不包括长期投资收回的股利、利息

以及收回的非现金资产。本项目可以根据"现金"、"银行存款"、"短期投资"、"长期股权投资"、"长期债权投资"等科目的记录分析填列。

⑫ "取得投资收益所收到的现金"项目，反映民间非营利组织因对外投资而取得的现金股利、利息以及从被投资单位分回利润收到的现金；不包括股票股利。本项目可以根据"现金"、"银行存款"、"投资收益"等科目的记录分析填列。

⑬ "处置固定资产和无形资产所收回的现金"项目，反映民间非营利组织处置固定资产和无形资产所取得的现金，减去为处置这些资产而支付的有关费用之后的净额。由于自然灾害所造成的固定资产等长期资产损失而收到的保险赔款收入，也在本项目反映。本项目可以根据"现金"、"银行存款"、"固定资产清理"等科目的记录分析填列。

⑭ "收到的其他与投资活动有关的现金"项目，反映民间非营利组织除上述各项之外收到的其他与投资活动有关的现金。其他现金流入如果金额较大的，应当单列项目反映。本项目可以根据"现金"、"银行存款"等有关科目的记录分析填列。

⑮ "购建固定资产和无形资产所支付的现金"项目，反映民间非营利组织购买和建造固定资产，取得无形资产和其他长期资产所支付的现金。不包括为购建固定资产而发生的借款利息资本化的部分，以及融资租入固定资产支付的租赁费。借款利息和融资租入固定资产支付的租赁费，在筹资活动产生的现金流量中反映。本项目可以根据"现金"、"银行存款"、"固定资产"、"无形资产"、"在建工程"等科目的记录分析填列。

⑯ "对外投资所支付的现金"项目，反映民间非营利组织进行对外投资所支付的现金，包括取得除现金等价物之外的短期投资、长期投资所支付的现金，以及支付的佣金、手续费等附加费用。本项目可以根据"现金"、"银行存款"、"短期投资"、"长期股权投资"、"长期债权投资"等科目的记录分析填列。

⑰ "支付的其他与投资活动有关的现金"项目，反映民间非营利组织除上述各项之外，支付的其他与投资活动有关的现金。如果其他现金流出金额较大的，应当单列项目反映。本项目可以根据"现金"、"银行存款"等有关科目的记录分析填列。

⑱ "借款所收到的现金"项目，反映民间非营利组织举借各种短期、长期借款所收到的现金。本项目可以根据"现金"、"银行存款"、"短期借款"、"长期借款"等科目的记录分析填列。

⑲ "收到的其他与筹资活动有关的现金"项目，反映民间非营利组织除上述项目之外，收到的其他与筹资活动有关的现金。如果其他现金流入金额较大的，应当单列项目反映。本项目可以根据"现金"、"银行存款"等有关科目的记录分析填列。

⑳ "偿还借款所支付的现金"项目，反映民间非营利组织以现金偿还债务本金所支付的现金。本项目可以根据"现金"、"银行存款"、"短期借款"、"长期借款"、"筹资费用"等科目的记录分析填列。

㉑ "偿付利息所支付的现金"项目，反映民间非营利组织实际支付的借款利息、债券利息等。本项目可以根据"现金"、"银行存款"、"长期借款"、"筹资费用"等科目的记录分析填列。

㉒ "支付的其他与筹资活动有关的现金"项目，反映民间非营利组织除上述项目之外，支付的其他与筹资活动有关的现金，如融资租入固定资产所支付的租赁费。本项目可

以根据"现金"、"银行存款"、"长期应付款"等有关科目的记录分析填列。

㉓"汇率变动对现金的影响额"项目,反映民间非营利组织外币现金流量及境外所属分支机构的现金流量折算为人民币时,所采用的现金流量发生日的汇率或期初汇率折算的人民币金额与本表"现金及现金等价物净增加额"中外币现金净增加额按期末汇率折算的人民币金额之间的差额。

㉔"现金及现金等价物净增加额"项目,反映民间非营利组织本年度现金及现金等价物变动的金额。本项目应当根据本表"业务活动产生的现金流量净额"、"投资活动产生的现金流量净额"、"筹资活动产生的现金流量净额"和"汇率变动对现金的影响额"项目的金额合计填列。

【练中学 14-2】 某民间非营利组织 2011 年年末经整理后的年度有关现金流量情况如表 14-5 所示。

表 14-5 整理后的现金流量表

单位:元

项　目	金　额
接受捐赠收到的现金	285 000
销售商品收到的现金	3 000
政府补助收到的现金	22 000
提供捐赠或者资助支付的现金	219 000
支付给员工以及为员工支付的现金	28 000
购买商品、接受服务支付的现金	21 000
取得投资收益所收到的现金	7 800
购建固定资产和无形资产所支付的现金	9 500
借款所收到的现金	7 400
偿付利息所支付的现金	500

请根据以上资料,为该民间非营利组织编制年度现金流量表(见表 14-6)。

表 14-6 现金流量表

编制单位:某民间非营利组织　　　　　2011 年度　　　　　单位:元

项　目	金　额
一、业务活动产生的现金流量:	
接受捐赠收到的现金	285 000
销售商品收到的现金	3 000
政府补助收到的现金	22 000
现金流入小计	310 000

项　目	金　额
提供捐赠或者资助支付的现金	219 000
支付给员工以及为员工支付的现金	28 000
购买商品、接受服务支付的现金	21 000
现金流出小计	268 000
业务活动产生的现金流量净额	42 000
二、投资活动产生的现金流量：	
取得投资收益所收到的现金	7 800
现金流入小计	7 800
购建固定资产和无形资产所支付的现金	9 500
现金流出小计	9 500
投资活动产生的现金流量净额	—1 700
三、筹资活动产生的现金流量：	
借款所收到的现金	7 400
现金流入小计	7 400
偿付利息所支付的现金	500
现金流出小计	500
筹资活动产生的现金流量净额	6 900
四、现金及现金等价物净增加额	47 200

三、民间非营利组织会计报表的分析

民间非营利组织会计报表在进行一般报表分析的同时，有其特有的规定。为了保证基金会的健康发展，我国于 2004 年制定了《基金会管理条例》，根据《基金会管理条例》第二十九条的规定：公募基金会每年用于从事章程规定的公益事业支出，不得低于上一年总收入的 70%；非公募基金会每年用于从事章程规定的公益事业支出，不得低于上一年基金余额的 8%。基金会工作人员工资福利和行政办公支出不得超过当年总支出的 10%。

【练中学 14 - 3】　某公募基金会 2011 年度的公益事业支出 3 769 581.32 元，管理费用（基金会工作人员工资福利和行政办公支出）370 480.48 元，筹资费用 33 307.66 元，当年总支出 4 173 369.46 元，上年度总收入 5 185 118.73 元。请根据上述业务，计算该基金会的财务指标是否符合相关规定。

① 3 769 581.32 ÷ 5 185 118.73 × 100% = 72.70%

② 370 480.48 ÷ 4 173 369.46 × 100% = 8.88%

公益事业支出占上一年总收入的比例为 72.70%，基金会工作人员工资福利和行政办

公支出占当年总支出的 8.88%，两项指标都符合《基金会管理条例》第二十九条的规定。

【练中学 14-4】　某非公募基金会 2011 年度的公益事业支出 3 769 581.32 元，管理费用（基金会工作人员工资福利和行政办公支出）470 480.48 元，当年总支出 4 240 061.8 元，上年度基金余额为 47 000 000 元。请根据上述业务，计算该基金会的财务指标是否符合相关规定。

①3 769 581.32÷47 000 000×100%＝8.02%

②470 480.48÷4 240 061.8×100%＝11.09%

公益事业支出占上一年基金余额的比例为 8.02%，符合《基金会管理条例》第二十九条的规定。

基金会工作人员工资福利和行政办公支出占当年总支出的 11.09%，不符合《基金会管理条例》第二十九条的规定。

情境回放

①5 700 000÷8 000 000×100%＝71.25%

②750 000÷6 550 000×100%＝11.45%

公益事业支出占上一年总收入的比例为 71.25%，符合《基金会管理条例》第二十九条的规定。

基金会工作人员工资福利和行政办公支出占当年总支出的 11.45%，不符合《基金会管理条例》第二十九条的规定。

任务检测

一、单项选择题

1. 民间非营利组织在对限定性固定资产计提折旧时，除了应当借记费用类科目、贷记"累计折旧"科目，还应当（　　）。

A. 借记"限定性净资产"科目，贷记"非限定性净资产"科目

B. 借记"非限定性净资产"科目，贷记"限定性净资产"科目

C. 借记收入类科目的"限定性收入"明细科目，贷记"非限定性净资产"科目

D. 借记收入类科目的"非限定性收入"明细科目，贷记"限定性净资产"科目

2. 在民间非营利组织的现金流量表中，不属于业务活动现金流量的项目是（　　）。

A. 接受捐赠收到的现金　　　　　B. 支付给员工以及为员工支付的现金

C. 收取会费收到的现金　　　　　D. 取得投资收益所收到的现金

3. 在民间非营利组织的现金流量表中，偿还借款所支付的现金属于（　　）中的项目。

A. 业务活动现金流量　　　　　　B. 投资活动现金流量

C. 筹资活动现金流量　　　　　　D. 业务活动现金流量或筹资活动现金流量

4. 民间非营利组织会计报表附注中至少应当披露的内容不包括（　　）。

A. 重要会计政策及其变更情况的说明

B. 董事会或者理事会或类似权力机构成员和员工的数量、变动情况以及获得的薪金等报酬情况的说明

C. 会计报表重要项目及其增减变动情况的说明

D. 年度计划和预算完成情况

5. 民间非营利组织只需要编制年报、不需要编制中期报告的会计报表种类是（　　）。

A. 资产负债表和业务活动表　　　　　B. 现金流量表

C. 资产负债表　　　　　　　　　　　D. 业务活动表

二、多项选择题

1. 民间非营利组织的会计报表包括（　　）。

A. 资产负债表　　　　　　　　　　　B. 收入支出表

C. 业务活动表　　　　　　　　　　　D. 现金流量表

2. 在民间非营利组织的资产负债表中，资产、负债或净资产的项目中不包括（　　）。

A. 受托代理负债　　　　　　　　　　B. 累计盈余或结余

C. 文物文化资产　　　　　　　　　　D. 限定性净资产

3. 在民间非营利组织的业务活动表中，会引起限定性净资产数额发生增减变动的项目是（　　）。

A. 业务活动成本　　　　　　　　　　B. 限定性净资产转为非限定性净资产

C. 捐赠收入　　　　　　　　　　　　D. 投资收益

4. 民间非营利组织获得的非限定性固定资产捐赠收入，不在资产负债表中反映在（　　）项目中。

A. 限定性净资产　　　　　　　　　　B. 受托代理负债

C. 非限定性净资产　　　　　　　　　D. 受托代理资产

5. 民间非营利组织在（　　）情况下需要编制合并会计报表。

A. 对外投资且占被投资单位资本总额 50％ 以上，从而对被投资单位具有控制权的

B. 对外投资虽然占被投资单位资本总额不足 50％，但实质上对被投资单位具有控制权的

C. 对外投资且只占被投资单位资本总额 25％ 以上，但实质上对被投资单位具有控制权的

D. 对外投资且只占被投资单位资本总额 25％ 以下，并且对被投资单位不具有控制权的

三、判断题（正确的画"√"，错误的画"×"）

1. 在民间非营利组织的业务活动表中，如果民间非营利组织的专业业务活动分成若干个项目，那么，"业务活动成本"项目下可按专业业务活动项目分别列示。（　　）

2. 在民间非营利组织的现金流量表中，业务活动产生的现金流出包括提供捐赠或者资助支付的现金、购买商品或者接受服务支付的现金、购建固定资产或者无形资产支付的现金等。（　　）

3. 民间非营利组织会计报表附注是对会计报表中的重要内容所作的注释，是会计报表的有机组成部分。（　　）

4. 民间非营利组织应当采用追溯调整法核算会计政策的变更；如果追溯调整法不可行，则可以采用未来适用法核算。（　　）

5. 对于资产负债表日后事项，民间非营利组织应当全部作为非调整事项进行处理。（　　）

实训项目 ▶▶

[资料] 某民间非营利组织 2011 年年末的有关资料如下：

（1）限定性收入科目贷方余额为捐赠收入——限定性收入 245 700 元，政府补助收入——限定性收入 127 500 元。

（2）非限定性收入科目贷方余额为捐赠收入——非限定性收入 185 600 元，会费收入——非限定性收入 85 200 元，提供服务收入——非限定性收入 314 500 元，政府补助收入——非限定性收入 98 700 元，商品销售收入——非限定性收入 24 500 元，投资收益——非限定性收入 74 500 元，其他收入——非限定性收入 7 600 元。

（3）年末费用类科目借方余额为业务活动成本 658 500 元，管理费用 324 700 元，筹资费用 85 400 元，其他费用 14 500 元。其中，业务活动成本——A 项目 275 400 元，业务活动成本——B 项目 212 300 元，业务活动成本——C 项目 170 800 元。

（4）本年由限定性净资产转为非限定性净资产的数额为 312 450 元。

（5）年初非限定性净资产的数额为 26 470 元，限定性净资产的数额为 313 750 元。

[要求] 根据以上资料，为民间非营利组织编制 2011 年的业务活动表（业务活动表中的本月数从略），并简要说明业务活动表中数字的钩稽关系。

项目小结

本项目为民间非营利组织会计，主要讲述了民间非营利组织会计的概述，资产、负债、收入、费用和净资产的核算以及会计报表的编制和分析。既有民间非营利组织会计理论的概述，也有民间非营利组织会计要素的核算。在学习中要注意：①了解民间非营利组织的概念和特征。②理解民间非营利组织的分类。③着重掌握民间非营利组织会计的核算内容和方法，熟练运用会计科目进行相关业务的处理。④注意民间非营利组织与预算会计和企业会计的差别。

参考文献

[1] 中华人民共和国财政部. 行政单位会计制度 [M]. 北京：中国财政经济出版社，1998.

[2] 财政部会计资格评价中心. 初级会计实务 [M]. 北京：中国财政经济出版社，2010.

[3] 王庆成. 政府与事业单位会计 [M]. 北京：中国人民大学出版社，2004.

[4] 隋玉银，王蔚. 预算会计 [M]. 北京：清华大学出版社，北京交通大学出版社，2011.

[5] 徐曙娜，陈明艺. 政府与非营利组织会计 [M]. 2版. 上海：上海财经大学出版社，2010.

[6] 何东平. 政府与非营利组织会计 [M]. 北京：经济科学出版社，2009.

[7] 程昔武. 预算会计 [M]. 北京：中国市场出版社，2009.

[8] 侯立新. 政府与非营利组织会计 [M]. 北京：机械工业出版社，2010.

[9] 王俊霞. 预算会计 [M]. 西安：西安交通大学出版社，2009.

[10] 王翔. 政府与非营利组织会计 [M]. 北京：中国财政经济出版社，2009.

[11] 许良虎. 政府与非营利组织会计 [M]. 江苏：江苏大学出版社，2008.

[12] 文通. 事业单位会计做账技能训练7日通 [M]. 北京：中国纺织出版社，2010.

[13] 文莉. 行政事业单位会计入门 [M]. 上海：立信会计出版社，2009.

[14] 郭彦斌，卫时银. 政府与事业单位会计 [M]. 北京：经济管理出版社，2005.

[15] 刘学华. 新编行政事业单位会计入门 [M]. 上海：立信会计出版社，2004.

[16] 中华人民共和国财政部. 2011年政府收支分类科目 [M]. 北京：中国财政经济出版社，2010.

[17] 孔为民，陈丽芹. 预算会计 [M]. 2版. 北京：科学出版社，2011.

[18] 赵建勇. 政府与非营利组织会计 [M]. 北京：中国人民大学出版社，2010.

[19] 贾明春. 政府与事业单位会计 [M]. 北京：经济科学出版社，2011.

[20] 赵建勇，戚艳霞. 预算会计 [M]. 4版. 上海：上海财经大学出版社，2010.

[21] 李海波，刘学华，周立宁. 新编预算会计习题与解答 [M]. 2版. 上海：立信会计出版社，2005.

[22]《新编预算会计》编写组. 新编预算会计辅导与练习 [M]. 北京：经济科学出版社，2005.

[23] 吕兆海，周斌斌，唐方来. 预算会计 [M]. 大连：东北财经大学出版社，2004.

[24] 贺蕊莉，刘明慧，包丽萍. 预算会计 [M]. 2版. 大连：东北财经大学出版社，2002.

[25] 林万祥，曹钟候. 政府与事业单位会计 [M]. 2版. 北京：中国财政经济出版社，2000.